投资银行学

赵智文　马晓军　张庆梅　李沐子　编著

南开大学出版社

天　津

图书在版编目(CIP)数据

投资银行学 / 赵智文等编著. —天津：南开大学
出版社，2021.1
ISBN 978-7-310-05998-0

Ⅰ.①投… Ⅱ.①赵… Ⅲ.①投资银行－银行理论
Ⅳ.①F830.33

中国版本图书馆 CIP 数据核字(2020)第 250328 号

投资银行学
TOUZI YINHANG XUE

南开大学出版社出版发行
出版人：陈　敬
地址：天津市南开区卫津路 94 号　　邮政编码：300071
营销部电话：(022)23508339　营销部传真：(022)23508542
http://www.nkup.com.cn

三河市同力彩印有限公司印刷　　全国各地新华书店经销
2021 年 1 月第 1 版　　2021 年 1 月第 1 次印刷
260×185 毫米　16 开本　18.25 印张　364 千字
定价：56.00 元

如遇图书印装质量问题，请与本社营销部联系调换，电话：(022)23508339

前　言

投资银行是资本市场的灵魂。

改革开放以来，我国资本市场发展迅速，取得了举世瞩目的成就，上市公司的数量、融资金额和投资者数量已经具备了相当的规模，产品种类不断丰富，法规制度日臻完善。经过不断的探索和努力，我国资本市场功能和作用日益显现，规范化程度不断提高，在融资、优化资源配置等方面为我国经济的发展发挥着越来越重要的作用。

资本市场的迅速发展必然对投资银行产生强烈的需求。目前，我国各家投资银行主要从事传统业务，即股票、债券的承销业务，但随着投资、融资需求的多样化，资产证券化、风险投资、公司理财、金融工程及风险管理等新兴业务将迅速增加，这种趋势已经初见端倪。投资银行业的精髓是它对经济的推动力、它永远使人充满激情的复杂性和创新性。

资本市场的发展和投资银行的壮大都离不开人才的培养和理论的研究。目前，许多高校相继开设了投资银行学课程，并相应地出版了一些教材。但是，由于投资银行涉及的范围非常广泛，人们对投资银行关注的侧重点也不尽相同，致使这些教材在内容、结构方面尚存在较大差异，因而客观上需要一本能够充分体现投资银行学的基本概念和基本原理，并且内容精确、体系完整、风格独特的教材。为此，我们根据多年来讲授投资银行学课程所使用的讲义，整理成本书，以期为教材建设添砖加瓦。

本书侧重于介绍投资银行的业务。除第一章外，每章分别介绍一项业务，包括股份制改组和首次公开发行、上市公司再融资、债券的发行与承销、基金的发行与交易、公司并购、资产证券化、项目融资、风险投资和金融工程，全书体系完整，内容丰富。

本书的一、二、三、五章由赵智文、马晓军编写，四、六、七、八章由张庆梅编写，第九章和第十章由李沐子编写。全书由赵智文、马晓军审订。

本书主要是为满足全国高等院校经济类相关专业的需求编写而成的，建议学生在修读完金融学概论、金融市场、公司理财和投资学等课程后使用。

由于投资银行业务尚处于不断发展、变化之中，加之编者学识有限，且编写时间仓促，书中不足之处在所难免，敬请广大专家、读者批评指正，以便日后不断完善。

目　　录

第一章　投资银行概论

<table>
<tr><td align="center">本章学习重点</td></tr>
</table>

- 投资银行的特征
- 投资银行的主要业务
- 美国、英国、日本投资银行业的发展简史
- 我国投资银行业的发展状况

　　投资银行的演变经历了近百年的历史过程。在资本市场高度发达的今天，它已经从单纯经营证券承销、经纪发展成为资本市场上最活跃、最具影响力的高级形态的中介机构。资本市场系指长期投资的资金市场，在这个市场上流通的商品不是一般的消费品或生产资料，而是"企业"及相关的"股权""债权"。它的主要业务多是代理（Agent），而不是自营（Principal）。有人曾经把它们描绘成："运用别人资金的那伙人"（those who play with other people's money）。投资银行主要从事证券、基金管理、风险管理、企业兼并收购的财务顾问、直接投资等各项业务，并向投资者提供与上述业务相关的各种金融产品和工具。

第一节　投资银行的基本概念

一　投资银行业务的定义

　　投资银行在不同国家的称谓有所不同，如在美国称之为"投资银行"，在英国称为"商人银行"，在中国和日本称为"证券公司"，称谓上的不一致再加上投资银行的发展日新月异，对于投资银行的定义也就越发困难。中外学者对于投资银行的定义一般

引用的是美国著名金融投资专家罗伯特·劳伦斯·库恩在《投资银行学》一书中的定义[1]，根据业务涵盖范围的大小，投资银行业务可以分为以下四个层次：

最广泛的定义包括了金融机构的全部业务，从国际承销业务到零售交易业务以及其他许多金融业务，如不动产投资和保险；

第二广泛的定义是投资银行业务包括所有资本市场的活动，从证券承销、公司融资到并购，以及基金管理和风险投资等，但不包括不动产经纪、保险和抵押贷款业务；

第三广泛的定义是投资银行业务只限于某些资本市场业务，着重于证券承销和公司并购，但不包括基金管理、风险投资、商品交易、风险管理交易等；

最狭义的定义是投资银行业务仅限于从事一级市场证券承销和资本筹措、二级市场证券交易和经纪业务。

目前普遍被接受的是第二种定义，它比较准确地描述了当今投资银行的业务范围。即投资银行业务是指以资本市场为主的金融业务，它主要包括公司资本市场上的融资、证券承销、公司并购，以及基金管理和风险投资等业务，而主要从事这种活动的金融机构，则称为投资银行。

二　投资银行的主要业务

（一）一级市场业务

一级市场业务，又称证券发行与承销业务，是投资银行最本源、最基础的业务活动，是投资银行为公司或政府机构等融资的主要手段之一，也是投资银行的主要利润来源，同时证券承销能力也是衡量投资银行整体实力的重要指标。该业务一般由投资银行设立的投资银行部或公司融资部实施。国际投资银行一般由市场开发部门、公司融资部、市场销售部等部门合作完成。

投资银行发行和承销的证券范围很广，包括本国中央政府债券、地方政府债券、各种企业发行的股票和债券、外国政府和外国公司在本国和其他国家发行的证券、国际金融机构发行的证券等。

按照面向投资者的范围不同，证券发行与承销可分为两种：一种为公募发行与承销（Public Placement）：主要指面向社会公众投资者（即非特定投资人）发行证券的行为。其中股票的公募发行包括拟上市公司的首次股票公开发行和上市公司再融资所进行的增资发行和面向老股东的配股发行。最常见的公募发行主要是股票、公司债券、政府债券、公司可转股债券、投资基金等证券品种。另一种为私募发行（Private Placement），主要是通过非公众渠道，直接向特定的机构投资人（机构）发行的行为，主要发行对象包括各类共同基金、保险公司、各类养老基金、社保基金、投资公司等。私

---

[1]　罗伯特·劳伦斯·库恩：《投资银行学》，北京师范大学出版社 1996 年版，第4—5 页。

募发行不受公开发行的规章限制，除能节约发行时间和发行成本外，又能够比在公开市场上交易相同结构的证券给投资银行和投资者带来更高的收益率。但是私募发行也有流动性差、发行面窄、难以公开上市扩大企业知名度等缺点。

投资银行在承销过程中一般要按照承销金额及风险大小来选择承销方式，通常有三种：第一种为全额（余额）包销，是指证券投资银行主承销商和它的辛迪加成员同意按照协议的价格全部购入发行的证券（全额包销）或者在承销期结束时将售后剩余证券全部自行购入的承销方式（余额包销），再把这些证券卖给他们的客户。发行人不承担风险，风险转嫁到了投资银行身上。第二种为代销，即投资银行只接受发行者的委托，代理其销售证券，如在规定的期限计划内发行的证券没有全部销售出去，则将剩余部分返回证券发行者，发行风险由发行者自己负担。采用这种发行方式的证券一般是信用等级较低、承销风险大的证券。第三种为投资承销，是指投资银行通过参加投标承购证券，再将其销售给投资者。采用投资承销发行方式的证券通常都是信用较高、颇受投资者欢迎的债券。

（二）二级市场业务

二级市场业务，又称证券交易业务，同样是投资银行最本源、最基础的业务活动。在二级市场业务中，投资银行扮演着经纪商、做市商和交易商三重角色。作为经纪商，投资银行代表买方或卖方，按照客户提出的价格代理进行交易；作为做市商，投资银行有义务为该证券创造一个流动性较强的二级市场，并维持市场价格的稳定；作为交易商，投资银行有自营买卖评判的需要，这是因为投资银行接受客户的委托，管理着大量的资产，必须保证这些资产的保值与增值。后两种角色均为自营商。此外，投资银行还在二级市场上进行无风险套利和风险套利等活动。

部分投资银行同时还参与货币市场的业务，如组建货币市场基金、参与买卖银行承兑汇票、大额定期存单、证券回购业务等。在我国，证券公司被允许参与回购业务和同业拆借市场，允许证券商（总公司）以证券为抵押按照相关规定向商业银行借款等。

（三）基金管理业务

投资基金是一种金融信托制度，自1940年美国《投资公司法》实施后逐步发展起来，从广义范围而言，投资基金涵盖了证券投资基金、风险投资基金、产业投资基金等。目前全球基金资产的规模已经超过7万亿美元，在总量上超过了银行储蓄资产，成为最为庞大的金融资产类别。

投资银行在上述领域中均有所涉足，并发挥了重要作用，其中，在证券投资基金的设立和管理方面更为广泛和深入。首先，投资银行可以充当基金的发起人，发起和建立基金；其次，投资银行可以充当基金份额的承销人，帮助基金发起人向投资者发售基金份额募集资金；再次，投资银行可以受基金发起人的委托成为基金管理人，这是投资银行资产管理业务的一个体现。自20世纪90年代起，基金市场上资本额迅速扩张，许多投资银行不断渗入传统上由投资公司控制的基金管理业。

（四）公司并购业务

公司并购是公司发展过程中重要的扩张战略，公司并购直接导致了世界上诸多大型公司的产生以及公司业务结构的调整，并购本身也引起了产业和经济结构的调整，对各国经济产生了深远的影响。投资银行在公司并购活动中都是积极的参与者，公司并购越来越成为投资银行的核心业务和主要收入来源之一。

投资银行可以以多种方式参与企业的并购活动，如寻找并购对象，向猎手公司和猎物公司提供有关买卖价格或者价格条款的咨询，帮助猎手公司制订并购计划或帮助猎物公司针对恶意的收购制订反收购计划，帮助安排资金融通和过桥贷款等。此外，投资银行还可以采用杠杆收购、公司改组和资产结构重组等方式参与企业并购。

（五）资产证券化业务

资产证券化是近30年来金融市场中最重要的创新之一，是西方金融实务领域广泛认同的业务发展大趋势之一，它是将资产原始权益人或发起人（卖方）不流通的存量资产或可预见的未来现金流量，构造和转变成为资本市场可销售和流通的金融产品的过程。资产证券化是融资方式的一项创新，它使得原先非流动性的资产通过金融技术而实现了流通，其主要方法是对一组原本流动性较差的金融资产进行组合，使其产生长期稳定的现金流收益，再配以相应的信用担保，把这种未来现金流的收益权转变为可在金融市场上流动、信用等级较高的证券，其实质就是将金融资产的未来现金流收益权进行转让的交易。

在资产证券化中，投资银行可以担任不同的角色，从而起到不同的作用。它既可以设立SPV（特殊目的载体），也可以作为证券化的承销者，还可以担任资产证券化过程中的财务顾问。

（六）项目融资业务

项目融资是对一个特定经济单位或项目策划安排的一揽子融资的技术手段，贷款者可以只依赖该经济单位的现金流量和所获收益用作还款来源，并以该单位的资产作为借款担保，进而通过发行债券、基金、股票或拆借、拍卖、抵押贷款等形式组织项目投资所需的资金融通。项目融资具有涉及面广、参与者众多、融资结构复杂、组织运作专业性强等特点，仅仅依靠项目投资者自己很难独立操作，必须依靠具有丰富项目融资专业经验的融资顾问的指导和帮助。在某种程度上可以说融资顾问是决定融资能否成功的关键，而投资银行是担任这一角色的最适合人选。

投资银行在项目融资中的作用主要表现为：（1）项目的可行性与风险的全面评估；（2）确定项目的资金来源、承担的风险、筹措成本；（3）估计项目投产后的成本超支及项目完工后的投产风险和经营风险；（4）通过贷款人或从第三方获得承诺，转移或减少项目风险；（5）以项目融资专家的身份充当领头谈判人，在设计项目投资方案中起关键作用。

（七）风险投资业务

风险投资作为一种投资方式，主要是指投资人对创业期企业（start-up enterprises）尤其是高科技企业或高增长型企业提供资本，并通过资产经营服务对所投资企业进行辅导和培育，待企业发育成长到相对成熟后即退出投资，以实现自身资本增值的一种特定形态的投资方式。风险投资具有高风险、高收益的特点。

投资银行涉足风险投资有不同的层次：第一，在创业期企业设立初期用私募的方式为其筹集资本；第二，对某些潜力巨大的公司有时也进行直接投资，有可能成为其股东参与公司的运作；第三，设立"风险基金"或"创业基金"向这些公司提供资金来源。

（八）其他业务

投资银行除了参与上述金融业务外，还灵活地参与资本市场的其他一些业务，主要包括金融衍生工具业务、金融工程业务、投资咨询业务等。

（1）金融衍生工具业务。根据特性不同，金融衍生工具一般分为三类：期货类、期权类和掉期类。使用衍生工具的策略主要有套利保值和投机套利。通过金融衍生工具的设立与交易，投资银行进一步拓展了业务空间和资本收益。

（2）金融工程业务。通过灵活使用金融衍生工具进行金融创新以保值获利，是投资银行金融工程的主要内容。事实证明，投资银行可以通过金融工程为客户提供更加满意的服务，因为金融工程业务可以通过对衍生工具的组合创新使金融活动达到流动、获利和避险三个目标。

（3）投资咨询业务。投资咨询业务主要是指投资银行所承担的对公司尤其是上市公司的一级证券市场业务的策划和咨询业务的总称，投资银行会在公司运作的各个环节提供专业性意见，这些过程包括公司的股份制改组、股份上市、在二级市场再筹资、兼并收购、出售资产等重大交易活动。投资银行作为专业性的金融服务机构，可以为客户提供有关资产管理、负债管理、风险管理、流动性管理、投资组合设计、估价等多方面的咨询服务。投资咨询业务是联结一级市场和二级市场，沟通证券市场投资者、经营者和证券发行者的纽带和桥梁。投资咨询业务也包括为参与二级市场的投资者提供投资意见和理财服务。

需要强调的是，随着注册制在科创板以及创业板的实施，这对投资银行的业务、角色定位、竞争格局等多方面带来巨大的变化，如何在利润率下降、服务质量要求提高、强调事后监管的新形势下与众多的专业中介机构和国际投行同台竞技，是我国投资银行将面临的严峻挑战，必将带来投行业务的转型升级和业务创新。

表1–1对投资银行的主要业务进行了小结。

表 1 - 1 投资银行业务一览

业务类别	业务内容
一级市场业务	为企业融资 为政府部门筹资 证券承销（公募、私募、批发、零售）
二级市场业务	充当经纪商 充当自营商
基金管理业务	设立基金 基金管理 受托理财
企业并购业务	企业兼并 企业收购 反兼并与反收购
资产证券化业务	过手型证券化产品 转付型证券化产品 资产支持型证券化产品
项目融资业务	融资租赁 BOT 融资 项目债券融资
风险投资业务	私募筹资 直接投资 投资基金
其他业务	金融衍生工具 金融工程 投资咨询

延伸阅读

中信证券的主要业务

中信证券综合实力长期位于行业前列，中国证券业协会公布的 2017 年证券公司经营数据显示，中信证券在总资产、净资产、营业收入中排名第一位。公司主营业务范围为：证券（含境内上市外资股）的代理买卖；代理证券还本付息、分红派息；证券的代保管、鉴证；代理登记开户；证券的自营买卖；证券（含境内上市外资股）的承销（含主承销）；客户资产管理；证券投资咨询（含财务顾问）。

2018 年 8 月份中信证券发布业绩快报显示 2018 年上半年，公司业务稳步发展，营业收入及归属于母公司股东的净利润分别为 199.76 亿元、55.86 亿元，分别同比上升 6.86%、13.38%。多个主要业务领域位居行业第一。股权业务承销规模、债券业务承销规模、境内并购重组（证监会通道类业务）交易规模、资产管理规模及主动管理规模、融资融券余额等位居行业第一。此外，代理股票基金交易总量位居行业第二。

三　投资银行内部结构

投资银行的组织是投资银行中各种业务分工与管辖方式的总和，它规定着投资银行内部各个组成单位的任务、职责、权利和相互关系。选择适合自身的组织结构和建立与完善治理结构是整个投资银行正常、高效运营的关键。投资银行内部组织结构有多种形式，在 20 世纪 60 年代中后期以前主要是采取直线职能制和事业部制等公司组织模式，而现代西方投资银行则主要采取矩阵制组织结构及多维立体制组织结构。

（一）直线职能制组织结构

直线职能制组织结构是指投资银行以直线式为基础，在各级管理者之下设置相应的职能部门，从事专业管理。在直线职能制组织结构下，各级主管者没有专业分工，所有管理职能都集中于一人之手，一个下级单位只能接受一个领导的指令，上下级关系简单、清楚、明确。早期以摩根财团为代表的投资银行均采用直线职能制组织结构。

直线职能制组织结构的优点是同时具有集中统一指挥和分工专业化的长处，提高了管理工作效率；组织内部各级直线主管人员都有相应的职能机构和人员做助手，使管理者能够对本部门的技术、经营活动进行有效的组织和指挥。

直线职能制组织结构的不足之处在于对外界环境变化的反应比较慢、组织内部下级职员缺乏必要的自主权、各专业职能部门的联系较弱、组织之间信息传递速度较慢等。在早期业务较为单纯、信息较为简单的环境中，直线职能制组织结构有其优越之处，但随着金融市场的发展，直线职能制组织结构已难以适应现代金融发展的要求。

（二）事业部制组织结构

事业部制组织结构是投资银行将其经营活动按照产品种类或地区分成若干个事业部，实行分权化管理。在这种结构中，事业部是一个相对独立的单位，拥有自己的产品和市场，实行独立核算。事业部都有相应的职能部门，有直接提供利润的职能，是总公司控制下的利润中心。

事业部制组织结构具有的优点是能使企业一个上级领导直接控制的下属单位增多，在一定程度上能够更好地综合利用投资银行的资源；每个事业部都有权做出规划和决定，可以根据投资银行面对的市场环境的变化灵活自主地做出相应的变化，因而更适应环境的需要；有利于调动各事业部发挥经营的主动性和积极性。

事业部制组织结构同样也存在缺点，比如：职能部门相对分散，一些资源不能充分共享，造成了一定的资源浪费；各事业部独立核算，具有相对较大的权力，难以协调一致；职权下放过大，增加了协调难度；各事业部之间竞争激烈，造成人才和技术的相互封锁和垄断。

（三）矩阵制组织结构

矩阵制组织结构模式目前在欧洲大陆投资银行实行较多（如德意志银行），它是指在投资银行内部设立两层指挥系统，即项目管理部门和职能部门，两套系统相互交驻，形成一个矩阵。该结构中的组织成员要接受职能部门和项目管理部门的双重领导。

矩阵制组织结构的优点是项目管理部门的领导负责项目的组织工作，职能部门的领导无法干涉专业项目的事情，项目管理和行政管理的专业性都大大提高了；每个项目小组可以不断接受新的任务，并可以根据实际需要来灵活确立和调整人员的组成，使组织具有较强的灵活性、机动性和适应性；矩阵制组织结构有利于把管理中的纵向联系与横向联系更好地结合起来，可以加强各部门之间的了解与合作，实现资源共享，避免部门人才垄断和资源浪费。

矩阵制组织结构的主要缺点在于命令不统一带来的问题。由于组织成员要接受双重领导，如果两个部门的意见不一致会使下级人员无所适从，产生矛盾，管理者的权威也因此而下降。同时，矩阵制组织结构运用不当，还会造成上级机构的"监督真空"，项目管理部门和职能部门如果协调失措，可能会被下级部门利用信息不对称而逃避监督。例如英国老牌银行——霸菱银行（Barings）是一家具有233年悠久历史，曾有"欧洲第六势力"美称的投资银行，其1995年倒闭的重要原因是自1993年以来，霸菱采取矩阵式管理制度，即每个霸菱成员，一方面要向其"地区经理"报告，另一方面还要向伦敦总部的"产品经理"或"功能经理"报告。当时造成事故的交易员尼克·德森就是钻了这样的空子，利用特殊账户的腾挪隐瞒交易损失。由于此种模式易导致职责模糊不清的问题，两位经理都自然地认为交易员尼克·德森属于对方监管而自己不闻不问，结果霸菱期货处于管理真空状态，直至霸菱期货出现重大交易损失而最终导致霸菱银行倒闭。

（四）多维立体型结构

多维立体型结构是目前西方投资银行比较盛行的组织结构模式，它是矩阵式和事业部式组织结构形式的综合。实行这种结构的投资银行的内部组织由三方面的管理系统组成：产品中心，它按产品、项目或服务划分；职能中心，它按职能，如市场研究、生产、技术、质量管理等划分；地区中心，它按地区划分的管理机构。在这种组织结构形式下，投资银行的每一系统都不能单独做出较为重要的决策，而必须由三方代表通过共同的协商才能采取行动。

多维立体型结构的优点在于能够促使投资银行的各部门从整体的角度来考虑问题，从而减少了产品、职能和地区三大部门之间的矛盾。但这种结构需要较高的管理水平和协调能力。

（五）投资银行组织架构的一般形式

尽管投资银行的组织形式种类繁多，但从大的方面来看，西方投资银行的组织架构基本可以分为以下四大块（见图1-1）。

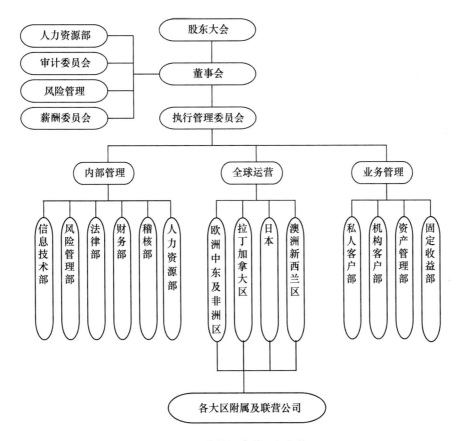

图1-1 美林证券的组织架构

（1）决策管理部门。主要包括董事会和执行管理委员会。董事会下一般设董事会办公室、审计委员会、薪酬委员会等机构，主要负责公司的发展规划、战略管理和重大投资决策，对公司内部管理进行审计监督等；执行管理委员会负责公司具体政策、管理程序的制定，公司各种决策的执行，总体业务的策划、协调、统筹管理等。

（2）内部管理部门。内部管理部门一般是按职能划分的，直接由执行管理委员会领导，具体包括财务部、稽核部、法律部、风险管理部、人力资源部、信息技术部等，其重点是实现有效的监管和激励。

（3）业务管理部门。业务管理部门一般是按业务种类的不同来设置相应的职能部门。一般而言，投资银行的业务管理部门有：为企业、政府和公用事业单位大型投资项目的融资提供有关服务的融资部门；为企业提供兼并收购服务的兼并收购部；专业从事风险投资的风险投资部；专门为客户买卖证券的证券交易部；专门从事共同基金和信托资产管理，为客户提供各种资产委托管理业务的管理部；以及专门从事证券自营业务的投资理财部；专门提供、分析信息，并为投资银行及各部门业务发展提供研究报告的发展研究部。

（4）区域管理部门。主要根据投资银行业务的地区分布来具体设置。

四 投资银行与商业银行的比较

（一）投资银行和商业银行的区别

投资银行和商业银行是现代金融市场中两类最重要的中介机构，从本质上来讲，它们都是资金余者和资金短缺者之间的中介：一方面使资金供给者能够充分利用多余资金以获取收益，另一方面又帮助资金需求者获得所需资金以求发展。从这个意义上来讲，两者的功能是相同的。

然而，在发挥金融中介作用的过程中，投资银行的运作与商业银行有很大的不同：投资银行是直接融资的金融中介，而商业银行则是间接融资的金融中介。投资银行作为直接融资的中介，仅充当中介人的角色，它为筹资者寻找合适的融资机会，为投资者寻找合适的投资机会。但在一般情况下，投资银行并不介入投资者和筹资者之间的权利和义务之中，而只是收取佣金，投资者与筹资者直接拥有相应的权利和承担相应的义务。如图1-2所示：

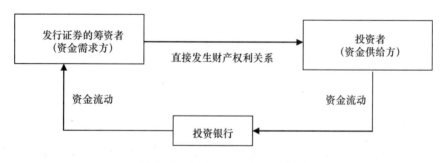

图1-2 投资银行直接金融作用

商业银行则不同，商业银行同时具有资金需求者和资金供给者的双重身份，对于存款人来说它是资金的需求方，存款人是资金的供给者；而对于贷款人而言，银行是资金供给方，贷款人是资金的需求者。在这种情况下，资金存款人与贷款人之间并不直接发生权利与义务关系，而是通过商业银行间接发生关系，双方不存在直接的合同

约束，因此这种融资方式被称作"间接融资方式"。(见图 1 - 3)

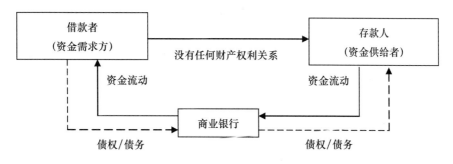

图 1 - 3　商业银行间接金融中介作用

此外，商业银行是以资产负债业务为主，服务于债务市场；而投资银行并不主要依靠资产负债业务，而是以中介业务为主，服务于资本市场。因此，投资银行与商业银行在其他方面亦存在较多的区别（见表 1 - 2）。

表 1 - 2　　　　　　　　　　**投资银行与商业银行的比较**

项目	投资银行	商业银行
机构性质	金融中介机构	金融中介机构
本源业务	证券承销与交易	存贷款业务
融资功能	直接融资	间接融资
活动领域	主要活动于资本市场	主要活动于借贷市场
业务特征	难以用资产负债表反映	表内与表外业务
利润来源	佣金	存贷款利差
风险特征	一般情况下，投资人面临的风险较大，投资银行风险较小	一般情况下，存款人面临的风险较小，商业银行风险较大
经营方针	在风险控制下，稳健与开拓并重	追求安全性、营利性和流动性的统一，坚持稳健原则
监管部门	证券监管当局	银保监会

（二）投资银行和商业银行的关系

按照历史的发展，投资银行和商业银行的关系基本上可以分为以下四个阶段。

1. 早期的自然分业阶段

较为典型的投资银行在开始的时候是作为独立形态存在的。如美国的投资银行美林公司，在 19 世纪 20 年代创建之初，就是一家专门经销证券和企业票据贴现的商号。这一阶段商业银行和投资银行是各自独立的，这种分离不是依靠法律来规定的，而是历史自然形成的，它们各自的任务较明确，商业银行经营资金存贷和其他信用业务，投资银行的业务主要是发行证券和票据的承销。

2. 19 世纪末 20 世纪初期的自然混业阶段

20 世纪 30 年代以前，西方国家经济的持续繁荣带来了证券业的高速增长，银行业与证券业的混业经营特点非常明显。在商业银行向投资银行业务大力扩张的同时，投资银行也在极力地向商业银行领域拓展。在这一时期，商业银行与投资银行在业务上几乎不存在什么界限。

3. 20 世纪 30 年代大危机后的现代分业阶段

商业银行与投资银行的最终分离是在 1929—1933 年世界经济大危机之后开始的。为了保护商业银行的全面发展，美国国会通过了《1933 年银行法》，第一次明确了投资银行在国民经济中的地位，同时决定了半个多世纪美国银行业与证券业分业经营的模式。一般认为，摩根士丹利公司的成立，标志着现代投资银行的诞生。1948 年，日本制定了《证券交易法》，对银行业务和证券业务的分离亦做了法律上的规定，该法也促成了日本的商业银行与投资银行的正式分离。

4. 20 世纪 70 年代以来的现代混业阶段

从 20 世纪 70 年代末期开始，各国金融当局纷纷对本国金融体制实行重大改革，其中一个重要内容就是打破商业银行与投资银行的分界线，出现了商业银行与投资银行融合的趋势。这一阶段西方各国金融改革的基本特征是放松管理，业务更趋于自由化和国际化，是商业银行与投资银行的高级融合阶段。

我国于 1995 年及其以后颁布的《商业银行法》《证券法》《保险法》，确立了分业经营体制，但随着我国金融市场的发展和各类金融机构的业务创新，各金融市场本来清晰的边界变得模糊，融资方式多样化，银行业、证券业、保险业的分业经营格局逐步被打破，相应地，监管部门也出台相应的政策法规有限度地放松了商业银行开展投资银行业务的束缚。2001 年颁布《商业银行中间业务暂行规定》，明确规定商业银行经审批后可以办理金融衍生业务、代理证券、基金托管、财务顾问等投资银行业务；2004 年批准商业银行可以直接投资、设立基金管理公司；2006 年 9 家商业银行获准从事短期融资券承销业务。至此，我国商业银行通过金融创新与大胆实践，逐步与国际金融市场对接，在一定程度上完成了商业银行、投资银行、保险公司等机构的业务交叉融合以及与国际混业经营模式的接轨，在风险控制的前提下，实现了业务渗透、功能互补的优化整合。

自 2001 年我国《商业银行中间业务暂行规定》颁布后，工商银行率先于 2002 年 5 月设立投资银行部，下设重组并购处、股本融资处、债务融资处、资产管理处、投资管理处等业务部门，当年即实现收入 1.9 亿元，以后一直保持较快的增长速度，到 2012 年工商银行的投资银行业务收入达到 261.17 亿元，在该项业务方面始终稳居我国商业银行的龙头地位。尽管其他商业银行的投资银行业务起步较晚，但近年来发展势头强劲，除传统的四大国有商业银行外，其他全国性商业银行大部分也开展了投资银行业务。

<h2 style="text-align:center">第二节　投资银行的基本经济功能</h2>

投资银行是资本市场处于核心地位的金融中介机构，具有金融中介机构的一般功能。除了充当直接金融中介外，投资银行还有多种功能，具体体现在以下几个方面。

一　媒介资金供求

20 世纪 40 年代以前，在"真实票据论""转换理论"等商业银行经营管理理论的影响下，商业银行仅向客户提供短期贷款，需要中长期资金的客户无法从商业银行获得贷款，只得转向投资银行，要求其帮助发行股票或债券以获得中长期资金的支持。可以说，最初的投资银行业务就是在商业银行无法提供中长期贷款而市场对这种资金的需求又极为旺盛的基础上发展起来的。尽管 20 世纪 70 年代以来，商业银行被迫开始对资产和负债进行联合管理，将中长期负债转化为长期信贷，但是商业银行在中长期资金市场中所占的地位仍十分有限。中长期资金的需求者依然主要通过投资银行发行股票和债券以获取资金，投资银行在媒介中长期资金供求方面发挥关键作用。

投资银行媒介资金供求的方式为直接信用方式，即投资银行并不介入投资者和筹资者之间的权利和义务，投资者与筹资者直接发生关系，并且相互拥有权利和承担相应义务。

二　推动证券市场发展

证券市场的重要市场主体主要包括五大部分，即筹资者、投资者、各类中介机构、自律组织和监管机构，它们是证券市场发展的主要推动者。而投资银行在不同的市场主体中都扮演着重要角色，发挥了独特的作用，它既是中介机构，又是主要参与者之一。

（一）投资银行作为主要的金融中介机构

投资银行作为主要的金融中介机构，在筹资者与投资者中间发挥着桥梁的作用，在证券发行市场上，投资银行作为承销商为公司发行股票和债券，为政府和其他机构发行债券筹措资金，也可作为投资顾问和基金管理者认购证券；在证券交易市场上，投资银行为投资者从事证券经纪业务和理财顾问业务，为活跃证券市场发挥了重要作用，提高了资金的流动性和市场运行的效率。

（二）投资银行作为机构投资者

投资银行本身也是证券市场上重要的机构投资者之一，它们拥有雄厚的资金实力，通过自营业务实现投资回报；作为证券投资基金和基金管理公司的主要发起人之一，投资银行还直接带动了更多的资本投入到资本市场中，并直接从事基金的投资管理和基金运作；投资银行还可作为证券市场的做市商，在二级市场买进或卖出，起到了活跃证券二级市场的重要作用。

（三）投资银行作为市场监督力量

投资银行同时还是资本市场自律组织中的重要组成部分，例如：证券交易所和证券业协会的会员主要是由投资银行和相关金融中介机构组成的。而在证券发行过程中，投资银行选择发行对象，为证券发行保荐，它们的信用直接影响到发行对象的信用，在微观层面上发挥了证券市场优胜劣汰的融资选择作用。在资本市场的规则确定方面，投资银行的行为构成了一系列法律法规的基础，有时还会直接参与规则的酝酿和制定；同时，投资银行还经常性地为政府监管机构制定法规政策提供意见和建议，促进了资本市场的规范化发展。

构成资本市场的基本要素除了以上提到的市场主体外，还包括多样化的金融工具、较完善的证券交易市场、清算体系和较充足的资金头寸等。投资银行在资本市场基本要素的形成和发展中发挥了重要作用，主要表现在以下三个方面。

（1）创新是投资银行的灵魂。投资银行是金融领域内最活跃、最积极的创新力量。它们推陈出新，推动了金融工具的创新，开拓了一个又一个新的业务领域，为市场带来了多样化的金融衍生产品和交易便利。一方面，投资银行达到了风险控制、最佳流动性和最大收益的三者结合；另一方面，客观上还使包括证券市场在内的各种金融市场得以在衍生工具的辅助下更加活跃，发展更为迅猛。

（2）投资银行作为证券交易所及相关交易市场的主要会员，直接参与了证券交易市场和清算体系的建设，同时，投资银行的证券经纪业务和交易网络系统遍布全球的每一个角落，对证券交易市场和资金清算体系的建设发挥了重要作用。

（3）投资银行通过金融中介业务和自营业务，促进了社会储蓄向投资领域的转化，为资本市场提供了丰富的资金来源，并极大地提高了资本市场的流动性。

三 提高资源配置效率

（一）通过证券发行，实现资金的有效配置

一方面，投资银行通过证券发行，形成资金资源；另一方面，将资金配置到各产业部门和企业。在这一过程中，投资者购买某一证券主要以该证券发行人的资金边际产出能力确定，或者说，资金总是向效益高的产业或企业流动；而发行人之所以能发行证券也取决于其资金使用效率。发展前景好、效益高的企业就更容易通过证券融资，

相反，发展前景不好，资金使用缺乏效益的产业或企业，就难以通过证券融资。这促使资金向边际产出高的产业或企业流动和集中，进而带动其他资源，如人力资源、物资等的分配，实现资源的优化配置。

完成上市以后，如果经营状况和财务状况恶化，不能给投资者较好的回报，投资者就会"用脚投票"（出售该公司股票），使得公司股价下跌，该公司就可能被收购或退市；若企业上市后，经营状况和财务状况较好，能够给投资者较高的回报，则投资者就会愿意出较高的价格购买该公司的股票，该公司就能很容易以更低的成本筹措更多的资金。长期来看，优胜劣汰机制在证券市场上是十分有效和明显的。

（二）对投资基金的管理

投资银行管理着大量基金，可以通过左右基金的投向而影响证券市场的资金配置。投资基金在第二次世界大战后，特别是20世纪七八十年代，在欧美及日本得到了迅速发展。到20世纪90年代，美国投资基金的总额已经超过银行存款，将数百万客户的存款转化为上万亿美元的基金投资，从而重新勾画了美国金融业的资金结构。投资银行作为基金的重要参与机构之一，运用其人力资源和信息优势，按基金的类型，投资于股市、债市、货币市场、房地产、工业及国外证券市场和特定行业，成为其投资对象有力的金融支持。

（1）投资银行掌握的大部分基金是进行股票、债券等金融资产的投资，为金融市场的发展提供了稳定的资金来源渠道，成为稳定市场供求关系的重要力量。

（2）投资银行将部分基金从事产业投资，扶持未上市公司，能够促进有潜力的公司得到快速发展，从而为证券市场培育了新的优质上市公司。

（3）跨国投资银行发行海外基金，引进外国资本。这种方式筹资的规模大，可以获得长期资金来源。这种方式也避免了传统方式借贷融资可能带来的债务危机。

（4）投资银行操作的投资基金成为证券市场上最为重要的机构投资者。由于其投资行为受到有关法律的规范和市场的约束，可明显降低市场运行的风险。

（三）通过并购业务促进资源优化配置

作为现代投资银行的核心业务，投资银行活跃于并购的各个环节，主要是提供信息服务和融资安排。投资银行家在并购中对资金运作的惊人能力，造就了众多企业的整合重组。

20世纪初，出现了包括美国钢铁公司、美国通用汽车公司等在内的垄断企业；70年代末80年代初，杠杆收购的产生使收购规模空前庞大，"垃圾债券大王"迈克·米尔肯开发出的垃圾债券融资，产生了"小鱼吃大鱼"的效果，使得一些较小的企业对一些传统的企业王国发动了猛烈进攻。正如美国著名未来学家阿尔文·托夫勒在《力量的转移》一书中所说："摩根和米尔肯以相反的方式改变了美国的金融业。"前者主张资金的集中，限制资金的使用机会，从而促进美国20世纪之初综合性大企业的形成；后者则恰恰相反，出售债券，资助兼并，从而粉碎这些庞然大物，建立起较小、较灵活、在战略上更有重点的公司。这充分表明了投资银行在企业兼并，产业调整中的重要作用。并购后的企业，无论是发挥大集团的规模效益，还是剥离重整后从事专业性生产，都对资源的配置起到了优化的作用。

四 推动产业结构升级

（一）推动企业并购，实现产业结构调整和升级

在经济的发展中，生产的社会化和专业化要求产业结构不断调整，既要有符合大规模社会生产的垄断性企业，又要求有高度专业化、多样化的小型企业参与竞争。经济发展到当代，企业收购兼并重组成为时常发生的现象，制造业、金融业、通信业、运输业等行业也纷纷掀起并购浪潮，并有愈演愈烈的趋势。投资银行为企业提供各种金融中介服务，促进了生产的社会化和产业结构的优化与升级。

在这一领域里，投资银行凭借其专业优势、人才优势和实践优势，依赖其广泛的信息网络、深入的分析能力、高度的科学创意、精明的战略策划、熟练的财务技巧和对法律的精通，来完成对企业的前期调查、实务评估、方案设计、条件谈判、协议执行以及配套的融资安排、重组规划等诸多高度专业化的工作。也正因为如此，在近几年全球大规模的企业兼并和收购浪潮当中，无处不见一些大投资银行在幕后操作的身影。投资银行对企业实力的增强、企业兼并的产生与发展起到了推波助澜的作用。一次次兼并浪潮，使产业集中向着更深、更广的领域拓展，从而也促进了资源的合理配置和产业结构的升级换代。

（二）投资银行的风险投资业务，有利于促进高新技术产业化发展

当代经济的发展已经进入以信息产业、生物工程、新能源、新材料为代表的高新技术迅猛发展的阶段。以知识、科学技术作为社会和经济的推动力量，已成为各国的共识。高科技产业的发展，除了要拥有创造精神和高素质科技人员之外，资金支持是一个重要因素。风险投资基金和投资银行为高科技公司开辟了广阔的融资天地，例如硅谷这个众所周知的高科技公司的集中地，同时也是风险资本募金和风险资本投资的集中地。投资银行通过发展风险投资业务，成为高科技企业融资，促进高新技术产业化发展的重要参与者。其具体业务主要有以下几个方面。

（1）为高新技术企业上市服务，促进风险投资的退出。高新技术企业在准备上市过程中，会遇到很多专业化的问题，作为承销商，投资银行可为高新技术企业发行证券提供服务。

（2）股票上市后的价格维护工作。对企业而言，上市不是单纯的集资，而是有着资本运作、提高知名度、优化财务管理等多种考虑。现代投资银行为上市公司提供一个良好的市场交易支持，形成并保持公司股票较高的上市开盘价和日后股价的稳步上

扬，提高其二级市场的交易量。

（3）发起设立风险投资基金。风险投资基金是风险投资的高级形态，是风险资本运作"规模化、专业化、机构化"的体现。在个人投资者分散地从事风险投资成不了规模，也缺乏投资经验的情况下，有必要充分发挥为数不多风险投资家的专家管理优势，从事组织制度化的风险投资运作。投资银行作为风险投资基金设立的发起人，有四方面的优势：一是拥有成功的证券投资基金的设立和管理经验，有利于保障风险投资基金的良好运作；二是具有较强的风险投资意识，是规避投资风险的有利因素；三是拥有雄厚的研究力量，这是任何投资基金发展都不可或缺的条件；四是有条件联合上市公司作为发起人。

（4）起到风险投资宣传的"播种机"作用。投资银行是播种资本市场知识的队伍。在资本市场中，许多新的专业知识是通过现代投资银行传播的，一些新的理念也是通过它的业务运作建立起来的。对企业来说，在接受现代投资银行的业务服务过程中，也将从现代投资银行那里直接或间接地接受现代企业制度的完善方法、资本市场的运作意识与运作技巧。对投资者来说，现代投资银行传播着现代的投资理念和投资技巧。投资银行通过业务运作与宣传，可以激起广大投资者更好地分离风险投资的成果。

（5）提供财务顾问或咨询服务。财务顾问的主要内容有公司的兼并、收购策划、私募融资或上市融资策划，财务评估与财务工程的建立，资产重组与法人治理结构的改善，人才、营销渠道的提供，长期融资战略与发展战略的制定等。研究服务是指投资银行将创业企业与其行业的竞争对手进行比较，提供高质量的定期研究报告以便公司对其前景进行评价。咨询服务是指投资银行利用自身的人才优势，建立由管理、财务和科技等专家组成的具有一定权威的高科技产业评估咨询小组，为投资和贷款决策提供咨询服务；利用自己广泛的业务联系为资金寻找新的投向牵线搭桥；此外，还可提供资本市场法规政策咨询。

（6）为风险投资的引进和退出提供金融工具及金融手段的创新服务。在风险投资的引进和风险投资的退出过程中，需要设计、设立和运用适合高科技产业发展特点的金融工具和金融手段。投资银行可提供多样的创新服务品种，包括：可转换优先股，可转换债券，追加投资期权，以技术成果合资、吸收合并，曲线上市以及引进战略投资者等。

第三节　西方投资银行的发展简史

投资银行最初产生于欧洲，其雏形可追溯到 15 世纪欧洲的商人银行。早期商人银行的主要业务是通过承兑贸易商人的汇票提供融资，18 世纪开始销售政府债券和贴现企业票据，19 世纪开始为公司筹措股本金，20 世纪以后二级市场业务得到迅速发展。以下我们分别论述几个典型国家及地区的投资银行发展历史。

一 美国的投资银行

美国是现代投资银行最发达的国家，其投资银行的发展历史很典型并有很强的代表性，其发展历程是"混业—分业—混业"。

（一）早期投资银行与自然混业

早期的美国银行是指 20 世纪初以前的投资银行，该时期美国的银行处于自然的混业经营阶段，商业银行既经营存贷款业务，也经营投资业务。在初期的发展中，投资银行的业务从汇票承兑、贸易融资发展到政府债券、铁路债券的发行和销售，产生了一些具有影响的投资银行，如摩根、美林、高盛、雷曼兄弟等。到 1929 年经济大危机前，投资银行的控制范围已经扩大到整个经济领域，如 1912 年摩根财团控制了美国钢铁公司、美国电报电话公司、纽约中央铁路公司以及几家全国最大的保险公司等，控制着 240 亿美元的资产。20 世纪 20 年代持续的经济繁荣使华尔街成了狂热投机的集中地，从而成为经济危机的始作俑者。

而在 1929 年 10 月，美国发生了世界性的经济大危机。股市暴跌，经济进入大萧条时期。到 1932 年，股市市值仅剩下危机前的 10%。在 1930—1934 年，在 24000 多家的银行金融机构中，有 9000 多家发生倒闭，导致整体金融体系几乎全面崩溃，投资者对银行体系已经失去信心。

（二）现代投资银行的产生与分业经营

经济大危机之后，人们认为银行之所以会大量倒闭，是因为银行进入了风险较大的证券市场，如果禁止商业银行经营证券业务，银行体系就比较安全了。为了防止危机的再度出现以及恢复投资者对银行体系的信心，多项重要法律相继出台。1933 年，美国国会通过银行法（Banking Act of 1933）或称格拉斯－斯蒂格尔法（Glass-Steagall Act），明令禁止商业银行投资证券经纪业务，投资银行亦不得从事吸收存款及办理放款等商业银行的业务，即分业型模式自此开始。

20 世纪 30 年代，美国投资银行的经营比较困难，其主要业务是债券换新。20 世纪四五十年代因战争和经济建设需要，政府大量发行国债，为投资银行的发展提供了一些机遇，投资银行的经营状况有所改善。六七十年代是美国投资银行迅速发展的时期，主要原因是公用事业、市政、互助基金等新行业开始发行证券；新成立了一些交易系统，如芝加哥商品交易所国际货币市场（IMM）、芝加哥期权交易所、NASDAQ 等；取消固定佣金制；欧洲债券诞生等。

（三）金融管制的放松与混业经营

但在 1963 年之后，商业银行和投资银行便开始从事"相关的"业务，至 1972 年，依银行控股公司法案 1970 年修正案制定了新标准，使联储理事会可以决定从事哪些非银行业务。至 1999 年国会通过《金融服务现代化法案》，正式废除格拉斯－斯蒂格尔法案中禁止银行拥有证券关系企业之规定，并允许银行控股公司可以不受限制从事证券承销、买卖以及共同基金业务、保险业务，从而大幅提高了美国银行、证券业、保险业的竞争效率。此法案打破了 20 世纪 30 年代以来美国银行证券和保险业之间的法律壁垒，开创了金融领域混业经营的新纪元，被认为促进了美国金融制度和银行改革的实质性转变。《金融服务现代化法案》的出台，掀起金融机构新一轮的兼并高潮，促进银行、证券和保险公司业务范围的扩展，这种混业的发展趋势将对美国金融体系产生深远的影响。（见表 1－3）

表 1－3　　　　　　　　　　美国商业银行和投资银行的分业与混业

时间	内容
1933 年	美国国会通过银行法（Banking Act of 1933）或称格拉斯－斯蒂格尔法（Glass-Steagall Act），明令禁止商业银行投资证券经纪业务，投资银行亦不得从事吸收存款及办理放款等商业银行的业务
1963 年以前	大多数商业银行和投资银行还能遵守格拉斯－斯蒂格尔法的规定
1963 年以后	商业银行和投资银行便开始从事"灰色地带"的业务
1972 年	依"银行控股公司法的 1970 年修正案"制定了新标准，联储理事会可以决定从事哪些非银行业务
1987 年	美国联储理事会允许商业银行以控股公司方式从事证券相关活动，包括商业本票承销、不动产抵押证券承销以及市政府公债承销等
1989 年	增加公司债券承销业务一项
1990 年	增加公司权益证券承销业务
1991 年	美国财政部向国会提出"金融制度现代化：提高银行金融安定与竞争能力建议书"（Modernizing the Financial System：Recommendations for Safer，More Competitive Banks），针对存保制度、银行业务限制、银行监管体系等进行全面检讨。1995 年美国联邦理事会主席格林斯潘及财政部长鲁宾皆表示赞同撤销格拉斯－斯蒂格尔法，容许商业银行拥有保险和证券公司，避免商业银行失去竞争力
1997 年	美国联储将商业银行从事投资银行业务从 10% 上限调高到 25%
1999 年	参、众议院分别通过"金融服务现代化法案"与"金融服务法案"（Financial Service Act of 1999），允许银行控股公司可以不受限制从事证券承销、买卖以及共同基金业务、保险业务，大幅提高了美国银行、证券业、保险业的竞争效率

自 2007 年美国爆发次贷危机以来，其负面影响不断扩大，美国投资银行逐步陷入危机。2008 年 3 月美国第五大投行贝尔斯登因濒临破产而被摩根大通收购。9 月 15 日，美国第四大投行雷曼兄弟公司宣布破产，而第三大投行美林公司则被美国银行收购。9 月 21 日，高盛和摩根士丹利被美联储批准从投资银行转型为银行控股公司。至此，华

尔街五大投行全军覆没，宣告了主导世界金融业数十年之久的华尔街独立投行模式的终结。

独立投行模式覆灭的原因有三。[①] 第一个原因是未对投资做充足损失准备情况下的高杠杆运行。从 2004 年美国投行自营放开之后，各大投行就不断提高杠杆比例来操纵资本。正是这种高杠杆经营模式，积累了巨大的风险敞口。在危机爆发后，迅速将投行吞噬。过度的金融创新是投行覆灭的第二个原因。金融创新就像一把双刃剑，使美国独立投行走过了繁荣的几十年，并为美国金融市场在全球的领先地位做出了贡献。然而，美国独立投行最终又倒在了自己不计风险和缺乏监管的金融创新中。无节制的产品创新没有与风险控制制度创新相结合，结果导致金融机构非理性的逐利本能高度膨胀。投行覆灭的第三个原因是过度的高管薪酬激励。华尔街五大投行在上市之前都是合伙制企业，在上市之后，合伙制时的薪酬制度保留了下来。2007 年底，多家投行已面临巨额亏损，可是它们在年终奖金的计算中仍然以盈利创纪录的 2006 年年终奖金为标准。摩根士丹利 2007 年全年薪水支出总额为 165.5 亿美元，高盛为 165.5 亿美元。美林集团、雷曼兄弟、贝尔斯登的年终奖数额也与 2006 年相差无几。这些巨额奖金导致各投行的流动资金大大减少，随着 2008 年次贷危机的升级，流动性陷入枯竭。

2008 年 9 月 21 日，美联储批准高盛和摩根士丹利转型为银行控股公司。根据美联储的决定，高盛和摩根士丹利以后将混业经营。变身后的高盛和摩根士丹利不仅可设立商业银行分支机构，以吸收储蓄存款，拓宽融资渠道；还可享受与其他商业银行同等的待遇，获得申请美联储紧急贷款的永久权利。但为符合商业银行标准，两家机构需要大幅降低杠杆比率以满足新的资本要求，同时要面临包括美联储和美国联邦保险存款公司（FDIC）更严格的金融监管。因此，转型为银行控股公司后，两大机构将更多地依赖于个人存款而不是向银行贷款这一杠杆工具，从而杠杆比率会逐渐降低，意味着更小的风险和更高的稳定性。尽管五大投行全军覆没并不是此次危机的终局，但是，人们从中获得的教训却弥足珍贵。在金融创新频繁，全球经济一体化的时代，独立投行模式的覆灭以及两大机构经营模式转型进一步凸显出现代金融市场中风险管理和监管体制的重要性。

二　欧洲大陆的全能银行

欧洲大陆投资银行业采取商业银行业务与投资银行业务相结合的模式，即全能银行（Universal Bank），其发展历程及原因有以下几个方面。

银行与企业之间关系密切是决定欧洲的投资银行能够发展成为"全能银行"的主要原因。德国具有极强的代表性。早先，德国的产业革命落后于英国百年，为奋起直

---

① 参考中国社会科学院世界经济与政治研究所所长 余永定的观点。

追而迫切需要金融市场的力量。在产业革命初期，政府政策先扶持银行、再借由银行的力量协助产业发展，德国银行不但为工商业者融资，而且得以参股和参与企业经营生产，协助其营运管理。从20世纪60年代起，在原联邦德国政府的默许和支持下，大量企业倒闭或合并。1972年后，垄断集团之间收购和吞并现象不断增加，1979年西方工业国家大企业中较大的联合和购买共49起，其中西欧购买的25起中有10起是原联邦德国购买的。随着资本聚集、生产集中和竞争的加剧，银行的地位日益上升，银行通过购置企业股票实现资本参与。而企业也通过这种资本参与和人事交织，与金融业联系形成了紧密的关系。这种方式的结果是形成了以大银行为中心的垄断财团。例如德意志银行财团是由德意志银行、西门子电气康采恩、戴姆勒－奔驰等企业集团紧密结合而形成的。像德意志银行一样，德累斯顿银行、德国商业银行均形成了各自的财团而包揽了有关的商业银行业务与投资银行业务，包括向有关企业提供资金融通、投资贷款便利、租赁服务、代理债权债务、代为发行证券、买卖证券等金融服务。

此外，欧洲大陆各国国内股票市场相对不发达，但是债券市场规模庞大，这也决定了欧洲大陆投资银行的发展模式。在欧洲大陆，各国国内股票市场规模不大，股票在经济生活中的直接融资作用并不显著，无论是企业还是个人所需资金，主要依靠全能银行的贷款，但是欧洲大陆各国的债券市场极为发达。这种市场格局决定了欧洲的投资银行需要有相当的资金、技术实力与众多的分支机构网络，为规模巨大的债券市场提供咨询、设计、发行与承销等全方位金融服务。单一的投资银行很难承担如此重任，全能银行有资金实力，而且它们在广泛的分支机构网络上的优势也得以充分发挥。

法规提供的便利也是欧洲大陆全能银行形成的一个重要原因。在欧洲大陆，依照法律，所有的银行都可经营证券、外汇、黄金等各种业务，并可不超过一定比例持有企业股票。银行除须遵守几条基本原则外，在证券发行、交易和资本输出上不受直接限制。在这样的法律条件下，商业银行凭借其强大的经济实力和高度的市场占有率，在社会需要投资银行业务时很快进入角色，活跃于资本市场。

最后，银行自身发展的需要是欧洲大陆投资银行成为全能银行的内在动力。为扩展业务范围、分散业务风险、提高竞争力，欧洲大陆的商业银行在传统业务收益趋于下降的背景下，不得不调整合优化产品结构，提供新的、有较高收益的金融服务，如证券代理发行、资产管理、咨询、公司融资、各种股权产品、金融衍生商品等"表外"业务。这样，大力从事投资银行业务成为欧洲银行业务的必然选择。

欧洲大陆全能银行发展至今，主要凭借资金和网络两大优势与美日的投资银行进行激烈竞争。欧洲大陆全能银行以商业银行业务为基础，更易于集聚雄厚的资金做后盾，其进行投资银行业务具有明显的资金优势；全能型银行与企业关系密切，它通过控股组成财团从而拥有众多客户，而且其商业银行业务已经形成全球性分支机构网络，这又成为欧洲大陆全能银行的第二大优势。

2007 年银行业危机之后再看看欧洲大陆的大型全能银行，尤其是法国的银行，很好地抵御了危机。在这场危机中，法兴银行从未在任何一年出现损失，也没有接受任何政府救助。对欧洲大陆而言最合适的银行模式，也最具韧性的模式，就是受到良好监管和管理的全能型银行。爱尔兰和西班牙的主要问题都出在很小型的银行上，主要涉及房地产贷款和商业贷款，几乎没有涉及资本市场业务。

三　英国的商人银行

商人银行（Merchant Bank）是投资银行在欧洲的叫法，它是指那些从事公司并购、资产管理、保险、外汇以及参与风险投资的金融机构。

商人银行其实一开始不是做投资银行业务的，早期是做票据承兑业务的商人。贸易做得比较好的商人，愿意以自身的信用为别的商人提供汇票承兑业务，收取一定手续费，之后，这些商人就从贸易中分离出来，改而专门做票据承兑，又称承兑行。由于英国的银行实力较雄厚，而且专业化制度严格，所以，这些承兑行起初只能做一些商业银行涉足较少的业务，因而逐步开始债券和股票的发行。随着股票、债券发行规模的扩大和证券交易的日益活跃，英国的商人银行逐步壮大起来，一些实力雄厚的大银行，如霸菱银行在证券市场和整个国民经济中都发挥着举足轻重的作用。然而一战以后，随着英国国际经济金融中心地位的不断下降，英国的商人银行也发展缓慢。直到 20 世纪 70 年代，这一局面才有所改观，商人银行开始重振雄风。

二战以后，英国国民经济发生了一系列重大变化，包括民营化、企业并购浪潮和证券市场变革。20 世纪 70 年代末 80 年代初的"民营化"浪潮，是英国国家财政部为了充分利用市场机制来促进竞争和提高效率，开始进行国有企业的民营化改革。首先，在民营化过程中，私人银行可以提供广泛的服务，包括帮助制定国有企业出售方案，为股票上市提供咨询服务或代理发行等。在英国铁路公司、国家货运公司、电信公司等诸多行业的民营化过程中，许多商人银行，如霸菱、华宝、施罗德等都曾有过出色表现。民营化使商人银行和企业建立了密切的关系，为以后进一步扩展投资银行业务打下了基础。其次，80 年代的兼并收购风潮推动商人银行业务进一步发展。许多商人银行利用自有资本或代为管理的共同基金积极参与企业的收购和合并。1987 年，英国公司并购美国公司资产总值达 317 亿美元，基本上是依靠英国商人银行的协助与筹划才得以完成的。1994 年底，对全球跨境并购业务的统计表明当时全球前十大跨境并购业务中有 6 桩都有英国商人银行的参与。英国商人银行在从并购风潮中获得丰厚利润的同时，在全球投资银行业中也占据了举足轻重的地位。最后，1986 年英国证券市场的重大改革为商人银行的发展创造了新的契机。英国伦敦证券交易所在第一次世界大战之前是世界上最大的证券交易所。二战以后，随着英国经济实力的下降，伦敦证券交易所先后落到纽约证券交易所和东京证券交易所之后。为重新恢复其在世界证券市场中的领先地位及加强自身管理、拓展业务广度和深度，英国对其金融业进行了大刀阔斧的改革，并于 1986 年 10 月通过了"金融服务法案"，冲破了英国商人银行和商业银行严格的业务界限，允许英国的商业银行直接进入投资银行领域。此举标志着英国商人银行和商业银行混业经营的开始。在实力雄厚的商业银行取得了同等的竞争地位之后，商人银行面临生存威胁，进行了大规模的合并，剩下的商人银行规模增大，业务重心也从"全能战略"转向"主攻优势战略"，以便发挥各自的专长，主要致力于专业化的服务，如公司财务咨询和投资管理业务。

在经历了民营化、企业并购浪潮以及证券市场的变革以后，英国的商人银行逐步发展壮大起来，形成了与商业银行共同经营投资银行业务的格局。目前的商人银行主要业务有：中长期借款、公司理财、新股发行和承销、公司并购咨询和融资、债务改组、风险投资等。

四 日本的证券公司

日本的证券公司历史悠久，早在明治维新时期就出现了证券公司的雏形。然而，由于历史的原因，间接融资在日本的金融体系中始终占有极其重要的地位，大财阀雄厚的资金实力也为经济的发展提供了充足的物质基础。因此，长期以来日本的证券市场始终处在发展非常缓慢的状态。直到二战以后，日本的证券市场才逐渐活跃起来，证券公司也随之发展起来。

二战以后，由于财阀的解散，间接融资在日本金融体系中的中心地位逐渐动摇，再加上战争期间国民经济经受重创，公司通过银行融资根本不能满足经济发展的需要。1947 年，日本政府颁布了"证券交易法"，标志着投资银行和商业银行分业经营模式的确立和现代投资银行业的诞生。60 年代，随着日本经济的腾飞，日本的证券公司也飞速发展起来，并在为国民经济发展筹集资金方面发挥了巨大的作用。与此同时，日本政府开始逐步开放资本市场，日本的证券公司也跨出国门，在国际资本市场中占据重要地位。

由于历史的原因，日本的投资银行业始终缺乏充分竞争的市场机制，垄断相当严重。20 世纪 60 年代以后，行业集中加剧，形成了以野村、大和、日兴、山一证券公司（1997 年 11 月 24 日，山一证券倒闭）为主，新日本、三洋证券公司次之，同时其他小券商并存的格局。但四大券商在很大程度上操纵和控制着日本证券市场，它们包揽了一级市场上 80％的承销业务，二级市场上的大宗买卖也多由它们代理，外国公司在日本发行债券或股票上市的 80％也由四大证券公司承担，再加上它们间接控制一些中小证券公司，四大公司的垄断地位难以动摇。

日本投资银行业缺乏充分的竞争机制还表现在固定费率上，以手续费为主要收入。日本证券公司的证券零售代理和交易业务占全部业务的比重较大，这一点有别于美国一流的投资银行。后者不像日本那样在全国各地开设众多的证券营业部，因此其盈利中只有极少部分来源于这些业务。日本证券公司一直实行固定费率制，即按照代理买卖交易量的一定比率收取手续费，缺乏灵活性。而美国等西方国家的投资银行早就在代理业务收费上引入了竞争机制，实行协议佣金制。固定费率制减少了价格竞争的可能性，稳定了日本证券公司和其客户的长期关系。大企业和机构投资者多通过四大证券公司来从事证券交易。基于互利的原则，证券公司秉承"追随客户"的原则，倾其所能为大客户服务，从而使得证券公司不惜违反证券法规为其提供内幕消息，甚至动用自有资金来弥补企业经营上的损失。近年来，日本暴露的数起涉及几大证券公司的金融丑闻，与日本证券公司和大企业财团的这种微妙关系不无关联。

第四节　我国投资银行的发展

按照第一章投资银行业务较为广义的定义，我国区别于商业银行（包括其他储贷性机构，如城市信用社、农村信用社、政策性银行等）和保险公司的金融机构，都可以被认定为投资银行。按照其所从事的业务性质，我们可将中国的投资银行分为两大类，即主营证券类业务的投资银行和兼营证券类业务的投资银行。

一　我国投资银行的发展历史

在旧中国，由于经济的落后和证券业的不发达，中国几乎没有自己专门经营证券业务的投资银行。新中国成立以后，形成了高度集中统一的银行信用代替多种信用形式和多种金融机构的格局，财政拨款代替了企业的股票、债券及其他形式的直接融资，中国的金融市场特别是资本市场难以得到规范发展，自然也就无法建立经营证券业务的投资银行。改革开放以后，随着经济体制特别是金融体制改革政策的逐步推行，中国的金融市场逐步发展起来。从20世纪80年代初开始的国债发行，到几年后银行系统的同业拆借；从80年代中后期企业股票的发行，到90年代初深、沪两市建立后的股票上市交易，中国的证券市场发展催生了中国投资银行的建立运营与逐步发展壮大。

从总体上看，我国投资银行仍处于发展的早期阶段，这一短暂的发展历史又可分成以下几个阶段。

（一）投资银行的萌芽阶段

我国投资银行的萌芽阶段为1979年至80年代末期，投资银行的主体是兼营证券业务的信托投资公司，典型的投资银行业务是债券的发行与承销。该时期我国证券市场规模很小，并且是以债券市场为主，股票市场还处于民间或试验阶段，二级市场是以柜台市场形式出现的，还没有开设正式的证券交易所。

1979 年 10 月，我国第一家信托投资公司——中国国际信托投资公司成立，标志着我国投资银行进入萌芽阶段。此后，各地方政府、省部级政府以及工、农、中、建四大国有银行等都成立了自己的信托投资公司，高峰时期，全国共有信托投资公司 800 余家。

当时，信托投资公司的主要业务包括委托存款、委托贷款和委托投资以及信托存款、信托贷款和信托投资，还包括同业拆借、融资租赁、担保业务、境外借款、资本金贷款和投资、债券发行、证券承销和经纪、投资业务、基金管理、投资顾问等。可见，除活期存款、个人储蓄存款和结算业务外，信托投资公司的经营范围基本包括了银行业、证券业和信托业的所有业务，接近于欧洲的全能银行。此时，信托投资公司成为各银行拓展其他业务的主要平台。

（二）投资银行的早期发展阶段

20 世纪 80 年代末，特别是 90 年代以后，我国投资银行进入早期发展阶段。其特点是证券公司出现并成为资本市场和投资银行的主体，证券市场规模特别是股票市场规模不断壮大以及证券交易所正式成立，资本市场上金融工具种类增加，相关法律法规相继颁布等。

从 1987 年起，我国证券公司经历了三十多年的发展历程，截至 2018 年底，全国证券公司共有 131 家，其中净资本总额突破 1.5 万亿元。我国证券公司的发展可大致分为三个阶段。

1. 数量扩张阶段（1987—1995 年）

在这一阶段，我国证券公司从无到有，主要特点是证券公司数量的迅速扩张，业务尚未规范。我国早期的证券公司起源于三种途径：一是各地人民银行和专业银行办的证券公司和证券交易营业部，当时 80% 以上的证券经营机构都属此类；二是各地信托投资公司设立的证券交易营业部；三是各地财政部门开设的证券公司。1987 年 10 月，我国首家证券公司在深圳成立，此后全国各省市政府以及银行、信托等金融机构纷纷成立自己的证券公司。四大国有银行中的工行、建行、农行分别发起成立了华夏、国泰和南方三大全国性证券公司，注册资本各为 10 亿元，分别以北京、上海和深圳为公司总部，并列成为当时国内最大的券商。到 1995 年底，全国证券公司达到近 90 家。

2. 分业重组阶段（1996—1999 年）

1995 年颁布的《商业银行法》确立了我国金融分业经营制度，银证分业和信证分业导致证券公司之间的兼并和重组，同时原先一些业内领先的证券公司由于出现经营问题而进入重组，这些因素催生出了一批较大的重量级证券公司。1996 年 7 月，申银证券公司和万国证券公司合并成立申银万国证券公司，成为当时最大的证券公司。1998 年，国泰证券与君安证券合并。2000 年 8 月，华融、长城、东方、信达四大资产公司和中国人民保险公司五大信托公司所属证券业务部门合并重组成立了中国银河证券。虽然我国证券公司注册资本金规模的最高纪录不断被打破，但是证券公司的总体规模仍然较小。1997 年初，全国 94 家证券公司中，资本金超过 10 亿元的证券公司仅有 7 家。

3. 增资扩股阶段（1999 年至今）

1998 年，我国颁布《证券法》，规定："国家对证券公司实行分类管理，分为综合类证券公司和经纪类证券公司，并由国务院证券监督管理机构按照其分类颁发业务许可证。"综合类证券公司可以经营证券经纪业务、证券自营业务、证券承销业务以及经国务院证券监督管理机构核定的其他证券业务，但注册资本不得低于 5 亿元人民币，而经纪类证券公司注册资本只需 5000 万元，但只能从事证券经纪业务。

《证券法》颁布之时，我国大部分证券公司属于中小证券公司，按照分类标准达不到综合类证券公司的要求，只能从事证券经纪业务。《证券法》的颁布在我国掀起了一股证券公司增资扩股浪潮。

进入 21 世纪，随着证券市场的容量扩大、业务品种的增加、外资竞争的加剧，我国证券公司在发展自身业务的同时，继续并购重组和增资扩股的外延增长模式，使得证券公司的规模进一步加大。1999 年，中信证券、湖北证券、湘财证券、长城证券等 10 家增资扩股 100 亿元，2003 年中信证券 IPO 成功，成为首家上市的证券公司，之后陆陆续续有长江证券、太平洋证券、海通证券、华泰证券、招商证券、光大证券等证券公司上市，增资扩股不断。截至 2018 年 12 月 31 日，131 家证券公司总资产为 6.26 万亿元，净资产为 1.89 万亿元，净资本为 1.57 万亿元。

二　我国投资银行的发展特点

（一）企业经营促进证券公司兼并重组

1997 年以来，证券市场蓬勃发展，证券公司也随之普遍取得较好的经营成果。与此同时，证券公司开始进入调整和规范时期，监管部门对证券公司的经营范围、内控制度建设、网点分布、风险防范等进行了清理和规范，同时采取了许多卓有成效的监管措施。这期间，证券公司自身的兼并重组活动也逐渐开展起来。我国证券公司由此开始了证券行业第一次大规模的并购热潮，这次重组并购具有划时代意义，其主要有下列一些方式：银证分离导致的重组与并购、证券公司整顿导致的重组与并购、内部调整导致的机构重设、增资扩股导致的机构重设、券商发生巨额亏损后的重组与并购、大型证券公司的重组设立。

（二）统一监管与规范发展

1997 年 11 月，党中央和国务院决定将人民银行对证券公司的监管职责移交中国证监会，由中国证监会统一负责对证券市场和证券公司的监管。这一重大举措理顺了我国的证券公司监管体制，有力推动了我国证券市场和证券公司的发展。1998 年 6 月，证券公司的监管职责移交中国证监会。同年底，《证券法》通过了对证券银行、保险、信托在分业经营与机构上分别做的明确规定，除商业银行、保险公司外，信托投资公司也不得再经营证券业务。根据分业要求，兼营证券业务的信托投资公司所属证券营业部有三条出路：或组成独立证券子公司，或几家信托公司联合组建证券公司，或对外转让。《证券法》同时对证券公司的分类、业务范围、设立、融资等做了相应的规定。《证券法》的出台与实施，明确了证券公司的法律地位，为证券公司的发展壮大创造了良好的条件，也为我国证券公司的发展指明了方向。

（三）以兼并重组促进规范发展

我国证券公司的发展经历了萌芽期、发展期后，进入了调整和规范期。这一时期，证券公司自身的重组与并购活动逐渐开展起来。由于证券公司面对来自证券市场内外部日益激烈的竞争，券商自身的经营风险也日益增大，同时，随着我国经济日益融入世界经济一体化，来自国外证券公司的潜在竞争也逐渐浮出水面。由于种种原因，我国证券公司或主动或被动地走向了业内重组与并购之路，证券公司的数量有所减少但资本规模增大了。

三　我国投资银行的发展现状

在对外开放政策引领下，我国资本市场取得长足发展，但和国际成熟市场相比，仍有亟待改善和健全的地方。以资本市场的参与机构为例，我国尚缺乏全球公认的顶尖投行，国内投行机构需要进一步提高对资本市场对外开放内涵意义的认识，合理借鉴国外发展的先进理念，及时做好新形势下的战略调整，全面提高服务水平和创新能力，如此才能在异常激烈的国际竞争中稳住阵脚，打造具有国际影响力的投行品牌，助力国内资本市场的振兴与繁荣。

（一）资本市场开放程度不断加深，但投资银行业的核心竞争力尚需提高

资本市场对外开放主要包含业务开放和市场开放两部分。业务开放方面，自 1995 年首家中外合资券商中金公司成立以来，合资券商在华发展已超过 20 年，2019 年底国务院发布了《关于进一步做好利用外资工作的意见》指出，2020 年取消证券公司、证券投资基金管理公司、期货公司、寿险公司外资持股比例不超过 51% 的限制，金融行业对外开放加速，内外资股权一致化、投资便利化、全面对外开放等入世承诺陆续兑现。市场开放方面，早在 1992 年沪、深两市就已建立了面向境外投资者的 B 股市场；近年来沪港通、深港通的相继开通，A 股市场和港股市场的互联互通进一步扩大；2018 年 5 月 A 股正式纳入明晟（MSCI）新兴市场指数，成为全球专业投资者的参考投资组合标的。

伴随资本市场对外开放程度的加深，我国证券业核心竞争力不足的劣势开始显现，主要体现在：一是经营方面，2017 年国内全部 131 家券商共实现营业收入 3113.24 亿元，其体量仅相当于高盛集团一家同期的收入规模，经营能力与国际顶尖投行差距显著。二是风控方面，2018 年针对资本市场的行政处罚决定有 310 件，共罚没金额 106.41 亿元，同比增长 38.39%，证券业的风险管理体系有待规范和加强。三是创新方面，在分业监管体系下，金融机构主业内创新空间有限，部分创新是以绕开监管为目的的混业创新，造成一些金融创新乱象，亟须从实体经济需求角度出发，回归价值创新和服务创新。

根据证券业协会对证券公司 2018 年度经营数据进行的统计，证券公司未经审计财务报表显示，131 家证券公司当期实现营业收入 2662.87 亿元，各主营业务收入分别为代理买卖证券业务净收入（含席位租赁）623.42 亿元、证券承销与保荐业务净收入 258.46 亿元、财务顾问业务净收入 111.50 亿元、投资咨询业务净收入 31.52 亿元、资产管理业务净收入 275.00 亿元、证券投资收益（含公允价值变动）800.27 亿元、利息净收入 214.85 亿元，当期实现净利润 666.20 亿元，106 家公司实现盈利。我国证券公司的核心竞争力还需要进一步提升。

（二）多层次资本市场结构日趋完善，但投资银行业的多元服务供给能力不足

通常来讲，我国多层次资本市场体系分为以下四层：第一层是上交所、深交所的主板市场；第二层是沪、深两所的中小板和创业板，以及 2019 年 1 月份提出的科创板（详细内容参考"延伸阅读"）；第三层是股权代办转让系统，包括承接"两网股""退市股"的"老三板"和"全国中小企业股份转让系统"（即新三板，新三板又包括精选层、创新层和基础层，其中精选层于 2020 年 7 月 27 日正式设立并开市交易）；第四层是场外市场、私募市场、区域性柜台市场等。

从服务需求角度来看，一层、二层市场的上市发行申报长期处在审核排队状态，一度出现"堰塞湖"现象；截至截至 2020 年 11 月底，我国证券市场共有 4101 家上市公司，新三板挂牌公司在 2020 年 11 月底已达到 8243 家，短期内快速成长为全球最大的股权交易市场，这些都反映了我国企业对资本市场配套服务的迫切需求。2017 年在全国金融工作会议上也指出，要把发展直接融资放在重要位置，形成融资功能完备、基础制度扎实、市场监管有效、投资者合法权益得到有效保护的多层次资本市场体系。从服务供给角度来看，我国仅有 131 家证券公司，而根据美国金融业监管局（FINRA）统计，2017 年全美共有 3726 家证券公司，即使考虑资本市场规模上的差距，我国投资银行业服务机构仍严重偏少，与企业对多层次资本市场的迫切服务需求是不相匹配的。①

---

① 武汉市地方金融工作局网站 2018/11/13。张月：《中国发展投资银行业的思考与建议》。

（三）注册制倒逼投资银行业务的转型

随着科创板和创业板实施注册制，以及证券法的修订，将改变现有投行的竞争格局和业务模式，对传统投行的盈利模式也将会产生巨大冲击，投行的核心职能将真正回归为企业的价值挖掘和价值判断，投行的业务将从重保荐转向重承销，定价能力、销售能力将成为投行核心竞争力的重要体现。

注册制下，证监会只对拟上市公司做形式审查，实质性审核的把关责任落在投行身上，新证券法的一大亮点就在于强化中介机构"看门人"的法律责任，明确保荐人和承销投行未履行职责时对受害投资者所应承担的过错推定和连带赔偿责任，提高证券服务机构未履行勤勉尽责业务的违法处罚幅度。所以，在注册制下，如何真实披露投资者决策需要的相关信息，设计出市场、投资者认同的金融产品将变得尤为重要。

面对将来更大的市场机遇与挑战，投行也将加快转型，走更加细化和差异化的道路。综合实力较强、规模较大的投行会向全能型大投行转变，更加注重综合服务能力、产品设计能力和风险管控能力，而中小投行则会转向专注于某个行业、板块的细化领域投行。

表 1-4　　　　　　　　**我国总资产最大的 10 家证券公司（2017 年底）**

名次	公司名称	总资产（万元）
1	中信证券股份有限公司	48394097
2	国泰君安股份有限公司	34641019
3	海通证券股份有限公司	31092873
4	广发证券有限责任公司	29631646
5	华泰证券股份有限公司	29434738
6	招商证券股份有限公司	26093624
7	申万宏源股份有限公司	25114931
8	银河证券有限责任公司	22920777
9	东方证券有限责任公司	20463810
10	中信建投有限责任公司	18434310

资料来源：中国证券业协会网站。

表 1-5　　　　　　　　**我国证券公司营业收入名次（2017 年）**

利润名次	公司名称	营业收入（万元）
1	中信证券股份有限公司	4329163
2	海通证券有限责任公司	2822167
3	国泰君安股份有限公司	2380413
4	广发证券有限责任公司	2157565
5	华泰证券股份有限公司	2110853
6	招商证券有限责任公司	1335321

续表

利润名次	公司名称	营业收入（万元）
7	申万宏源有限责任公司	1266853
8	国信证券股份有限公司	1192361
9	银河证券股份有限公司	1134.419
10	中信证券有限责任公司	1130325

资料来源：中国证券业协会网站。

虽然我国的证券公司数量较多，但是大、小券商分化严重，大券商基本垄断了发行业务和证券经纪业务，小券商的生存空间非常狭小，经营艰难。同时，证券经营机构缺少核心竞争力和市场细化的定位，经营方面趋同，这就使得证券经营机构在竞争过程中易于出现过度竞争的局面。

延伸阅读

科创板

科创板（Science and technology innovation board）由国家主席习近平于2018年11月5日在首届中国国际进口博览会开幕式上宣布设立，是独立于现有主板市场的新设板块，并在该板块内进行注册制试点。

2019年1月30日，中国证监会发布《关于在上海证券交易所设立科创板并试点注册制的实施意见》。2019年3月1日，上交所正式公布了《上海证券交易所科创板股票交易特别规定》。

设立科创板并试点注册制是提升服务科技创新企业能力、增强市场包容性、强化市场功能的一项资本市场重大改革举措。通过发行、交易、退市、投资者适当性、证券公司资本约束等新制度以及引入中长期资金等配套措施，增量试点、循序渐进，新增资金与试点进展同步匹配，力争在科创板实现投融资平衡、一二级市场平衡、公司的新老股东利益平衡，并促进现有市场形成良好预期，建立健全以信息披露为中心的股票发行上市制度。

科创板在构建注册制方面安排了相关的配套制度，包括构建科创板股票市场化发行承销机制、以信息披露为核心的持续监管制度、市场化的交易机制、完善投资者保护机制和严格的退市制度。

表1-6对科创板的相关发行承销制度与现行制度做了对比分析。

表1-6　　　　　　　科创板新股发行承销制度与现行制度的区别

项目	现行规则	科创板新规
新股定价	市场询价，询价对象包括机构和个人投资者；2000万股以下小盘股直接定价；发行价格不超过23倍市盈率	市场询价，只面对机构投资者
网下配售	网下配售占比60%—70%	网下配售占比60%—80%
网上申购	申购单位1000股/手	申购单位500股/手
战略配售	首次公开发行股票数量在4亿股以上的，可以向战略投资者配售股票	首次公开发行股票数量在1亿股以上的，可以向战略投资者配售股票；1亿股以下的，配售股票数量不超过20%
超额配售选择权（绿鞋机制）	首次公开发行股票数量在4亿股以上的，发行人和主承销商可以采用超额配售选择权	首次公开发行股票数量在1亿股以上的，配售比例原则上不超过30%；1亿股以下的，配售比例不超过20%；高管和员工间接参与的，配售不超过10%
券商跟投		允许券商子公司以自有资金跟投配售，比例为2%—5%，锁定期为两年

资料来源：证监会，上交所，金融界网站。

信息披露制度是注册制核心：科创板总体沿用了现行信息披露的基本规范，同时针对科创企业特点做了差异化和更具弹性的规定。从严披露包括：（1）强化行业信息披露。科创企业所属行业更迭快、专业性强，需要对行业发展状况及技术趋势、公司经营模式及核心竞争力、研发团队和研发投入等重要信息进行实时跟踪，突出经营风险披露。（2）重点关注尚未盈利信息披露。充分披露尚未盈利的原因，以及对公司现金流、业务拓展、人才吸引、团队稳定性、研发投入、战略性投入、生产经营可持续性等方面的影响。（3）强化股权质押、关联交易等披露要求。豁免披露包括：（1）暂缓豁免披露商业敏感信息。（2）针对科创板公司上市时可能尚未盈利的情况，豁免适用利润类指标。

减持制度严宽有度：一是严格控制特定股东减持行为。要求控股股东、实际控制人、董监高、核心人员锁定期36个月，且在尚未实现盈利前不得减持，并要求将首发前股份集中托管于保荐机构处。二是平衡好大股东减持权利与小股东利益。允许特定股东每人每年在二级市场减持1%以内首发前股份，在此基础上，拟引导其通过非公开转让方式向机构投资者进行减持，不再限制比例和节奏。三是PE、VC适用更灵活的减持方式。创投基金锁定期12个月，期满后除按照现行减持规定实施减持外，还可以采取非公开转让方式实施减持，以便利创投资金退出，促进创新资本形成。影响：提高市场活力，促进创新资本的形成。

股权激励大幅放宽：一是扩展了股权激励的比例上限与对象范围。将上市公司全部在有效期内的股权激励计划所涉及的股票总数限额由10%提升至20%。允许单独或合计持有上市公司5%以上股份的股东、实际控制人及其配偶、父母、子女，成为股权激励对象。二是取消价格限制。取消限制性股票的授予价格限制。三是取消时间限制。允许满足激励条件后，上市公司再行将限制性股票登记至激励对象名下，实际授予的权益进行登记后，可不再设置限售期，便利了实施操作。极大提高了股权激励的灵活性和便利性，符合人才密集型企业激励员工积极性的需要。

交易机制释放市场活力：科创板在交易机制上做出较大突破和创新，引入投资者适当性制度，适当放宽涨跌幅限制、调整单笔申报数量、上市首日开放融资融券业务等差异化机制安排，在保障市场流动性的同时防止过度投机炒作，激发市场活力。

表1-7对科创板的交易机制和现行机制进行了对比。

表1-7 　　　　　　　　　　　科创板股票交易特别规定与现行规定对比

项目	现行规定	科创板规定
投资者适当性条件	创业板：具有两年（含）以上股票投资交易经验； 沪港通：申请权限开通前20个交易日证券账户以及资金账户不低于50万元人民币； 沪伦通：300万元人民币； 新三板：最近10个转让日的日均金融资产500万元人民币以上，两年以上投资经验	申请权限开通前20个交易日证券账户以及资金账户不低于50万元人民币； 参与证券交易24个月以上
交易方式	竞价交易；大宗交易	竞价交易；大宗交易；按后固定价格交易
涨跌幅限制	A股市场股票竞价交易涨跌幅度：10%； ST股票交易日涨跌幅度为：5% 新股上市首日涨停限制：44%	股票竞价交易涨跌幅度：20%； 新股上市后的5个交易日没有涨跌幅限制
单笔交易申报数量	竞价交易买入股票的，申报数量应为100股或其整数倍，不超过100万股	限价申报交易买入股票的，申报数量应为不小于200股，且不超过10万股；市价申报交易买入股票的，申报数量应为不小于200股，且不超过5万股
异常波动认定	连续3个交易日内日收盘价格涨跌幅偏离值累计达到±20%	连续3个交易日内日收盘价格涨跌幅偏离值累计达到±30%

资料来源：证监会，上交所，金融界网站。

投资者保护制度尝试创新：中小投资者是我国现阶段资本市场的主要参与群体，截至2020年2月年自然人投资者数量达到1.6亿，占比超99%，但广大中小投资者处于信息弱势地位，信息不对称，抗风险能力和自我保护能力较弱，投资者保护制度尤为重要。2020年3月1号开始实施的新的《证券法》专门设置了保护投资者利益的法律条文。科创板作为资本市场试验田，也在适当性管理、赔偿方面迈出一步：（1）提高个人投资者参与门槛。个人投资者参与科创板股票交易需满足两个条件：一是申请权限开通前20个交易日证券账户及资金账户内的资产日均不低于人民币50万元，二是参与证券交易24个月以上。参与门槛高于主板和创业板，与沪港通基本一致，在对投资者进行风险过滤。未满足适当性要求的投资者，可通过购买公募基金等方式参与科创板。（2）引入欺诈发行购回机制。对以欺骗手段骗取发行注册上市的，证监会做出处罚的同时，将会责令上市公司及其控股股东、实际控制人在一定期间从投资者手中购回本次公开发行的股票。

退市制度全面从严。退市标准：一是淡化盈利指标。科创板尊重企业成长周期规律，注重定性判断是否为丧失持续经营能力且恢复无望的主业"空心化"公司，同时，也设定了净利润为负且主营业务收入未达到一定规模、净资产为负等定量标准。特别是针对粉饰财务数据、规避退市指标的企业，科创板退市制度规定营业收入主要来源于与主营业务无关的贸易业务或者不具备商业实质的关联交易收入，有证据表明公司已经明显丧失持续经营能力，将按照规定的条件和程序启动退市。二是新增研发类、合规性指标。针对研发失败退市，要实施退市风险警示。同时，在规范类指标中增加信息披露或者规范运作存在重大缺陷等合规性退市指标。三是沿用现行重大违法指标、微调市场指标。成交量、股东人数在主中小板和创业板之间做取中处理，例如科创板要求连续120个交易日成交量不低于200万股，介于中小板300万股和创业板100万股之间。退市程序：一是简化退市环节。取消暂停上市和恢复上市程序，对应当退市的企业直接终止上市。二是将退市时间缩短为两年。触及财务类退市指标的公司，第一年实施退市风险警示，第二年仍然触及将直接退市，不再设置专门的重新上市环节。

第二章　股份有限公司和首次公开发行

第一节　股份有限公司的设立

一　公司的概念

市场经济的主体在法律上包括公民和法人。公司是企业法人组织的一种重要形式，是市场经济的主体，是依法定条件和程序设立的以盈利为目的的社团法人。因各个国家公司法对设立公司的要求不同，公司的法律概念也不尽相同。从公司的投资者来看，传统的观念认为，公司是由两个以上的投资者设立的法人实体。现今，多数国家的公司法一般规定公司必须有两个以上的投资者，但也有一些国家允许单一投资者的公司存在。

（一）公司的基本特征

为了深入理解公司的概念，我们需要了解公司的基本特征。

（1）公司必须是法人。公司作为一种特殊的企业组织形式，有着区别于以其他组织形式存在的企业的特征，即公司具有法人地位。公司必须依法成立，首先是指在成立程序上的合法性，其次，法人的目的和宗旨、组织机构、经营范围、经营方式等都必须是合法的。公司拥有独立财产，这是公司作为独立主体存在的基础和前提条件，也是公司独立承担财产义务和责任的物质保证。公司必须有自己的名称、组织机构或场所，这是公司的组织特征。公司必须独立承担责任，即公司以全部财产承担债务，对它的法定代表人和代理人的经营活动承担民事责任，股东对公司的债务不直接承担责任，如果公司不能清偿到期债务，其资产也不足以抵偿债务时，就应依法宣告破产。

（2）公司是以股东投资行为为基础而设立的集合体性质的经济组织，是社团法人，具有联合性。社团法人是指由 2 个人以上集合而成的法人团体。从集合体的性质来看，它既是人的集合，又是资金和财产的集合，虽然许多国家，包括我国都承认一人公司的合法性，但是这并不能改变公司是股东出资经营的集合体的性质。公司是由数人集资而组成的企业，从其组成要素看，是出资人的联合。所以，公司应是社团法人的一种。

（3）公司是以盈利为目的的经济实体。以盈利为目的，这反映了公司在经济上的特征。公司是以盈利为目的而组织其生产经营活动的经济组织，是一种企业形式，具有企业的一般属性。企业在本质上是与公司一致的，但企业的范畴比公司大，企业可划分为独资、合伙、公司三种类型。

（4）任何公司都必须按照法律规定进行组织和活动。公司的成立、运作和操作都要受公司法以及其他法律的规范。其法人资格是需要经过国家承认的，只有依照法律规定的条件和程序才能取得法人资格。

（5）公司在国家许可的范围内可以自由选择其所从事的行业，并可以自由地采用适当的经营方式。尽管公司越来越受法律的约束，但作为一种企业组织形式，仍具有一定的自由性。

（二）公司的类别

依照不同的标准，可以对公司进行不同的分类，根据股东责任的不同，可将公司分为无限责任公司、有限责任公司、两合公司和股份有限公司。

1. 无限责任公司

无限责任公司是指由两个以上股东组成，股东对公司的债务承担连带无限清偿责任，即股东不论其出资多少，对公司的债权人所负共同或单独清偿全部债务的责任的公司。对公司的债务，以自然人为限，负有相同的连带无限清偿责任，而不以出资不同或盈亏比例不同而改变其责任范围。

无限责任公司起源于家族共同企业团体，中世纪意大利、德意志的商业都市中，数个继承人共同继承家父的营业时，各级承认对该营业负无限责任。中世纪后期，渐次推行于欧洲各国。此制度初实行于亲族之间，后发展到亲族之外，至近代逐渐成为无限公司的组织，所以现代无限公司还带有家族的意味。有限公司起源较晚，后由于其制度上的优势，逐渐成为中小企业的主要组织形式。

无限公司属于人合公司，股东利益一致，共同承担风险、分享利润，股东向心力强。由于各股东承担无限责任，所以无限公司的信用更加坚厚，对方乐于与之交易。但无限公司的股东责任过重，所以不容易筹集资金。而且由于各股东共同参与管理，各股东水平参差不齐，会影响公司的效率，可能发生个别股东拖累公司的情况。

2. 有限责任公司

有限公司包括有限责任公司和股份有限公司，我们先介绍有限责任公司。

有限责任公司是指由两个以上股东（如果《公司法》允许一人有限责任公司存在，则单一股东也可以）共同出资，每个股东以其认缴的出资额对公司承担有限责任，公司以其全部财产对其债务承担责任的企业法人。实行资本金制度，但公司股份对股东不分成均等股份，股东仅就其出资额为限对公司负责。股东人数既有最低限也有最高限，我国为 1 人以上 50 人以下。股东向股东以外的人转让其出资时，必须经过半数股东同意；不同意转让的股东应当购买该转让的出资，如果不购买该转让的出资，视为同意转让。经股东同意转让的出资在同等条件下，其他股东对该出资具有优先购买权。公司财务不必公开，但应当按公司章程规定的期限将财务会计报告送交各股东。

有限责任公司也存在一些缺点，如：有限责任公司是靠发起设立的，不得向社会公开募集资金，受资金规模的限制，规模一般不是很大；由于股东对公司债务承担有限责任，如果公司负债过重会影响债权人的利益。

3. 股份有限公司

股份有限公司的全部资产分为等额股份，股东仅以其所持股份为限对公司承担责任，公司以其全部资产对公司的债务承担责任。股份有限公司采取公开向社会发行股票的方式筹集资本，为筹集资金开辟了广阔的渠道。股东人数不受限制，可以在一定范围内无限大，这样便于更多人向公司投资。我国对股份有限公司的股东人数有最低限制，要求有 2 人以上 200 人以下为发起人。公司股票可以自由转让，此外，转让的价格只要交易双方接受即可成交，这使投资者有可能从股票交易中获利，从而使股份有限公司在投资者心目中具有极大的吸引力。而无限公司和有限责任公司的股东在转让股份时一般都受到限制。由于股份公司公开向社会发股筹资的股东人数多，因此各国法律都要求股份有限公司应将其财务公开。

股份有限公司的优点主要表现在：股份有限公司可以向社会公开募集资金，这有利于公司股本的扩大，增强公司的竞争力；股东持有的股份可以自由转让，股东的责任以其持有股份为限，股东的投资风险不会无限扩大；股份有限公司的股东依照所持股份，享有平等的权利，所有股东无论持股多少，都享有表决权、分红权、优先认购本公司新发行股票的权利等；股份有限公司的股东是公司的所有者，公司的经营管理权由股东委托董事会承担。所有权与经营权的分离是现代公司治理结构的一个重要组成部分，股份有限公司为公司的所有者和经营者实现所有权和经营权分离创造了条件。

4. 两合公司

两合公司是指由负有限责任的股东和负无限责任的股东两种成员组成的公司，也称为有限合伙制。在这类公司中，无限责任股东除负有一定的出资义务外，还需对公司债权人承担直接无限责任，而有限责任股东除负有一定的出资义务外，只以其出资额为限度对公司债权人负直接有限责任。两合公司起源于15世纪的意大利。目前，美国（1916年）、法国（1807年）、德国、日本等都有此种公司形式的法律地位。在两合公司中，合伙人分为"活跃的（active）合伙人"和"睡着的（sleeping）合伙人"。对于"活跃的合伙人"，必须承担无限责任，以体现权利与责任相统一的原则；而"睡着的合伙人"，则只负有限责任。股份两合公司是两合公司的常见形式，它是指由无限责任股东和有限责任股东组成的公司，其中负有限责任的股东依照股份有限公司的形式认购股份，除此之外，股份两合公司与两合公司的特征大致相同。

二　股份有限公司的设立

（一）设立方式

股份有限公司由其性质所决定在其设立之时或者设立之后都可以向社会公众发行股份募集资金。所以发起人在设立公司时，可以根据发起人及公司的具体情况，决定是否向社会公众发行股份。我国设立股份有限公司可以采取发起设立和募集设立两种方式。

发起设立，又叫"同时设立""单独设立"，是指由发起人认购公司应发行的全部股份而设立公司。选择发起设立方式设立公司，一般是由于各个发起人的资金比较雄厚或者公司的资本总额无须太高，在创立公司时，无须向社会公众募集资金，发起人的出资即可构成公司的资本总额。

以发起方式设立的股份有限公司，由于没有向社会公众公开募集股份，所以在其发行新股之前，其全部股份都由发起人持有，因而其全部股东都是设立公司的发起人，而没有其他的任何人作为该公司的股东。根据这一特点，以发起方式设立股份有限公司，无须制作认股书，无须向社会公开募集股份，无须召开创立大会，设立程序比募集设立简单。

募集设立，也叫"渐次设立"，是指由发起人认购公司应发行股份的一部分，其余股份向社会公开募集或者向特定对象募集而设立公司。发起人采取募集设立方式设立公司，目的是通过向社会公众发行股份而募集更多的资金，从而使公司能够达到较高的资本总额。由于向社会公众募集股份，因而以募集设立方式设立的股份有限公司，从其成立时起，公司股东除发起人以外，还有社会公众。这种方式比发起设立方式复杂，要实行公开募股和召开创立大会。

我国《公司法》规定，股份有限公司的设立可以采取发起设立或者募集设立两种方式，而没有规定一定要采取哪种方式。所以，发起人应该根据自身的具体情况以及所要成立的公司的具体情况来对设立公司的方式进行选择。另，《公司法》第 83 条规定：以发起设立方式设立股份有限公司的，发起人应当书面认足公司章程规定其认购的股份，并按照公司章程规定缴纳出资。以非货币财产出资的，应当依法办理其财产权的转移手续。发起人不依照前款规定缴纳出资的，应当按照发起人协议承担违约责任。发起人认足公司章程规定的出资后，应当成立董事会和监事会，由董事会向公司登记机关报送公司章程以及法律、行政法规规定的其他文件，申请设立登记。《公司法》第 84 条规定：以募集设立方式设立股份有限公司的，发起人认购的股份不得少于公司股份总数的百分之三十五；但是，法律、行政法规另有规定的，从其规定。

从我国股份制的实际运行状况看，实际上，募集设立方式是虚置的，因为目前公开发行股份的公司都要求首先已经是一家发起设立的股份公司。1998 年 8 月，中国证监会发出通知，要求所有拟申请公开发行股票并上市的企业，必须"先改制运行，后发行上市"，即凡是拟申请公开发行股票并上市的企业，均应当先改制为股份有限公司，并且运行一年，经当地证券主管部门验收合格后，方可申请公开发行股票及上市。该通知实际上废除了《公司法》规定的募集设立方式，使得股份有限公司的设立方式只剩下一种，即发起设立。因而对于我国的股份公司，所谓的首次公开发行，实际上已是第二次发行了，只不过是首次公开募股而已。

（二）设立条件

依据股份公司的特点和《公司法》规定，我国股份有限公司的设立须具备以下六个条件。

1. 发起人符合法定的人数

《公司法》第 79 条规定，"设立股份有限公司，应当有二人以上二百人以下为发起人，其中须有半数以上的发起人在中国境内有住所"。发起人既可以是自然人也可以是法人。

2. 发起人认缴和社会公开募集的股本达到法定资本最低额

根据十二届全国人大常委会第六次会议的决定对《公司法》做出了修改，并自 2014 年 3 月 1 日起施行。修改后的《公司法》对注册资本的规定主要涉及三个方面：一是将注册资本实缴登记制改为认缴登记制。除法律、行政法规以及国务院决定对公司注册资本实缴有另行规定的以外，取消了关于公司股东（发起人）应自公司成立之日起两年内缴足出资，投资公司在五年内缴足出资的规定；取消了一人有限责任公司股东应一次足额缴纳出资的规定。转而采取公司股东（发起人）自主约定认缴出资额、出资方式、出资期限等，并记载于公司章程的方式。二是放宽注册资本登记条件。除对公司注册资本最低限额有另行规定的以外，取消了有限责任公司、一人有限责任公司、股份有限公司最低注册资本分别应达3万元、10万元、500万元的限制；不再限制公司设立时股东（发起人）的首次出资比例以及货币出资比例。三是简化登记事项和登记文件。有限责任公司股东认缴出资额、公司实收资本不再作为登记事项。公司登记时，不需要提交验资报告。

3. 股份的发行、筹办事项符合法律规定

我国《公司法》明确规定，股份公司发行股份必须采取股票的形式，股份的发行，实行公开、公平、公正的原则，必须同股同利、同股同权。股票发行价格可以按票面金额，也可以超过票面金额，但不得低于票面金额。《公司法》还规定，股份公司发起人在具体筹办公司的过程中，必须严格按照《公司法》及有关法律、法规办理。

4. 公司章程和创立大会

公司章程依法规定公司的组织机构及其行为的基本准则。发起方式下，公司章程由发起人制定并经全体发起人同意，由股东大会通过。采用募集方式设立的则必须经创立大会通过。

我国《公司法》第82条对股份有限公司章程应当载明的内容规定如下：

（1）公司名称和住所；

（2）公司经营范围；

（3）公司设立方式；

（4）公司股份总数、每股金额和注册资本；

（5）发起人的姓名或名称、认购的股份数、出资方式和出资时间；

（6）董事会的组成、职权和议事规则；

（7）公司法定代表人；

（8）监事会的组成、职权和议事规则；

（9）公司利润分配办法；

（10）公司的解散事由与清算办法；

（11）公司的通知和公告办法；

（12）股东大会认为需要规定的其他事项。

5. 有公司名称，建立符合股份有限公司要求的组织机构

根据《公司法》规定，股份有限公司必须在公司名称中标明"股份有限公司"字样，并且还必须符合法律和行政法规的规定。公司的名称必须经其注册登记机关规定、注册，要求公司只准使用一个名字，未经登记注册的公司名称不得使用。公司有了合法的名称，就可正式建立符合股份有限公司要求的组织机构，进而依法进行生产和经营活动。

6. 有公司住所

《公司法》中所规定的"固定的生产经营场所和必要的生产经营条件"，主要是指

生产设施，包括厂房、办公住所、设备和生产技术、经费以及生产管理人员等。这一规定的目的是保护股东的利益，防止滥设公司现象的发生，促进企业经济的发展。

第二节　企业的股份制改组

一　企业股份制改组的内容、程序和模式

（一）股份制改组的目的

企业股份制改组的目的，一是筹集资金，二是转变机制。

股份制是现代公司制度发展的重要体现，它大大便利了公开筹集资金，但同时实现了所有者和经营者的分离，为了保护投资者利益，它又极力强调投资者保护，因而需要完善的公司治理结构。

在我国，股份制改组是为了提高企业的运行效率和竞争力而对企业内部各生产要素的重新整合的过程。由于我国很多企业存在着产权不明确、治理结构混乱、企业规模小、政企没有完全分开、企业冗员多等问题，因此，企业经济效益普遍不高。通过股份制改组，可以对现有生产要素进行整合，以提高股份公司的资本利润率，从而获得尽可能高的股票发行价格和尽可能大的市值；同时，股份制改组还可以使企业明确产权归属，摆脱企业政企不分的局面，转换经营机制，使企业真正成为面向市场的经济主体。

（二）股份制改组的内容

1. 业务重组

业务重组是指对被重组企业的业务进行重新划分并决定哪些业务进入股份公司的过程。业务重组的目的在于分析企业所从事的各种业务，并决定将企业的规模大、有竞争力、经济效益高、发展前景良好的业务纳入股份公司。业务重组是企业重组的基础。

2. 资产重组

资产重组是指对企业范围内的资产进行分拆、合并或优化组合的过程。在一个企业内部，往往存在着一些非经营性资产和不良资产，为了提高股份公司的资本利润率，就必须在业务重组并测算股份公司今后经济效益的基础上对企业的非经营性资产和不良资产进行剥离。资产重组是企业重组的核心。

3. 负债重组

负债包括长期负债和流动负债，负债的重组一般遵循"负债随资产"的原则，即当一项资产根据业务重组和资产重组的要求而决定进入或不进入股份公司时，与形成该项资产相关的负债也应进入或不进入股份公司。由于我国企业资本融资不足，往往

存在着负债比例高的特点，因此在负债重组的过程中，为了降低股份公司的负债比例，有时也会采用债务资本化的方式。

4. 机构重组

机构重组是指在业务重组和资产重组过程中，将原有企业的机构和管理体制重新划分并转变为符合上市公司特点且能提高运作效率的机构和管理体制。机构重组是企业转换经营机制的前提。

5. 人员重组

人员重组应遵循"人员随资产"的原则，当一项资产根据业务重组和资产重组的要求而决定进入或不进入股份公司时，与该项资产相关的人员也应进入或不进入股份公司。在人员重组的过程中还要注意减员增效、优化组合，提高劳动生产率。

（三）股份制改组的基本模式

由于各个企业具有不同的特点，因而决定了每个企业采取的股份制改组模式各不相同。我国企业在上市时通常采取的股份制改组模式有三种：整体改制模式（见图 2-1）、分立改制模式、合并改制模式。

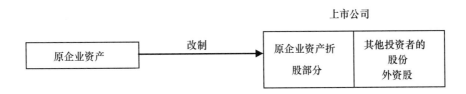

图 2-1　整体改制模式

1. 整体改制模式

整体改制模式是指将被改组企业的全部资产投入到股份有限公司作为发起人股本，然后再向社会公开发行股票和上市的改制模式。由于采取该种改制模式，企业的各生产要素在改制前后改变不大，有利于企业改制后的运作而且所需的时间较短。但由于该种模式在改制时没有剥离任何非经营性资产和不良资产，因此存在改制不彻底的缺点，股份公司的负担较重，不利于股份公司今后的发展，因此该模式只适用于原企业非营利性业务较少且经济效益较好的企业，模式适用的范围较小。

整体改制上市，一种方式是将企业整体进行股份制改组，使其符合上市公司发行新股的要求，此种模式适合于业务单一集中、资产难以有效分割的企业。另一种方式是企业集团公司吸收下属已上市公司最终实现整体上市。

案例 2-1：中国银行整体改制为中国银行股份有限公司

2004 年 8 月 26 日，中国银行宣布，由国有独资商业银行整体改制为国家控股的股份制银行——中国银行股份有限公司。经国务院批准，中央汇金投资有限责任公司代表国家持有中国银行股份有限公司 100% 股权，依法行使中国银行股份有限公司出资人的权利和履行相应义务。

中国银行股份有限公司注册资本 1863.9 亿元人民币，折合 1863.9 亿股。

中国银行采用整体改制模式的好处在于：杜绝母公司和股份公司之间有可能产生关联交易，由于银行的业务性质，公开信息披露会很困难，而整体改制并上市就可以避免这一问题。

案例 2 - 2：TCL 集团股份公司吸收合并其子公司 TCL 通讯设备股份有限公司整体上市

TCL 集团股份公司是在原 TCL 集团有限公司基础上，整体变更设立的股份有限公司。因 TCL 集团有限公司在整体变更上市前还拥有 TCL 通讯设备股份有限公司，所以采取了吸收合并的方式，由 TCL 集团股份公司向 TCL 通讯设备股份有限公司流通股股东发行 TCL 集团股份公司一定数量的流通股新股作为吸收合并 TCL 通讯设备股份有限公司的对价。每股 TCL 通讯设备股份有限公司流通股最终折为 TCL 集团股份公司流通股新股的股数按照相应的折股比例来确定（21.15/4.26 = 4.96）。根据折股比例，TCL 集团股份公司本次发行除了向社会公众投资者首次公开发行流通股新股以外，还将向 TCL 通讯设备股份有限公司的流通股股东换股发行流通股新股。最终 TCL 集团股份公司通过首次公开发行和吸收合并的方式实现了整体上市。2004 年 1 月 7 日发股，其中上网发行 5.9 亿股，换股发行 4.04 亿股，1 月 30 日上市。同时，TCL 通讯注销法人资格并退市。

2. 分立改制模式

分立改制模式是指拟改制企业根据一定的设想和原则将企业资产进行分割改制，一部分资产作为股本投入改制后的股份有限公司，另一部分资产保留在原企业内，由原企业或原企业的上级股东作为股份公司的管理单位。有时也采用将原企业分为两个以上的独立法人，消灭原企业的法人资格，又分立后的某一家企业作为股份公司股权的管理单位。

我国多数国有企业采用了分立改制的方式，其优点在于可以保留一家国有企业，一方面用来安置非经营性资产，另一方面又可以使原企业对投入股份公司的资产有国有股权的管理单位，保持管理和利益的延续性。另外，由于改制后原企业的法人地位依然存在，因此在改制过程中的一些矛盾和问题可以在企业集团内部得到解决。该模式的主要缺点是股份公司上市后同原企业间往往会发生大量的关联交易，影响上市公司的规范化运作，企业的改制也不彻底。

案例 2 - 3：上海石油的分立改制

上海石油化工股份有限公司的前身为上海石油化工总厂。改制后，原上海石油化工总厂的生产、辅助生产、经营、贸易、科技、管理部门和单位及相关资产和债务转

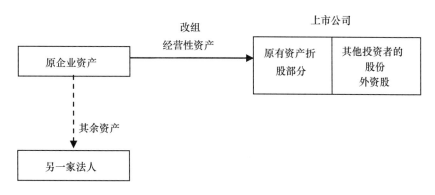

图 2－2　分立改制模式

入上海石油化工股份有限公司，并在上海交易所上市交易。同时，新设中国石化上海
金山实业公司，承接原上海石油化工总厂的建设、设计、机械制造、生活服务等企事
业单位和行使政府职能的部门和单位及相关资产和债务。原上海石油化工总厂取消法
人独立地位。

案例 2－4：上海宝钢集团公司部分改制，独家发起设立宝山钢铁股份有限公司

宝山钢铁股份有限公司的发起人——上海宝钢集团公司的前身为宝山钢铁（集团）
公司。宝山钢铁（集团）公司由上海宝山钢铁总厂于 1993 年更名而来。1998 年 11 月
17 日，经国务院批准，宝山钢铁（集团）公司吸收合并上海冶金控股（集团）公司和
上海梅山（集团）有限公司，并更名为上海宝钢集团公司（以下简称宝钢集团）。其
改制方案为将宝钢集团的下属的大部分生产经营性资产以及部分的生产辅助性资产全
部投入到宝山钢铁股份公司里，另外也将宝钢集团的一些生产职能性部门投入到股份
公司里，从而使股份公司拥有完整生产工艺流程，以及完整的科研、生产、采购和销
售体系。最终宝山钢铁股份有限公司为宝钢集团独家发起设立的股份有限公司并在上
海交易所上市交易。

3. 合并改制模式

由于我国原有的投资体制的原因，我国很多企业存在着分散、规模小、重复建设
及行业内恶性竞争等现象，因此为了提高股份公司的生产经营规模及竞争力，在改制
时将产品相同、相似或相互关联的一些企业合并或者以某一优势企业为主体，同时吸
收其他企业作为共同发起人设立股份公司，然后增资向社会公开发行股票并上市的改
制模式称为合并改制模式。合并改制模式的优点在于扩大了股份公司的生产经营规模，
有利于提高股份公司的竞争力，合并后的公司能够在更大范围内进行生产要素的优化
组合和整合，符合社会化大生产的要求，但该模式的缺点是改制过程中的协调工作难
度很大，尤其是改制的对象跨地区、跨行业时更是如此。（见图 2－3）

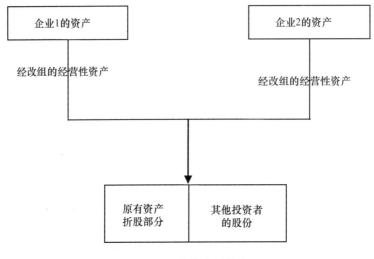

图 2-3 合并改制模式

合并改制模式也适用于将主业不尽相同的企业组建成企业集团，然后将企业集团上市。组建集团企业的最大优点是通过合理的主体改制和有效的合并，不仅提高了上市公司的规模和竞争力，而且提高了上市公司的资本利润率，但其缺点在于协调工作的难度是所有模式中最大的。

华能国电（华能国际电力股份有限公司）上市时采取了合并主体改制模式。为了达到在美国上市的目的，以华能国际电力开发公司为主，同时联合华能大连、福州、南通、上安及汕头电厂等其他七家投资人，将七家投资人在各电厂的债权转化为股权，共同发起设立华能国际电力股份有限公司。北京控股、上海实业、天津发展也采用了合并改制模式，将政府属下的主营差别很大的各家企业联合组建为股份公司，然后在香港联交所上市。

案例 2-5：华源凯马的合并改组上市

华源凯马机械股份有限公司主发起人中国华源集团有限公司是原纺织工业部（现国家纺织工业局）联合对外经贸部和交通银行总行共同创办，于 1992 年经国家经贸委批准设立的一家注册于上海浦东新区的综合型集团公司。1996 年底及 1997 年初，中国华源集团有限公司先后与江苏行星机械集团公司、山东莱动内燃机有限公司、山东潍坊拖拉机集团总公司、山东光明机器厂、山东寿光聚宝农用车辆总厂，合资组建由中国华源集团有限公司控股的无锡华源行星动力有限公司（简称"行星"）、山东华源莱动内燃机有限公司简称（"莱动"）、山东潍坊华源拖拉机有限公司（简称"潍拖"）、山东华源光明机器制造有限公司（简称"光明"）、山东寿光华源聚宝农用车有限公司（简称"聚宝"）。此外，1997 年 4 月，中国华源集团有限公司又将其与中国纺织科学技术开发总公司合资组建的上海华源科学技术有限公司，改为上海华源机械动力进出口有限公司。

1998 年 2 月 16 日，中国华源集团有限公司、江苏行星机械集团公司、山东莱动内燃机有限公司、山东光明机器厂、山东寿光聚宝农用车辆总厂、山东潍坊拖拉机集团总公司、山东拖拉机厂、中国纺织科学技术开发总公司、中国农业机械总公司、机械工业部上海内燃机研究所及机械工业部第四设计研究院 11 家企事业单位为发起人，将中国华源集团有限公司控股的六家机械企业——行星、莱动、潍拖、光明、聚宝、机械进出口的全部资产和负债，山东拖拉机厂中马力拖拉机生产经营主体部分全部资产和负债，以及中国农业机械总公司、机械工业部上海内燃机研究所和机械工业部第四设计研究院的部分资产折价入股，发起设立华源凯马机械股份有限公司。华源凯马机械股份有限公司向境外发行境内上市外资股（B 股），在上海证券交易所上市交易。

由于企业的具体情况各不相同，而且即使同一种模式，也往往存在着不同的变型，因此企业在决定资产重组时应采取哪种模式时，应根据企业自身的特点，进行科学、合理的定量和定性分析，采取最适合企业的改制模式，并且符合企业近期的发展目标和长期规划。

二　股份制改组的资产评估及产权界定

资产评估，就是指由专门的评估机构和人员依据国家的有关规定和数据资料，根据特定的评估目的，遵循公允、法定的原则，采用适当的评估原则、程序、计价标准，运用科学的评估方法，以统一的货币单位，对企业、事业单位资产进行评定估算。

资产评估的范围包括固定资产、流动资产、无形资产和其他资产。企业在改组为上市公司时，应当根据企业改组和资产重组的方案确定资产评估的范围。基本原则是，进入股份有限公司的资产都必须进行评估。有的时候，出于某种特定的目的，对不进入股份有限公司的资产，尤其是土地使用权也要进行评估。

资产评估是一项政策性很强，技术要求高，跨部门、跨行业、跨学科的综合性工作。因此在企业股份制改组中必须由取得证券从业资格的资产评估机构从事该项工作。对同一股票公开发行、上市交易的企业，其财务审计与资产评估工作不得由同一机构承担，以保证股票的公正性。

（一）资产评估的程序

资产评估通常分为四个程序：申请立项；资产清查；评定估算；验证确认。

（1）申请立项。国有企业进行股份制改组，应当按隶属关系申请评估立项。凡是需要进行资产评估的资产占有单位，首先应报主管部门审查，经主管部门同意后，向国有资产管理部门提交资产评估立项申请，并附财产目录和有关会计报告等资料。非国家控股企业的资产评估，由董事会批准资产评估立项申请。

（2）资产清查。资产清查指资产评估机构对立项批准通知书中批准的资产评估对象，按照资产类别、规则型号、制造厂家、购置或制造日期、存量、金额等项目，一一清点、核实并进行登记造册。资产清查的目的是在不影响经营的前提下清理债权债务，并在此基础上，按照评估基准日期的实际存量、存放地点、资产状况等进行调查、统计，掌握资产的实际情况。

（3）评定估算。评定估算是指评估人员依据所掌握的资料，依照法定的评估方法，对所评估财产进行的价值方面的评定和估算。评定估算一般分为三步。第一，制定评估实施方案。第二，通过确定资产的全新价格、资产的成新率，无形损耗等因素，确定所评估资产的价值。第三，撰写评估报告。

（4）验证确认。委托单位收到资产评估机构的资产评估结果报告书以后，应当报主管部门审查。

资产评估工作结束以后，资产评估人员一般按照下列程序编写资产评估报告：第一，分类整理评估工作底稿。最后形成分类汇总表及分类评估的文字说明。第二，讨论分析初步结论。第三，编写评估报告。评估报告人根据整理后的评估资料及经讨论的修正意见，在考虑委托人的要求和法律的规定的基础上，依据统一的格式编写资产评估报告。经项目负责人和评估机构负责人审查无误后，评估报告的工作才算完成。

（二）资产评估的基本方法

我国采用的资产评估的方法主要有收益现值法、重置成本法、现行市价法和清算价格法。

（1）收益现值法。收益现值法是将评估对象生存寿命期间每年的预期收益，用适当的折现率折现，累加得出评估基准日现值，以此估算资产价值的方法。用收益现值法进行资产评估的，应当根据被评估资产合理的预期获利能力和适当的折现率，计算出资产的现值，并以之评定重估价值。

（2）重置成本法。重置成本法是现时条件下被评估资产全新状态的重置成本减去该项资产的实体性贬值、功能性贬值和经济性贬值，估算资产价值的方法。用重置成本法进行资产评估的，应当根据该项资产在全新情况下的重置成本，减去按重置成本计算的已使用年限的累积折旧额，考虑资产功能变化、成新率等因素，评定重估价值或者根据资产的使用期限，考虑资产功能变化等因素重新确定成新率，评定重估价值。

（3）现行市价法。现行市价法是通过市场调查，选择一个或几个与评估对象相同或类似的资产作为比较对象，分析比较对象的成交价格和交易条件，进行对比调整，估算出资产价值的方法。

（4）清算价格法。清算价格法适用于依照《中华人民共和国企业破产法》规定，经人民法院宣告破产的企业的资产评估，应当根据企业清算时其资产可变现的价值，评定重估价值。

三 股份制改组的财务审计

财务审计一般分为四个阶段，即计划阶段、测试和评估阶段、确定性检查阶段、审计完成和报告阶段。

（1）计划阶段。审计机构与改组企业经过协商签订了委托合同以后，审计机构即需要对今后的审计工作根据改组企业的要求编制计划。计划既要考虑到上市企业的要求，也要根据发行上市的实际进度，并结合其他中介机构的工作进行。

在计划阶段，审计人员应当初步了解改组企业的基本情况及内控状况，制订审计工作计划，审计工作计划一般包括审计方案、审计工作程序和审计时间预算表。

（2）测试和评估阶段。测试的方法分为穿行测试和遵行性检查。穿行测试指对所抽取的经济业务按经济业务循环的每一步骤进行追查，看是否与审计人员工作底稿一致。遵行性检查是对某一控制程序的效能进行的检查，目的在于确定改组企业内部控制系统的可控程度，从而为下一步工作提供指导性意见。

（3）确定性检查阶段。在确定性检查阶段，主要对企业财务报告进行检查。包括对资产负债表中各项目的检查，对损益表中各账户的审查和对财务状况变动表的审查。审计人员要通过询问、观察、细节抽查、凭证检查、确定性分析等手段，详细而广泛地审核公司经营业务与报表项目余额。

（4）审计完成和报告阶段。上述工作完成以后，审计人员应当整理资料，评价审计结果，然后审核审计工作底稿，最后编写并签发审计报告。审计人员以本行业公认的审慎标准在对发行人的经营状况和财务状况进行审查、验证的基础上，综合审计结果编写审计报告，完成审计工作。

第三节 首次公开发行与股票上市

一 证券发行制度

一般而言，证券发行制度分为审批制、核准制和注册制三种（见表2-1）。

表2-1 审批制、核准制和注册制的比较

项目	审批制	核准制	注册制
发行指标和额度	有	无	无
发行上市标准	有	有	有
保荐人或推荐人	政府或行业主管部门	中介结构	中介机构

续表

项目	审批制	核准制	注册制
对发行主体做出实质判断的主体	证监会	证监会和中介机构	中介机构
发行监管行制度	证监会实质性审核	证监会和中介机构分担实质性审核职责	证监会形式审核、中介机构实质性审核
市场化程度	行政体制	市场化过渡	市场化

发达的市场经济国家一般都采用注册制。所谓注册制，就是发行人在发行之前，依法将公开的各种资料全面、准确地向证券监管机关申报，证券监管机关对申报文件的全面性、真实性、准确性和及时性做出形式审查，若无异议，申请自动生效。1844年，英国制定了世界上第一部完备的《公司法》，确定了世界上最早的发行注册和信息公开原则，但专门的证券立法却在英国证券史中长期缺失。美国是实行证券发行注册制的代表，美国《1933年证券法》开启了证券发行注册制的先河，其中规定公司发行证券时必须向证券主管机关办理证券注册登记手续，在美国大法官布兰代斯著名的法律格言"阳光是最好的防腐剂，电灯是最好的警察"的指引下，以信息披露为原则起草了迄今为止《证券法》立法上最成功的法案之一。

2020年3月1号起，我国修订后的《证券法》正式施行。新证券法按照全面推行注册制的基本定位，对证券发行制度做了系统的修改完善，同时考虑到注册制改革是一个渐进的过程，新证券法也授权国务院对证券发行注册制的具体范围和实施步骤进行了规定，为有关板块和证券品种分布实施注册制留出了必要法律空间。目前，我国场内交易市场的股票发行制度还是以核准制为主，并在科创板试点注册制，2020年6月12日，证监会发布了《创业板首次公开发行股票注册管理办法（试行）》宣告创业板改革和注册制试点开始。

很长时间以来，我国证券发行采用的是核准制，替代了原先采用的审批制。自1992年起，国家对证券发行实行额度控制和行政审批的制度，即审批制，每年确定发行总规模，然后按条块层层分解。自1998年起，《证券法》规定证券发行采用核准制，但此时还不是真正的核准制，因为发行规模依旧存在。直到2000年以后，才取消规模控制，逐渐向真正的核准制转变。

核准制与以前的审批制相比，主要具有以下特点。

（1）在选择和推荐企业方面，由主承销商培育、选择和推荐企业，增加了主承销商的责任。

（2）在企业发行股票的规模上，由企业根据资本运营的需要进行选择，以适应企业按市场规律持续成长的需要。

（3）在发行审核上，将逐步转向强制性信息披露和合规性审核，发挥股票发行审核委员会的独立审核功能。

（4）在股票发行定价上，由发行人和主承销商协商，并充分反映投资者的需求，使发行定价真正反映公司股票的内在价值和投资风险。

（5）在股票发行方式上，提倡和鼓励发行人和主承销商进行自主选择和创新，努力建立最大限度地利用各种优势、由证券发行人和承销商各担风险的机制。

我国采用核准制主要是因为我国的股票市场尚处于发展的初级阶段，出现很多过度包装、虚假包装、上市公司质量不高、不规范等问题，需要政府严厉监管；再者，上市额度还是一种稀缺资源，有很强的政策性，比如需要向国有企业倾斜等，所以难以实行注册制。因而，在发行制度方面选择了介于审批制和注册制之间的过渡型制度，即核准制。

核准制在实践过程中暴露了以下缺陷：一是权力寻租时有发生。公司能否上市取决于核准环节，有些公司就专门在此环节做文章，有些与发行有关的人员利用手中的权力进行寻租。最近10年来中国证监会证券发行部门先后有多名官员因此被绳之以法。二是控制发行数量和节奏，扭曲了股市的融资功能。发行核准部门为了让寻租最大化，尽量控制股票发行的数量，导致新股的估值过高，发行核准的时间成本过高，有些公司为了减少上市时间采取借壳上市的变通办法，上市股票的"壳价值"由此产生，于是，出现了垃圾公司的市值高于业绩较好公司的反常现象，股价扭曲成为常态，不利于股市配置资源功能的发挥。三是容易导致市场与政府的对立。因为核准的本质是监管部门对上市公司进行实质性审核，即监管部门对上市公司的股票进行投资价值判断，一旦经济运行的环境出现较大变化，上市公司的业绩出现波动，投资者容易把责任转移到监管部门。

为了克服核准制的上述缺陷，近几年，我国证监会决定推进股票发行的注册制改革。

2013年11月15日，党的十八届三中全会通过的《中共中央关于全面深化改革若干重大问题的决定》中明确提出了"推进股票发行注册制改革"。

2014年5月9日，国务院正式发布新"国九条"，推出《国务院关于进一步促进资本市场健康发展的若干意见》，意见指出将积极稳妥推进股票发行注册制改革，建立和完善以信息披露为中心的股票发行制度。

2014年11月，A股退市制度修订，引入主动退市条款，同时对欺诈发行公司及重大违法公司实施强制退市，欺诈发行公司被强制要求回购股本，并要求保荐人先行赔付。退市制度改革是注册制改革的配套制度准备。

2015年初，中国证监会正式宣布：推进注册制改革是2015年资本市场改革的头等大事，是涉及市场参与主体的一项"牵牛鼻子"的系统工程，也是证监会推进监管转型的重要突破口。

2015 年 12 月 27 日，全国人大授权国务院进行注册制改革，授权有效期确定为两年，即从 2016 年 3 月 1 日至 2018 年 2 月 28 日。注册制改革涉及《证券法》的修改，为了让该项改革不受《证券法》修改进程的制约，十二届全国人大常委会第十八次会议审议通过了《关于授权国务院在实施股票发行注册制改革中调整适用〈中华人民共和国证券法〉有关规定的决定（草案）》的议案，这意味着注册制改革的法律障碍已经基本得到解决。这是在证券法修订"难产"的情况下，通过全国人大法定程序做出的一种变通。

2016 年 3 月，《国民经济和社会发展第十三个五年规划纲要》正式发布，其中明确指出：创造条件实施股票发行注册制，发展多层次股权融资市场，深化创业板、新三板改革，规范发展区域性股权市场，建立健全转板机制和退出机制。

2018 年 2 月 24 日，第十二届全国人民代表大会常务委员会第三十三次会议决定，股票发行注册制改革授权有效期获准延长两年。

2019 年 3 月 1 日，证监会发布了《科创板首次公开发行股票注册管理办法（试行）》，修改完善后的《注册管理办法》明确科创板试点注册制的总体原则，规定股票发行适用注册制。

2019 年 12 月 28 日《中华人民共和国证券法》修订通过，自 2020 年 3 月 1 日起正式实施，新证券法明确全面推行注册制的基本定位。

2020 年 6 月 12 日，证监会发布了《创业板首次公开发行股票注册管理办法（试行）》，宣告创业板改革和注册制试点开始。

在注册制下证券发行审核机构只对注册文件进行形式审查，不进行实质判断。如果公开方式适当，证券管理机构不得以发行证券价格或其他条件非公平，或发行者提出的公司前景不尽合理等理由拒绝注册。注册制主张事后控制，体现的是监管理念的改革，其核心是理顺政府与市场的关系，只要证券发行人提供的材料不存在虚假、误导或者遗漏，证券的投资价值由投资者自己作出判断，总体目标是建立市场主导、责任到位、披露为本、预期明确、监管有力的股票发行上市制度。

注册制是一种更为市场化的股票发行制度，既可以较好解决发行人与投资者信息不对称所引发的问题，又可以规范监管部门职责边界，避免监管部门过度干预。注册制以信息披露为中心作为监管理念，将注册审核的重点转移到督促企业向投资者披露充分且必要的投资决策信息上来，不再对企业业绩与投资价值、未来发展前景等做实质判断和背书。为了防止有些公司滥竽充数以及过度包装，监管部门必须突出强调事中事后监管，严厉打击和惩处违法违规行为，提高违法违规成本，保护投资者的合法权益，根据修订后的《证券法》，发行人在其公告的证券发行文件中隐瞒重要事实或者编造重大虚假内容，尚未发行证券的，处以 200 万以上 2000 万以下的罚款。同时，通过责令回购股份、责令先行赔付等方式，使投资者所受经济损失获得及时补偿。注册制将使中介机构承担更重要的职能，监管部门将全面完善中介机构特别是保荐机构和会计师事务所的执业规范和监管规则，通过有效的监管措施和责任追究，把中介机构的勤勉尽责和信息披露把关责任落到实处。

同时，修订后的《证券法》新增了投资者保护专章，为了适应证券发行注册制改革的需要，新证券法探索了适应我国国情的证券民事诉讼制度，规定投资者保护机构可以作为诉讼代表人，按照"明示退出""默示加入"的诉讼原则，依法为受害投资者提起民事损害赔偿诉讼。对于监管部门来说，要切实加大执法协作配合，有效保障投资者通过民事赔偿诉讼获得赔偿，让违法者付出高昂的成本和代价。为类似美国的集体诉讼制度是值得我们借鉴的。要让注册制健康运行，还要严格实施上市公司退市制度，对欺诈发行和重大违法的上市公司实施强制退市，坚决清除出市场。

二　投资银行的发行准备工作

证券发行与承销是投资银行的传统业务之一，也是投资银行一项重要的本源业务。投资银行作为从事资本市场业务的专业机构，拥有从事证券发行的丰富经验和专业人才，在证券承销过程中，充当发行人与投资人的桥梁和纽带，发挥着重要的作用。

（一）尽职调查

尽职调查是承销商在股票承销前所做的工作，调查的范围包括发行人的基本情况，一、二级市场状况，发行人主营业务的产业政策等。其中关于发行人的调查是重点，涉及生产经营、财务状况、日常管理、发展前景等众多方面。在我国实行额度控制和行政审批的时期，由国家主管部门确定每年的股票发行额度或上市指标，然后将这一上市指标在各地区、各部门间分解，由各地区和各部门在分配的上市指标范围内选择企业上市的对象。投资银行的工作主要是通过中央有关部委和各省级政府，寻找已经或者有可能取得发行额度的企业以及获得境外上市立项的企业。然而，随着我国证券市场管理体制的改革，废除了原来股票发行的额度控制和行政审批，实行了核准制度。投资银行需要自发寻找潜在的上市客户，对发行人进行调查与选择，特别是在承销业务竞争日益激烈的情况下，投资银行一方面需要积极寻找和准确判断潜在客户；另一方面，为了争取到更多的承销业务，需要进行自我推荐与公关，提供更有竞争力的发行条件，这样才能最终取得证券主承销权。

（二）上市辅导

为了保证公开发行股票的公司严格按照《公司法》《证券法》等法律法规建立规范的法人治理结构和完善的运行机制，提高上市公司质量，股份公司在提出首次公开发行股票申请前，应聘请辅导机构（主承销商）进行辅导，辅导期至少为一年。

上市辅导的主要内容主要包括以下几个方面：（1）督促股份公司董事、监事、高级管理人员、持有5%以上（含5%）股份的股东（或其法定代表人）进行全面的法规知识学习或培训；（2）督促股份公司按照有关规定初步建立符合现代企业制度要求的公司治理基础；（3）核查股份公司在设立、改制重组、股权设置和转让、增资扩股、资产评估、资本验证等方面是否合法、有效，产权关系是否明晰，股权结构是否符合有关规定；（4）督促股份公司实现独立运营，做到业务、资产、人员、财务、机构独立完整，主营业务突出，形成核心竞争力；（5）督促股份公司规范与控股股东及其他关联方的关系；（6）督促股份公司建立和完善规范的内部决策和控制制度，形成有效的财务、投资以及内部约束和激励制度；（7）督促股份公司建立健全公司财务会计管理体系，杜绝会计造假；（8）督促股份公司形成明确的业务发展目标和未来发展计划，制定可行的募股资金投向及其他投资项目的规划；（9）对股份公司是否达到发行上市条件进行综合评估，协助开展首次公开发行股票的准备工作。

中国证监会的派出机构具体负责对辅导机构的辅导内容、辅导效果进行评估和调查，并向中国证监会出具调查报告，作为发行申请文件的组成部分。

（三）准备募股文件及报批

股票发行的实质性工作是准备招股说明书以及作为招股说明书编制依据和附件的专业人员的结论性意见，这些文件统称为募股文件。

1. 招股说明书

招股说明书是公司发行股票时就发行中的有关事项向公众做出披露，并向特定或非特定投资人提出购买或销售其股票的要约的法律文件。公司发售新股必须制作招股说明书，编制招股说明书是发行准备阶段的基本任务。招股说明书必须对法律、法规、规章、上市规则要求的各项内容进行披露。招股说明书由发行人在主承销商及其他中介机构的辅助下完成，由公司董事会表决通过。审核通过的招股说明书应当依法向社会公众披露。

在招股说明书的准备过程中，IPO 小组中各成员有较明确的专业分工。一般是发行人的管理层在其律师的协助下负责招股说明书的非财务部分，作为承销商的投资银行负责股票承销合约部分，发行公司内部的会计师准备所有的财务数据，独立的会计师对财务账目的适当性提供咨询和审计。招股说明书各部分完成后，经小组成员一起讨论修改，并请发行人董事会表决通过，最后送交证券监管机构登记备案。

2. 其他文件

A. 招股说明书摘要

由发行人编制、随招股说明书一起报送批准后，在承销期开始前2—5个工作日，在至少一种由中国证监会指定的全国性报刊上及发行人选择的其他报刊上刊登，供公众投资者参考的关于发行事项的信息披露法律文件。

B. 内核意见

发行人首次公开发行股票，主承销商应在推荐函中说明内核情况，填报核对表，并出具经主承销商内核小组成员签字的对拟发行公司发行申请材料的核对意见。

C. 资产评估报告

资产评估报告是评估机构完成评估工作后出具的具有公正性的结论报告，经过资产管理部门或上级主管部门确认后生效。

D. 审计报告

审计人员向发行人及利害关系人报告其审计结论的书面文件，也是审计人员在股票发行准备中尽职调查的结论性文件。

E. 盈利预测审核报告

发行人对未来会计期间的经营成果预计和测算。盈利预测的数据至少应包括会计年度营业收入、利润总额、净利润、每股盈利。

F. 法律意见书和律师工作报告

法律意见书是律师对发行人发行准备阶段审核工作依法做出的结论性意见。发行人聘请的律师参与企业的重组工作，并对公司各种法律行为、法律文件的合法性，在完成发行准备工作后，应当就其审核工作做出结论性意见，出具法律意见书。律师工作报告是对公司发行准备阶段律师的工作过程、法律意见书所涉及的事实及其发展过程、每一法律意见所依据的事实和有关法律规定做出的详尽、完整的阐述。

G. 辅导报告

辅导报告是主承销商对发行公司的辅导工作结束以后，就辅导情况、效果及意见向有关主管单位出具的书面报告。

募股文件除了上述几种之外，还包括政府关于发行人公开发行股票的同意意见、主承销商的推荐意见、公司章程、发行方案、资金运用可行性报告及项目批复等。

（四）发行申报与审核

派出机构首先要检验公司是否达到申请公开发行股票的基本条件。根据《证券法》第十三条，公司公开发行新股，应当符合下列条件：（1）具备健全且运行良好的组织机构；（2）具有持续经营能力，财务状况良好（注：将发行股票应当"具有持续盈利能力"调整为"具有持续经营能力"也是此次证券法修订的内容）；（3）最近三年财务会计文件无虚假记载，无其他重大违法行为；（4）经国务院批准的国务院证券监督管理机构规定的其他条件。

三　注册制下股票发行程序

下文将以科创板为例说明注册制度下股票发行的程序。

首次公开发行股票并在科创板上市，应当符合发行条件、上市条件以及相关信息披露要求，依法经上海证券交易所（以下简称交易所）发行上市审核并报经中国证券监督管理委员会（以下简称中国证监会）履行发行注册程序。

1. 发行人决议

发行人董事会应当依法就本次股票发行的具体方案、本次募集资金使用的可行性及其他必须明确的事项作出决议，并提请股东大会批准。发行人股东大会就本次发行股票作出的决议，至少应当包括下列事项：

（一）本次公开发行股票的种类和数量；

（二）发行对象；

（三）定价方式；

（四）募集资金用途；

（五）发行前滚存利润的分配方案；

（六）决议的有效期；

（七）对董事会办理本次发行具体事宜的授权；

（八）其他必须明确的事项

2. 保荐人申报

发行人申请首次公开发行股票并在科创板上市，应当按照中国证监会有关规定制作注册申请文件，由保荐人保荐并向交易所申报。交易所收到注册申请文件后，5 个工作日内作出是否受理的决定。

3. 交易所审核

交易所设立独立的审核部门，负责审核发行人公开发行并上市申请；设立科技创新咨询委员会，负责为科创板建设和发行上市审核提供专业咨询和政策建议；设立科创板股票上市委员会，负责对审核部门出具的审核报告和发行人的申请文件提出审议意见。交易所主要通过向发行人提出审核问询、发行人回答问题方式开展审核工作，基于科创板定位，判断发行人是否符合发行条件、上市条件和信息披露要求

4. 交易所反馈

交易所按照规定的条件和程序，作出同意或者不同意发行人股票公开发行并上市的审核意见。同意发行人股票公开发行并上市的，将审核意见、发行人注册申请文件及相关审核资料报送中国证监会履行发行注册程序。不同意发行人股票公开发行并上市的，作出终止发行上市审核决定。交易所应当自受理注册申请文件之日起 3 个月内形成审核意见，注：发行人根据要求补充、修改注册申请文件，以及交易所按照规定对发行人实施现场检查，或者要求保荐人、证券服务机构对有关事项进行专项核查的时间不计算在内。

5. 证监会发行注册

中国证监会收到交易所报送的审核意见、发行人注册申请文件及相关审核资料后，履行发行注册程序。发行注册主要关注交易所发行上市审核内容有无遗漏，审核程序

是否符合规定，以及发行人在发行条件和信息披露要求的重大方面是否符合相关规定。中国证监会认为存在需要进一步说明或者落实事项的，可以要求交易所进一步问询。中国证监会认为交易所对影响发行条件的重大事项未予关注或者交易所的审核意见依据明显不充分的，可以退回交易所补充审核。交易所补充审核后，同意发行人股票公开发行并上市的，重新向中国证监会报送审核意见及相关资料，中国证监会在 20 个工作日内对发行人的注册申请作出同意注册或者不予注册的决定。发行人根据要求补充、修改注册申请文件，中国证监会要求交易所进一步问询，以及中国证监会要求保荐人、证券服务机构等对有关事项进行核查的时间不计算在内。

中国证监会同意注册的决定自作出之日起 1 年内有效，发行人应当在注册决定有效期内发行股票，发行时点由发行人自主选择。

同时，中国证监会和交易所应当建立健全信息披露质量现场检查制度，以及对保荐业务、发行承销业务的常态化检查制度，具体制度另行规定。中国证监会与交易所建立全流程电子化审核注册系统，实现电子化受理、审核，以及发行注册各环节实时信息共享，并满足依法向社会公开相关信息的需要。

四　股票发行方式

股票发行方式是股票发行过程中的一项具体制度设计，它会直接影响股票发行的效率和对各类投资者的公平，也会影响股票的定价机制。我国在各个特定的历史时期曾经尝试过很多种发行方式，下面分别介绍。

（一）我国采用过的发行方式

在我国，曾经采用过的发行方式有内部认购、认购证、全额预缴款、储蓄存款挂钩、上网定价发行和上网竞价发行。

所谓内部认购，即只对有限的内部人士进行股票发售。作为新中国成立后的第一只股票上海飞乐音响，在当时的历史背景下，采用的就是内部认购的发行方式，这种发行方式极不符合"公开、公平、公正"的原则。

1991 年和 1992 年，采用限量发售认购证方式，1993 年开始采用无限量发售认购证方式以及储蓄存款挂钩方式。

1996 年《中国证监会关于股票发行与认购方式的暂行规定》规定了上网定价、全额预缴款和银行储蓄挂钩三种发行方式。"全额预缴款"方式包括"全额预缴款、比例配售、余款即退"方式和"全额预缴款、比例配售、余款转存"方式两种。储蓄存款挂钩的方式是指在规定的期限内无限量发售专项定期存单，根据存单发行数量、批准发行股票数量及每张中签存单可认购股份数量来确定中签率，根据摇号确定中签者。

1998 年，证监会停止了全额预缴款和银行储蓄挂钩这两种发行方式，实际上 A 股只能以上网定价方式发行。

上网定价方式是指主承销商利用证券交易所的电脑交易系统，由主承销商作为股票的唯一"卖方"，投资者在指定的时间内，按规定发行价格委托买入股票的方式进行股票认购。主承销商在上网发行前应在证券交易所设立股票发行专户和申购资金专户。申购结束后，根据实际到位资金，由证券交易所主机确认有效申购数。

另外，在 1994 年 6 月至 1995 年 1 月间，我国还尝试过上网竞价发行方式，曾有哈岁宝、青海三普、厦华电子和琼金盘 4 家公司进行了试点。上网竞价发行较上网定价发行更具有市场自主定价的特征，具体操作程序为：由发行人准备招股说明书，凡在交易所开设股东账户的投资者均可参与竞价；在规定发行期限内，由投资者以不低于发行底价的价格竞相购买，然后由交易系统主机根据投资者申购的价格，按照价格优先、同价格时间优先的顺序从高价位到低价位依次排队，承销商根据认购总额应当等于拟发行总量的原则累计计算，当认购数量恰好等于发行数量时的价格，即为发行价格。凡高于或等于该价格的有效申购均可按发行价认购。

但是由于当时竞价时只设底价而不设价格上限，加上市场环境欠佳，试点结果不理想。哈岁宝、青海三普、厦华电子虽然售出了全部股票，但上市首日均跌破了发行价；琼金盘只发出 47.3% 的股票，其余由主承销商包销。同时，也产生了发行募集资金大大超过了其预计资金投向等问题。因此，此后新股发行未再采用该方式。

（二）我国现行的发行方式

我国目前的发行方式主要有上网定价发行、上网询价发行、网下法人配售和上网定价结合发行方式、向二级市场投资者配售这四种，下面分别介绍。

1. 上网定价发行方式

上网定价发行方式是一种价定、量定的发行方式，是指主承销商利用证券交易所的交易系统，并作为股票的唯一"卖方"，投资者在指定的时间内以确定的发行价格通过与证券交易所联网的各证券营业网点进行委托申购的一种发行方式。

2. 上网询价发行方式

上网询价发行方式是一种量定、价不定的发行方式，其发行方式类似于股票上网定价发行，由主承销商作为新股的唯一"卖方"，发行人制定一个发行价格区间，以新股实际发行量为总的卖出数，由投资者在指定的时间和价格区间内竞价委托申购，发行人和主承销商以价格优先、时间优先的原则确定发行价格并发行股票。

上网询价与上网定价的区别在于发行当日（申购日），主承销商只给出股票的发行价格区间，而非固定的发行价格。投资者在申购价格区间进行申购委托，主承销商根据申购结果按照一定的超额认购倍数（如 5 倍）确定发行价格，高于或等于该发行价格的申购为有效申购，再由证券交易所交易系统主机统计有效申购总量和有效申购户数，并根据发行数量、有效申购总量和有效申购户数确定申购者的认购股数。

3. 向二级市场投资者配售发行方式

2000 年 2 月 13 日，中国证监会颁布了《关于向二级市场投资者配售新股有关问题的通知》，开始试行市值配售的发行方式。向二级市场投资者配售发行是指按投资者持有的证券市值向其进行股票配售的一种发行方式。

用于计算市值的证券指的是已上市流通人民币普通股（A 股）股票，包括已流通但暂时被锁定的高级管理人员持股、战略投资者及一般法人通过配售认购的新股，不包括基金、可转换债券等其他品种的流通证券及未挂牌的可流通证券；不包括已发行但未上市的新股、未流通的内部职工股、转配股、国家股、法人股以及 B 股等其他股份。投资者每持有沪市或深市（不可合并计算）已上市流通人民币普通股（A 股）股票市值达 10000 元限申购新股 1000 股，市值不足 10000 元的部分不计入可申购市值。投资者根据本所和深交所确定的可申购新股数量分别进行申购。

2014 年，5 月 9 日，沪深交易所下文修改的 IPO 打新市值配售办法规定，投资者持有市值的计算口径由"T－2 日（T 日为发行公告确定的网上申购日，下同）日终持有的市值"调整为"T－2 日前 20 个交易日（含 T－2 日）的日均持有市值"。交易所方面称，调整投资者市值计算口径，主要是出于以下两点考虑：一是有利于增加合资格投资者数量，提高投资者整体可申购额度。据测算，按调整后口径计算市值，沪、深市场具有申购资格的投资者数量和投资者整体可申购额度较调整前均有一定比例的增加。二是有利于增强市值计算规则的合理性，减轻新股申购对投资者二级市场交易行为的限制。按调整后口径计算市值，投资者单个交易日的交易行为和持股情况不再对新股申购产生关键影响，避免了投资者因 T－2 日卖出持有股票而无法参与新股申购等不合理情况。此外，新的修改还包括，投资者持有多个证券账户的，多个证券账户的市值可以合并计算。深市投资者的同一证券账户多处托管的，其市值也一样可以合并计算。而市值计算方式为投资者相关证券账户中纳入市值计算范围的股份数量与相应收盘价的乘积计算。对于新开户者，即开户时间不足 20 个交易日的，也一样可以参与申购，其持有市值同样按 20 个交易日计算日均市值。

4. 网上、网下累计投标询价发行

2006 年，取消了市值配售，代之以网上询价配售和网上资金申购相结合的发行方式。网上、网下累计投标询价发行方式是一种价不定、量不定的发行方式。股票发行日，主承销商给出申购价格区间，以及网上、网下的预计发行数量，最终的发行数量和发行价格需根据网上、网下申购结果而定。

发行价格的确定方式：网上、网下申购结束后，主承销商根据网上、网下的申购数据，按照报价由高至低的顺序计算每个价位及该价位以上的累计申购总量，并协商按照一定的认购倍数确定发行价格。

发行数量的确定方式为：网上、网下申购结束后，视实际申购情况，主承销商在网上、网下进行回拨。若网上有效申购不足，网下超额认购，则网上剩余部分向网下回拨；若网下有效申购不足，网上超额认购，则网下剩余部分向网上回拨；若网上、网下均超额认购，则通过回拨机制，使网上其他公众投资者和网下机构投资者的配售比例相等。

5. 关于新股发行方式的政策

2009 年 6 月 11 日，证监会制定了《关于进一步改革和完善新股发行体制的指导意见》，对新股发行制度进行了改革和完善。

（1）在新股定价方面，完善询价和申购的报价约束机制，淡化行政指导，形成进一步市场化的价格形成机制。

（2）在发行承销方面，增加承销与配售的灵活性，理顺承销机制，强化买方对卖方的约束力和承销商在发行活动中的责任，逐步改变完全按资金量配售股份；适时调整股份发行政策，增加可供交易股份数量；优化网上发行机制，股份分配适当向有申购意向的中小投资者倾斜，缓解巨额资金申购新股状况；完善回拨机制和中止发行机制。同时，加强新股认购风险提示，明晰发行市场的风险。

2012 年 4 月 28 日，证监会公布了《关于进一步深化新股发行体制改革的指导意见》，深化新股发行体制改革是完善资本市场的重要任务之一。改革的主要内容有以下方面：

（1）进一步推进以信息披露为中心的发行制度建设，逐步淡化监管机构对拟上市公司盈利能力的判断，修改完善相关规则，改进发行条件和信息披露要求，落实发行人、各中介机构独立的主体责任，全过程、多角度提升信息披露质量。

（2）扩大询价对象范围。除了目前有关办法规定的 7 类机构外，主承销商可以自主推荐 5—10 名投资经验比较丰富的个人投资者参与网下询价配售。

（3）招股说明书预先披露后，发行人可向特定询价对象以非公开方式进行初步沟通，征询价格意向，预估发行价格区间，并在发审会召开前向中国证监会提交书面报告。预估的发行定价市盈率高于同行业上市公司平均市盈率的，发行人须在招股说明书及发行公告中补充说明相关风险因素。

（4）增加新上市公司流通股数量，有效缓解股票供应不足：取消现行网下配售股份 3 个月的锁定期，提高新上市公司股票的流通性。发行人、承销商与投资者自主约定的锁定期，不受此限；在首次公开发行新股时，推动部分老股向网下投资者转让，增加新上市公司可流通股数量；持股期满 3 年的股东可将部分老股向网下投资者转让；老股转让后，发行人的实际控制人不得发生变更。老股东选择转让老股的，应在招股说明书中披露老股东名称及转让股份数量；老股转让所得资金须保存在专用账户，由保荐机构进行监管。

（三）股票发行中的工作

不同发行方式下的工作有所不同。一般来说主要包括以下方面（见图 2 - 4）。

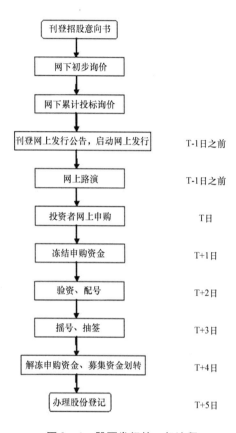

图 2 - 4　股票发行的一般流程

（1）刊登招股说明书摘要及发行公告。

（2）发行人通过互联网采用网上直播方式进行发行路演（也可辅以现场推介）。

（3）投资者通过各证券营业部申购新股。

（4）证券交易所向投资者的有效申购进行配号，将配号结果传输给各证券营业部。

（5）证券营业部向投资者公布配号结果。

（6）主承销商在公证机关监督下组织摇号抽签。

（7）主承销商在中国证监会指定报纸上公布中签结果，证券营业部张贴中签结果公告。

（8）各证券营业部向中签投资者收取新股认购款。

（9）中国证券登记结算公司进行清算交割和股东登记，并将募集资金划入主承销商指定账户。

（10）承销商将募集资金划入发行人指定账户。

（11）发行人聘请会计师事务所进行验资。

（四）回拨机制和超额配售选择权

股票发行过程中，往往会采用回拨机制和超额配售选择权，下面分别介绍。

1. 回拨机制

回拨机制是指通过向法人投资者询价并确定价格，对一般投资者上网定价发行，然后根据一般投资者的申购情况，最终确定对法人投资者和对一般投资者的股票分配量。回拨机制是一个调控措施，在申购新股中应用，是为了保护中小投资者的利益。

案例 2-6：中石化发行股票时所采用的回拨机制

2001 年 7 月 16 日中石化上网申购时，发行总额 28 亿股，规定了回拨机制：若网上申购中签率高于或等于 4% 时，主承销商将不启动回拨机制，维持网上、网下 3∶7（8.4，19.6）的配售比例；若网上申购中签率低于 4% 但高于或等于 3% 时，主承销商将启动回拨机制，将 2.8 亿股网下股票回拨至网上，使网上、网下配售股票的数量比例为 4∶6（11.2，16.8）；若网上申购中签率低于 3% 但高于或等于 2% 时，主承销商将 5.6 亿股网下股票回拨至网上，使网上、网下配售股票的比例为 5∶5；若网上申购中签率低于 2% 时，主承销商将 7 亿股网下股票回拨至网上，使网上、网下配售股票的数量比例为 55%∶45%（15.4，12.6）。结果：中签率 0.623%，启动回拨机制，由网下回拨网上 7 亿股，实际网上发行 15.4 亿股，网下配售 12.6 亿股。中签率调整为 1.1428%。

通过回拨机制可以在机构投资者和一般投资者之间形成一种相互制衡的关系，这种关系一方面有利于根据市场机制确定股票发行时一般投资者和机构投资者之间的分配比例，另一方面有利于以市场化机制确定股票发行价格。如果机构投资者提出的股票价格过低，则一般投资者参与增加，中签率下降，使得机构投资者获配售的数量下降；如果机构投资者提出的股票价格过高，则一般投资者参与减少，中签率上升，使得机构投资者获配售的数量增加，机构投资者自食高价后果。通过机构投资者和一般投资者的博弈进行市场化定价。

另外，回拨机制对于发行后股价的定位以及减少机构投资者股票上市时的冲击均有好处。一般投资者参与多的股票，上市时可流通部分较多，不会使股价上扬过高；而机构投资者持有部分不太多，也减少了解冻时对市场的冲击。一般投资者参与少的股票，上市时可流通部分较少，股票定价会高一些，可以适度减少解冻时对市场的冲击。

案例 2-7：中国建筑股份有限公司首次公开发行 A 股的发行安排

2009 年 7 月，中国建筑首次公开发行不超过 120 亿股人民币普通股（A 股）（以下简称"本次发行"）的申请已获中国证券监督管理委员会证监许可〔2009〕627 号文核准①。本次发行的保荐人及主承销商为中国国际金融有限公司［以下简称"中金公司"或"保荐人（主承销商）"］。中国建筑的股票代码为601668，该代码同时用于本次发行的初步询价及网下申购。本次发行采用网下向询价对象询价配售（以下简称"网下发行"）与网上资金申购发行（以下简称"网上发行"）相结合的方式进行，其中网下初始发行规模不超过48亿股，约占本次发行数量的40%；网上发行数量为本次发行总量减去网下最终发行量。本次发行询价分为初步询价和累计投标询价。发行人及保荐人（主承销商）通过向询价对象和配售对象进行预路演和初步询价确定发行价格区间，在发行价格区间内通过向配售对象累计投标询价确定发行价格。（见表2－2）

表2－2　　　　　　　　　　　中国建筑A股发行的时间安排

交易日	日期	发行安排
T－7	7月1日	刊登《招股意向书摘要》《发行安排及初步询价公告》
T－6至T－3	7月14日—7月17日	初步询价（通过申购平台）
T－3	7月17日	初步询价截止日
T－2	7月20日	确定价格区间，刊登《网上路演公告》
T－1	7月21日	刊登《新股投资风险特别提示公告》《网下发行公告》和《网上资金申购发行公告》，网下发行起始日，网上路演
T	7月22日	网上资金申购日，网下申购缴款截止日
T＋1	7月23日	确定是否启动回拨机制，网上申购配号
T＋2	7月24日	刊登《定价、网下发行结果及网上中签率公告》，网下申购资金退款，网上发行摇号抽签
T＋3	7月27日	刊登《网上资金申购摇号中签结果公告》，网上申购资金解冻

（1）网上、网下回拨机制

本次发行网上、网下申购于2009年7月22日（T日）15：00同时截止。申购结束后，发行人和保荐人（主承销商）将根据总体申购情况于2009年7月23日（T＋1日）决定是否启动回拨机制，对网下、网上发行的规模进行调节。回拨机制的启用将根据网上发行初步中签率及网下发行初步配售比例来确定。

网上发行初步中签率＝回拨前网上发行数量/网上有效申购数量；

网上发行最终中签率＝回拨后网上发行数量/网上有效申购数量；

网下发行初步配售比例＝回拨前网下发行数量/网下有效申购数量；

网下发行最终配售比例＝回拨后网下发行数量/网下有效申购数量；

有关回拨机制的具体安排为：

①在网下发行获得足额认购的情况下，若网上发行初步中签率低于2%且低于网下初步配售比例，则在不出现网上发行最终中签率高于网下发行最终配售比例的前提下，从网下向网上发行回拨不超过本次发行规模约5%的股票（不超过6亿股）；②在网上发行获得足额认购的情况下，若网下发行初步配售比例低于网上发行初步中签率，则在回拨后网下发行数量不超过本次发行数量的50%的前提下，从网上向网下回拨，直至网下发行最终配售比例不低于网上发行最终中签率；③在网上发行未获得足额认购的情况下，则在回拨后网下发行数量不超过本次发行数量的50%的前提下，从网上向网下回拨，直至网上发行部分获得足额认购为止；④在网下发行未获得足额认购的情况下，不足部分不向网上回拨，发行人和保荐人（主承销商）可采取削减发行规模、调整发行价格区间、调整发行时间表或中止发行等措施，并将及时做出公告和依法做出其他安排。

（2）定价及锁定期安排

①发行价格区间的确定：预路演和初步询价结束后，发行人和保荐人（主承销商）将根据询价对象和配售对象的反馈情况，并参考发行人基本面、可比公司估值水平、市场环境等协商确定发行价格区间，并于2009年7月21日（T－1日）在《中国建筑股份有限公司首次公开发行A股网下发行公告》中披露。

②发行价格的确定：本次网下和网上申购结束后，发行人和保荐人（主承销商）将根据累计投标询价情况，并参考发行人基本面、可比公司估值水平、市场环境等，在发行价格区间内协商确定本次发行价格和最终发行数量。

③锁定期安排：配售对象参与本次网下发行获配股票的锁定期为3个月，锁定期自本次发行网上资金申购获配股票在上交所上市交易之日起开始计算。

2. 超额配售选择权

超额配售选择权，又称"绿鞋"，因1963年美国波士顿绿鞋公司IPO当时率先使用而得名，它是国际上主承销商应对证券承销风险最常用也最重要的工具之一。超额配售选择权，是指发行人授予主承销商的一项选择权，获此授权的主承销商按同一发行价格超额发售不超过包销数额15%的股份，即主承销商按不超过包销数额115%的股份向投资者发售。

主承销商在获得发行人许可情况下可以超额配售股票的发行方式，其意图在于防止股票发行上市后股价下跌至发行价或发行价以下，达到支持和稳定二级市场交易的目的。

在本次发行包销部分的股票上市之日起30日内，主承销商有权根据市场情况选择从集中竞价交易市场购买发行人股票，或者要求发行人增发股票，分配给对此超额发售部分提出认购申请的投资者。其中常规发行部分直接面向投资者发行并实际配售；

超额配售的 15% 部分则是名义配售。该部分的最终配售结果要视市场情况在配售期结束之后加以最终确定。在超额配售选择权行使期内，如果发行人股票的市场交易价格低于发行价格，主承销商用超额发售股票获得的资金，按不高于发行价的价格从集中竞价交易市场购买发行人的股票，分配给提出认购申请的投资者；如果发行人股票的市场交易价格高于发行价格，主承销商可以根据授权要求发行人增发股票，分配给提出认购申请的投资者，发行人获得发行此部分新股所募集的资金。

举例说明。假定发行人发 1 亿股新股，每股 10 元，主承销商有 10% 的超额配售权，则主承销商按协议最多可以发行 1.1 亿股。如果上市后，市价跌到 9 元，主承销商可以从市场上回购 1000 万股交给超额配售的认购者，使用 9000 万元资金，最终实际发行 1 亿股，同时稳定股价。如果市价达到 11 元，主承销商就交给发行人 1.1 亿股，实际发行 1.1 亿股。

五　股票上市

（一）股票上市条件

在我国，股份有限公司上市主要场所：主板、中小板和创业板，以及 2019 年 6 月份开板的科创板，各个板块的上市条件有所不同，但是都需要满足最基本的条件。有关股份有限公司申请股票上市的条件体现新《证券法》中。

新《证券法》第十二条规定：股份有限公司首次公开申请股票发行上市，应当符合下列条件：

1. 具备健全且运行良好的组织结构；

2. 具有持续经营能力；

3. 公司最近三年财务会计报告被出具保留意见审计报告；

4. 发行人及其控股股东、实际控制人最近三年不存在贪污、贿赂、侵占财产、挪用财产或者破坏社会主义市场经济秩序的刑事犯罪。

5. 经国务院批准的国务院证券监督管理机构规定的其他条件。

证券交易所可以规定高于前款规定的上市条件，并报国务院证券监督管理机构批准。

（二）股票上市程序

（1）拟定股票代码与股票简称。股票发行申请文件通过发审会后，发行人即可提出股票代码与股票简称的申请，报证券交易所核定。

（2）上市申请。发行人股票发行完毕后，应及时向证券交易所上市委员会提出上市申请。

新《证券法》第十三条规定："公司公开发行新股，应当报送募股申请和下列文件：（1）公司营业执照；（2）公司章程；（3）股东大会决议；（4）招股说明书或者其他公开发行募集文件；（5）财务会计报告；（6）代收股款银行的名称及地址。依照《证券法》规定聘请保荐人的，还应当报送保荐人出具的发行保荐书，实行承销的，还应当报送承销机构名称及有关的协议。

（3）审查批准。证券交易所上市委员会在收到上市申请文件并审查完毕后，发出上市通知书。

（4）签订上市协议书。发行人在收到上市通知后，应当与深交所签订上市协议书，以明确相互间的权利和义务。

（5）披露上市公告书。发行人在股票挂牌前3个工作日内，将上市公告书刊登在中国证监会指定报纸上。

（6）股票挂牌交易。申请上市的股票将根据深交所安排和上市公告书披露的上市日期挂牌交易。一般要求，股票发行后7个交易日内挂牌上市。

（7）股票上市后，需要缴纳相关的上市费用（见表2-3）。

表2-3　　　　　　　　　上市公司需向证券交易所缴纳的费用

种类	金额	支付要求
上市初费	公司总股本×0.03%，但最多不超过30000元	一般在上市前2天支付
上市月费	500元	按月或按年（6000元）支付

第四节　股票发行定价

一　股票的发行价格

一般而言，股票发行价格有以下几种：面值发行、时价发行、中间价发行和折价发行等。

（一）面值发行

即按股票的票面金额为发行价格。采用股东分摊的发行方式时一般按平价发行，不受股票市场行情的左右。由于市价往往高于面额，因此以面额为发行价格能够使认购者得到因价格差异而带来的收益，使股东乐于认购，又保证了股票公司顺利地实现筹措股金的目的。

（二）时价发行

即不是以面额，而是以流通市场上的股票价格（即时价）为基础确定发行价格。这种价格一般都是时价高于票面额，二者的差价称溢价，溢价带来的收益归该股份公司所有。时价发行能使发行者以相对少的股份筹集到相对多的资本，从而减轻负担，同时还可以稳定流通市场的股票时价，促进资金的合理配置。按时价发行，对投资者来说也未必吃亏，因为股票市场上行情变幻莫测，如果该公司将溢价收益用于改善经营，提高了公司和股东的收益，将使股票价格上涨；投资者若能把握时机，适时按时价卖出股票，收回的现款会远高于购买金额，以股票流通市场上当时的价格为基准，但也不必完全一致。在具体决定价格时，还要考虑股票销售难易程度、对原有股票价格是否冲击、认购期间价格变动的可能性等因素，因此，一般将发行价格定在低于时价5%—10%的水平上是比较合理的。

（三）中间价发行

即股票的发行价格取票面额和市场价格的中间值。这种价格通常在时价高于面额，公司需要增资但又需要照顾原有股东的情况下采用。中间价发行对象一般为原股东，在时价和面额之间采取一个折中的价格发行，实际上是将差价收益一部分归原股东所有，一部分归公司所有用于扩大经营。因此，在进行股东分摊时要按比例配股，不改变原来的股东构成。

（四）折价发行

即发行价格不到票面额，是打了折扣的。折价发行有两种情况：一种是优惠性的，通过折价使认购者分享权益。例如公司为了充分体现对现有股东优惠而采取搭配增资方式时，新股票的发行价格就为票面价格的某一折扣，折价不足票面额的部分由公司的公积金抵补。现有股东所享受的优先购买和价格优惠的权利就叫作优先购股权。若股东自己不享用此权，他可以将优先购股权转让出售。这种情况有时又称作优惠售价。另一种情况是该股票行情不佳，发行有一定困难，发行者与推销者共同议定一个折扣率，以吸引那些预测行情要上浮的投资者认购。很多国家规定发行价格不得低于票面额，因此，这种折扣发行须经过许可方能实行。

在国际股票市场上，在确定一种新股票的发行价格时，一般要考虑其四个方面的数据资料。

（1）要比较上市公司上市前最近三年来平均每股税后纯利和已上市的近似类的其他股票最近三年来的平均利润率。

（2）要参考上市公司上市前最近三年来平均每股所获股息和已上市的近似类的其他股票最近三年平均股息率。

（3）要参考上市公司上市前最近期的每股资产净值。

（4）要参考比较上市公司当年预计的股利和银行一年期的定期储蓄存款利率。

二　我国股票发行的定价制度

（一）我国股票发行的定价方式

我国股票发行的定价方式主要有以下几种。

（1）协商定价方式。该方式由发行人与主承销商协商确定股票发行价格，报中国证监会核准。在这种定价方式中，不存在像累积订单方式中的巡回推介，一般由承销商和发行人通过商业谈判确定，因此价格的确定往往与谈判能力有直接关系。

（2）一般的询价方式。该方式是在对一般投资者上网发行和对机构投资者配售相结合的发行方式下，发行人和主承销商事先确定发行量和发行底价，通过向机构投资者询价，并根据机构投资者的预约申购情况确定最终发行价格，以同一价格向机构投资者配售和对一般投资者上网发行。

（3）累计投标询价方式。该方式是指在发行过程中，根据不同价格下投资者的认购意愿确定发行价格的一种方式。通常，主承销商将发行价格确定在一定的区间内，投资者在此区间内按照不同的发行价格申报认购数量，主承销商将所有投资者在同一价格之上的认购量累计计算，得出一系列在不同价格之上的总收购量。最后，主承销商按照总认购量超过发行量的一定倍数（即超额认购倍数）确定发行价格。

（4）上网竞价方式。上网竞价发行是指发行人和主承销商利用证券交易所的交易系统，由主承销商作为新股的唯一"卖方"，以发行人宣布的发行底价为最低价格，以新股实际发行量为总的卖出数，由投资者在指定的时间内竞价委托申购，发行人和主承销商以价格优先的原则确定发行价格并发行股票。

（二）我国股票发行定价制度的演变

1. 第一阶段：固定价格（20 世纪 90 年代初）

证券市场建立以前，我国公司股票大部分按照面值发行，定价没有制度可循。证券市场建立初期，即 20 世纪 90 年代初期，公司在股票发行的数量、发行价格和市盈率方面完全没有决定权，基本上由管理层确定，大部分采用固定价格方式定价。

2. 第二阶段：相对固定市盈率定价（1992—1999 年）

1992 年 10 月，国务院证券委和中国证监会正式成立，形成了全国统一的证券监管体系。在此期间，我国新股发行定价主要以行政定价公开认购方式为主，定价方法以市盈率倍数法为主，发行市盈率基本维持在 13—16 倍，一般是 15 倍，新股定价严重低估。具体采用认购证、与储蓄存款挂钩、全额预缴款、比例配售和上网定价等发行方式。

从 1994 年开始，我国进行发行价格改革，曾在一段时间内实行竞价发行，当时由于股票市场规模太小，股票供给与需求极不平衡，股票发行定价往往较高，只有四家公司进行了试点，以后没有再使用。

在此阶段，新股发行定价使用相对固定市盈率的定价方法，新股的发行价格根据企业的每股税后利润和一个相对固定的市盈率水平来确定。在此期间，由于股票发行方式和发行价格均带有明显的行政色彩，发行市盈率与二级市场的平均市盈率脱节，造成股票发行价格和二级市场交易价格之间的巨大差异，新股上市当天有 50%—250%

的涨幅，由此导致一系列问题。由于一级市场与二级市场的利差，使新股风险加大，新股一进入二级市场市盈率就较高，持股风险加大。

3. 第三阶段：累计投标定价（1999—2001 年）

1999 年 7 月 1 日生效的《证券法》规定，股票发行价格由发行人和承销商协商后确定，表明我国证券市场在价格机制上，向市场化迈进了一大步。2001 年证监会发布《新股发行上网竞价方式指导意见》，明确了累计投标定价方式。但是，由于我国股票发行尚未达到真正的市场化，新股供不应求，因此在累计投标定价方式下，新股定价人大高于正常水平。比如，2000 年 7 月发行的闽东电力（000993）发行市盈率达到了 88.69 倍，而且上市后依旧高涨，上市首日涨幅为 34.6%。过高的发行市盈率使企业获得了远远超过预计的募集资金，引起募集资金的低效使用。闽东电力募集的资金是计划的 3 倍，而 4 年后，它花光了上市募集的资金，业绩大幅亏损。

4. 第四阶段：控制市盈率定价（2001—2004 年）

从 2001 年下半年起，在首发新股中重新采用了控制市盈率的做法。与原有传统的市盈率定价方式相比，新方法在两个方面做出了调整：一是发行价格区间的上下幅度约为 10%；二是发行市盈率不超过 20 倍。券商和发行人只能在严格的市盈率区间内，通过累计投标询价，决定股票的发行价格，因此也可称其为"半市场化"的上网定价发行方式。从发行市场的实际运作情况看，首次公开发行的市盈率基本保持在 18 倍左右。虽然这一阶段采用了限定区间的名义询价，从询价结果上来看，最终发行价格几乎全部落在了询价区间的上限，这表明设限的询价方式所确定的发行区间脱离了市场。带来的直接后果是新股上市出现报复性的大幅上涨。

案例 2-8：星马汽车（600375）低市盈率发行

2003 年 3 月星马汽车招股，4 月上市，发行价 9.9 元/股，上市首日开盘价 28 元，收盘价 26.10 元，首日涨 164%。

星马汽车项目是 2002 年 8 月份在证监会过会的，发股规模已经确定为 3000 万。星马汽车的申报材料根据的是 2001 年做的盈利预测，但 2002 年公司业绩增长出人意料的好，净利润由 2001 年的 3459 万元猛增至 7784 万元，每股收益达到 1.46 元。而同时按照首发募资额控制在公司净资产两倍左右的惯例（2002 年底净资产额 1.45 亿元），公司的筹资金额只能为 2.9 亿元，如果要突破募资额的限制，则 2003 年的净资产收益率不得低于 27%（根据证监会的规定，拟上市公司募集资金额超过其发行前一年净资产额 2 倍的，其发行完成当年扣除经常性损益后加权平均净资产收益率不得低于 6%，并不得低于发行前一年的 50%），这对于净资产一下子突增约 2 倍，并且募集资金还一时不能产生效益的星马汽车来说，确实有些冒险。因此，星马汽车 3000 万袖珍股的发行市盈率只有 6.78 倍，创下 A 股首发市盈率的最低。僵化的定价机制使得一家拟上市公司因为业绩好反而降低了股票的定价。

1995—2000 年，IPO 集资规模和发行市盈率分布特征，如表 2 - 4 所示。

表 2 - 4　　　　　　　　1995—2000 年，IPO 集资规模和发行市盈率分布特征

项目	最小值	90%水平值	中值	10%水平值	最大值	均值
集资规模（亿元）	0.33	0.91	2.63	7.07	78.46	3.77
发行市盈率（倍）	8.25	13.25	15	29.09	88.69	18.27

2000—2004 年平均发行市盈率，如表 2 - 5 所示。

表 2 - 5　　　　　　　　　　2000—2004 年平均发行市盈率

年份	发行市盈率 i	发行市盈率 ii	公告发行市盈率
2000	25.92	26.26	33.61
2001	27.81	31.82	32.53
2002	20.60	20.23	19.40
2003	18.77	19.16	18.22
2004	17.37	18.23	17.41

注：发行公告市盈率指招股说明书公告的市盈率；发行市盈率 i 指发行价/发行前一年的每股收益；发行市盈率 ii 指发行价/发行前一年的扣除非经常性损益的每股收益。

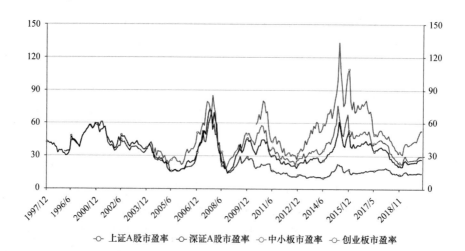

图 2 - 5　1997 年—以来部分年份的 A 股平均市盈率走势图

资料来源：上交所 深交所。

5. 第五阶段：初步询价和累计投标询价（2005—2013 年）

2004 年 12 月 11 日，证监会发布《关于首次公开发行股票试行询价制度若干问题的通知》及配套文件《股票发行审核标准备忘录第 18 号——对首次公开发行股票询价对象条件和行为的监管要求》。这两个文件于 2005 年 1 月 1 日起实施，首次公开发行股票的公司（简称发行人）及其保荐机构应通过向询价对象询价的方式确定股票发行价格。

在此制度下，询价分为初步询价和累计投标询价两个阶段，发行人及其保荐机构应通过第一阶段——初步询价确定发行价格区间，通过第二阶段——累计投标询价确定发行价格。初步询价的对象应不少于 20 家，公开发行股数在 4 亿股（含 4 亿股）以上的，参与初步询价的询价对象应不少于 50 家。发行价格区间确定后，发行人及其保荐机构在发行价格区间内向询价对象进行累计投标询价，并根据累计投标询价结果确定发行价格。

发行人及其保荐机构向参与累计投标询价的询价对象配售股票，公开发行数量在 4 亿股以下的，配售数量应不超过本次发行总量的 20%；公开发行数量在 4 亿股以上（含 4 亿股）的，配售数量应不超过本次发行总量的 50%。

2009 年 6 月 11 日，证监会公布《关于进一步改革和完善新股发行体制的指导意见》，在新股定价方面，完善询价和申购的报价约束机制，淡化行政指导，形成进一步市场化的价格形成机制。

6. 第六阶段：发行人和承销商协商定价（2013 年至今）

2013 年 11 月底证监会颁布了《关于进一步推进新股发行体制改革的意见》，对新股发行定价方式进行改革，根据《证券法》第 34 条的规定，发行价格由发行人与承销的证券公司自行协商确定。同时规定发行人和承销商应当允许符合条件的个人投资者参与网下定价和网下配售。

三　影响股票发行定价的因素

影响股票发行价格的因素很多，而且不同的条件下，各种影响因素的影响程度也不尽相同，但总体看来，这些影响因素可归为两大类：本体因素和环境因素。

（一）本体因素

本体因素就是发行人内部经营管理对发行价格制定的影响因素。一般而言，发行价格随发行人的实质经营状况而定。这些因素包括公司现在的盈利水平及未来的盈利前景、财务状况、生产技术水平、成本控制、员工素质、管理水平等，其中最为关键的是利润水平。在正常状况下，发行价格是盈利水平的线性函数，承销商在确定发行价格时应以利润为核心，并从主营业务入手对利润进行分析和预测。当然，未来的利润增长预期也具有直观重要的影响，因为买股票就是买未来。因此，为了制定合理的价格，必须对未来的盈利做出合理的预期。

（二）环境因素

股票流通市场的状况及变化趋势。股票流通市场直接关系到一级市场的发行价格。在结合发行市场来考虑发行价格时，主要应考虑：第一，制定的发行价格要使股票上市后有一定的上升空间。第二，在股市处于通常所说的牛市阶段时，发行价格可以适当偏高，因为在这种情况下，投资者一般有资本利得，价格若低就会降低发行人和承销机构的收益。第三，若股市处于熊市，价格宜偏低，因为此时价格若偏高，会拒投资者于门外，甚至可能导致整个发行人筹资计划的失败。

发行人所处行业状况、经济区位状况。就行业因素而言，不但应考虑本行业所处的发展阶段，如是成长期还是衰退期等，还应进行行业间的横向比较和考虑不同行业的技术经济特点。就经济区位而言，必须考虑经济区位的成长条件和空间，以及所处经济区位的经济发展水平，考虑是在经济区位内还是受经济区位的辐射等。这些因素和条件，对发行人的未来能力有巨大的影响，因而在发行价格的确定时不能不加以考虑。

四 股票发行定价方法

发行人和主承销商事先都要协商出一个发行底价或者发行价格区间。这一发行底价或者发行价格区间可以采取以下五种方法来估计。

（一）市价折扣法

市价折扣法是指上市公司发行新股时，主承销商和发行人采用该只股票一定时点上或时段内二级市场价格的一定折扣，作为发行底价或发行价格区间的端点。

（二）市盈率定价法

市盈率定价法是指依据注册会计师审核后的发行人盈利预测计算出发行人的每股收益，然后根据二级市场的平均市盈率、发行人的行业情况、发行人的经营状况及其成长性等拟定发行市盈率，最后依据发行市盈率与发行人每股收益的乘积决定发行价格。市盈率的计算公式为：

$$市盈率 = \frac{股票市价}{每股净盈利}$$

通过这种方法确定股票发行价格具体分为四步：第一步，根据发行人的资产损益状况和税后利润总量确定发行人公平的预期市值并确定符合商业条件的发行总量；第二步，根据注册会计师审核后的盈利预测计算出发行人的每股收益；第三步，根据二级市场的平均市盈率、发行人的行业情况、发行人的经营状况及其成长性等拟定发行市盈率；第四步，根据发行市盈率与每股收益的乘积决定发行价。发行价格的具体计算公式为：

发行价 = 每股收益 × 发行市盈率

每股收益或每股税后利润的计算方法有两种：一种是全面摊薄法，也就是发行当年预测的税后利润总额除以发行后的总股本，得出每股税后利润；另一种是加权平均法，也就是发行当年预测的税后利润总额除以当年公司股本的加权平均数。

（1）全面摊薄法的计算公式：

$$每股税后利润 = \frac{发行当年预测税后利润}{发行后的总股本数}$$

（2）加权平均法的计算公式：

$$每股税后利润 = \frac{发行当年预测税后利润}{发行前的总股本数 + 本次公开发行股本数 × （12 - 发行月份） ÷ 12}$$

例：某股份公司拟首次公开发行股票，发行前的总股本为 5000 万股，本次发行 6000 万股，发行日期为 5 月 1 日，当年预计税后利润总额为 6500 万元，请（1）用全面摊薄法计算每股税后利润；（2）用加权平均法计算每股税后利润；（3）如发行市盈率定为 15 倍，用两种方法计算得出的发行价格各为多少？

解答：

（1）全面摊薄法：

$$每股税后利润 = \frac{当年预测税后利润}{总股本} = \frac{6500 \text{ 万元}}{11000 \text{ 万股}} = 0.5909 \text{ 元/股}$$

（2）加权平均法：

$$每股税后利润 = \frac{发行当年预测税后利润}{发行前的总股本数 + 本次公开发行股本数 × （12 - 发行月份） ÷ 12}$$

$$= \frac{6500 \text{ 万元}}{5000 \text{ 万股} + 6000 \text{ 万股} × （12 - 5） ÷ 12} = 0.7647 \text{ 元/股}$$

（3）发行价格：

全面摊薄法下，发行价格 = 0.5909 元/股 × 15 = 8.8635 元/股

加权平均法下，发行价格 = 0.7647 元/股 × 15 = 11.4705 元/股

市盈率法主要适合进入稳定发展期的企业，其未来收益具有较强的可预测性。

（三）可比公司定价法

可比公司定价法是指主承销商对历史的、可比较的或者代表性的公司进行分析后，根据与发行人有着相似业务的公司的新近发行以及相似规模和质量的其他新近的首次公开发行情况，确定发行价格。

可比公司定价法的缺点是，相似的公司是很难找到的，因而在参考系的选择方面具有较大的主观性，可能在选择时受到人为因素的影响，故意选择有利的参照公司。

（四）贴现现金流定价法（DCF）

该方法是通过预测公司未来的盈利能力，按照一定的折扣率计算公司的净现值，

从而确定股票发行价格的一种方法。

贴现现金流定价法被认为是最科学、最成熟、最常用的公司估值方法。其中心要点在于：在考虑时间和风险的基础上将预期的现金流折成现值，算出公司每股价值。其计算公式为：

$$PV = \sum_{t=0}^{n} \frac{CF_t}{(1+r)^t} + \frac{TV}{(1+r)^n}$$

CF_t 代表各期现金流，TV 代表终值。在终值难以确定或者期限很遥远时，往往可以忽略终值，不过，如果设定终值可以减少估计误差。

贴现现金流定价法的缺点有二：其一，各期现金流（CF_t）难以确定；其二，折现率（r）难以确定。现金流贴现法分析高度依赖于折现率的选择，一个百分点的差异都是非常重要的，甚至会导致完全不同的结果。一般可以采用当前对未来利息率的预期作为基数，然后根据产业、公司和财务结构的风险因素进行适当的调整。在采用现金流贴现法法定价时，必须配以敏感度分析。

贴现现金流定价法的适用范围主要是港口、公路、桥梁、电厂、自来水等的定价，因为这些项目初期投入大，项目形成后，有稳定的现金流，并且随着时间的推移，现金流量还会不断增多，或者能够抵消通货膨胀的影响，如果用市盈率法会低估公司的价值。

（五）经济增加值定价法（Economic Value Added，EVA）

EVA 是目标公司的价值等于公司总投入资金加上公司未来 EVA 的现值之和的方法。所谓 EVA，是从税后净营业利润中扣除包括股权和债务的所有资金成本后的真实经济利润。上市公司只有在创造的财富大于资本成本（包括债务资本和权益资本）时，才算是为股东创造了财富，因而 EVA 越大，公司为股东创造的财富就越多。

20 世纪 90 年代，很多国外的大公司相继引入 EVA 指标，一些国际著名的投资银行和大型投资基金也开始将 EVA 指标作为评价上市公司和建立投资组合的工具。

EVA 定价的具体方法为：第一，确定公司具备创造 EVA 能力的年限；第二，测算预测期内各期的 EVA；第三，计算公司总价值。

EVA 的计算方法为：EVA $=$（$r-C^*$）$\times I = r \times I - C^* \times I =$ 税后净营业利润 – 资本成本

其中，r 为投资收益率；C^* 为加权平均资本成本率；I 为资本额。

加权平均资本成本率需要根据行业的风险情况决定，一般以 CAPM 模型中的 BETA 系数衡量。将计算出的各期的 EVA 值折现加总，就可以得到公司的定价。由于 EVA 的技术性比较强，我国的新股发行尚未引入 EVA 定价法。

除了以上介绍的五种方法外，还有一些股票发行的定价方法，比如净现值倍率法。净现值倍率法又称为净现值法或净现值折现法，它是指通过资产评估和相关的财务手段确定发行人拟募股资产的整体市值和每股净资产值，然后根据证券市场的状况乘以一定的倍率，从而确定股票发行价格。计算公式为：发行价格＝每股净资产值×溢价倍数。净现值倍率法一般用于公司净资产对盈利能力影响较大的企业定价，比如银行发行上市时，会参考净现值倍率。

五　IPO 折价现象

一般而言，新股发行上市，与发行价格相比，都会有一定的升幅，这种现象称为 IPO 折价，也就是说，新股发行定价一般会比实际上市时的价格低一些。根据国外的理论研究，IPO 折价是由于信息不对称引起的，即 IPO 折价由投资者、发行人和投资银行这三者的信息不对称引起。这种信息不对称表现在两个方面：其一，发行人比外部投资者更了解公司质量和成长潜力等关于公司价值的信息；其二，在市场对新股的兴趣和需求信息上，投资者与发行人存在信息不对称，前者优于后者。因此在追求低估股票的过程中，不知情的投资者处于信息劣势，他们必然要求价值补偿。只有当首发新股股价低到足以补偿投资者承担的额外风险时，他们才会考虑购买，IPO 折价由此而生（见表 2 - 6、表 2 - 7）。

表 2 - 6　　　　　　　2000—2004 年我国 A 股市场 IPO 首日收益率一览

项目	2000 年	2001 年	2002 年	2003 年	2004 年	2000—2004 年
新股发行数量	139	67	69	66	98	439
首日平均收益率（%）	154.40	136.49	125.63	71.84	70.18	115.93
最高首日收益率（%）	476.77	413.79	428.25	227.99	324.89	476.77
最低首日收益率（%）	0.28	0.74	11.33	10.73	-9.00	-9.00
首日负收益数量	0	0	0	0	3	3

注：首日收益率 = $\dfrac{上市首日收盘价 - 发行价}{发行价} \times 100\%$。

数据来源：根据 Wind. NET 数据整理。

表 2 - 7　　　　　　　各国（地区）IPO 初始回报一览

国家/地区	年份	初始回报水平（%）	国家/地区	年份	初始回报水平（%）
中国 A 股	2000—2004	115.93	智利	1982—1990	16.30
马来西亚	1980—1991	80.30	中国香港	1980—1996	15.90
巴西	1979—1990	78.50	美国	1960—1996	15.80
韩国	1980—1990	78.10	土耳其	1990—1995	13.60
泰国	1988—1989	58.10	挪威	1984—1996	12.50

续表

国家/地区	年份	初始回报水平（%）	国家/地区	年份	初始回报水平（%）
葡萄牙	1986—1987	54.40	英国	1959—1990	12.00
希腊	1987—1991	48.50	澳大利亚	1976—1989	11.90
中国台湾	1971—1990	45.00	德国	1978—1992	10.90
瑞士	1983—1989	35.80	比利时	1984—1990	10.10
印度	1992—1993	35.30	芬兰	1984—1992	9.60
西班牙	1985—1990	35.00	丹麦	1989—1997	7.70
瑞典	1970—1994	34.10	荷兰	1982—1991	7.20
墨西哥	1987—1990	33.00	奥地利	1964—1996	6.50
新加坡	1973—1992	31.40	加拿大	1971—1992	5.40
新西兰	1979—1991	28.80	以色列	1993—1994	4.50
意大利	1985—1991	27.10	法国	1983—1992	4.20
日本	1970—1996	24.00			

延伸阅读

直接上市与间接上市

教材所介绍的是基于 IPO 这种直接上市的相关知识，除此之外，还可以通过借壳来实现上市，下面通过表 2-8，介绍直接上市和借壳上市的区别，作为同学们课后的学习。

表 2-8 IPO 与借壳上市的对比

项目	IPO	借壳上市
内涵	IPO 是 Initial Public Offering 的简称，即首次公开发行股票，国内普遍的企业上市主要就是指这种方式。IPO 是公司实现多渠道融资的一种手段，公司通过 IPO 可以一次性地获得股权性资金以支持企业的发展	借壳上市就是指定向增发的发行对象（收购方）通过用其资产认购发行方（目标公司）新发行股份向目标公司注入资产并获得控股权，实现收购方的借壳上市。借壳上市的关键在于保证壳资源的质量、定向发行价格的公允、对流通股东的合理对价等问题
发行审核	目前除了科创板，发行是由证监会发审委审核，排队企业较多，审核时间长，审核标准严格	证监会重组委员会审核，审核程序简单，审核时间短，审核标准较宽松

续表

项目	IPO	借壳上市
适用范围	绝大部分企业都适合采取 IPO 路径上市，但是对财务状况、股权结构、公司治理、历史沿革等要求很高	IPO 受限企业主要选择借壳上市。常见的如房地产企业和券商，房地产行业受国家宏观调控政策影响，券商因为盈利能力波动太大而往往导致不符合连续三年盈利的基本要求
所需材料	招股说明书和保荐报告书	发行股份购买资产报告书和独立财务顾问报告
保荐人签字	需要两名保荐人签字	不需要保荐代表人签字
融资效果	公司增量发行的 25% 的股份可以帮助企业一次性募集到大量资金，而这部分资金的成本就是公司增量发行的股份，成本较低	借壳上市本身并不能为企业带来大量资金，相反还可能需要支付一定的买壳费用。公司借壳上市之后需要在一段时间之后才能实施再融资，以满足企业对资金的需求
是否受二级市场影响	目前的发行价格根据公司每股收益和发行市盈率乘积得来，二级市场股价波动影响比较小	定向增发发行价格受二级市场影响较大
发行不确定性	只要通过发审委审核，一般不存在不能发行的情况	定向增发的发行不仅需要重组委审核，在股东大会通过时还要充分考虑流通股股东的利益，另外，定向增发一般都会涉及关联交易，根据法律规定，表决时关联股东需要回避，流通股股东的意见尤为重视
上市时间	一般需要一年半至二年的时间，复杂的企业需要三年的时间，另外，跟证监会审核速度以及是否存在 IPO 暂停等政策也有直接关联	一般需要一年至一年半的时间，短则半年即可完成，重组委审核一般较快
上市费用	一般按照募集资金额的一定比例来计算。费用包括律师费用、审计费用、会计师费用和支付券商费用，费用大部分在上市之后支付	首先公司需要支付给壳公司大股东一定的对价，作为对其出让控股的补偿，也就是买壳费用，另外还会涉及清壳的费用
风险问题	审核风险及发行之后股票价格迅速下跌的风险	壳资源本身的质量如：担保等或有负债和诉讼、仲裁及税务纠纷等，可能会对公司上市之后产生潜在威胁
股份锁定	一般 12 个月，控股股东或实际控制人 36 个月	《重大资产重组管理办法》第 43 条，一般情况下锁定 12 个月，下列情况 36 个月：控股股东、实际控制人或者其控制的关联人；通过认购本次发行的股份取得上市公司的实际控制权；对其用于认购股份的资产持续拥有权益的时间不足 12 个月

第三章　上市公司再融资

- 上市公司增发新股的条件
- 上市公司发行可转换债券的条件及其程序
- 上市公司再融资的风险

第一节　上市公司发行新股

一　上市公司资本市场再融资的方式

上市公司再融资的方法包括银行贷款融资、债券融资、股票融资等。本章所指的上市公司再融资专指在资本市场再融资的方式，具体包括发行新股和可转换公司债券，而发行新股又可以分为配股和增发。截至 2019 年 12 月末，社会融资规模存量为 251 万亿元，其中国内股票市场的融资额为 1.68 万亿，国内债券市场的融资额为 62 万亿，我国的企业融资还是以银行信贷融资为主。

配股是上市公司根据公司发展的需要，依据有关规定和相应程序，向原股东进一步发行新股、筹集资金的行为。增发新股是指在首次公开发行股票后，再次向全体社会公众发售股票。

配股与增发虽同为上市公司发行新股的再融资方法，但在发行条件及程序、定价方式、筹集资金的数量等方面有所不同，在此，我们将配股与增发这两种再融资方式做一简单比较。

（1）在发行条件和程序方面，配股是向原有股东按一定比例配售新股，不涉及引入新的股东，因此发行条件要低于增发，发行程序也较为简单。正是由于配股实施时间短、操作简单、发行成本低、审批快捷，它成为上市公司最为常规的再融资方式。

（2）从定价方式来看，配股的价格由主承销商和上市公司根据市场的预期，采用现行股价折扣法确定。而增发的定价方式更为市场化，尤其是公募增发，一般公募增发会采用询价方式，相比配股的定价方式，增发更加充分地体现了投资者的意愿，更加贴近市场。在询价的过程中，包括战略投资者、普通投资者在内的投资者对增发价格具有相当的影响力。

（3）配股和增发虽同属再融资行为，但两种方法募集到的资金数量不同。一般来说，公募增发由于打破了配股通常的10股配3股的限制，从而可以募集到更多的资金。这笔资金可以成为处于高速成长阶段、资金缺口大的上市公司巨大的助推器，成为企业实现产业转型的契机。

除了上述区分外，配股和增发还有一些细微差别，如配股是定向的，增发则根据募集方式而不一定是定向的，它分为公募增发和定向增发；配股后需要除权，增发可以除权，亦可以不除权等。

针对公募增发和定向增发的区别，我们通过表3－1进行简单对比。

表3－1 **公募增发与定向增发的区别**

项目	定向增发	公开增发
目的	资产重组、并购等等	募集资金
增发对象	10个以内特定投资者	社会公众投资者
股份购买权	原股东没有优先购买权	原股东有优先购买权
增发对价	现金和非现金（权益、债权）	现金
募集资金	较少	较多
中介机构	一般不需要承销	需要证券中介承销
程序	简单	复杂
成本和费用	低	高

另外，由于特定人不同于社会公众投资者，不需要监管部门予以特殊保护，定向增发的条件可不受《公司法》关于三年连续盈利及发行时间间隔的限制。

可转换债券是上市公司再融资的另一种方法，它同时具有债权融资和股权融资的双重特点，在转股之前属于债权融资，转股之后则变为普通股，它比配股和增发更具技巧性和灵活性，我们会在第三节中详细介绍。

在我国，从1992年开始，上市公司再融资的方式从配股、增发到可转债，热点一直在轮换。在 1998 年 5 月以前，配股基本上是我国上市公司再融资的唯一方式，其间也发行过个别几只转债进行试点，但此时转债没有得到推广。1998 年 5 月，沪、深两市的 5 家上市公司开始增发新股的试点工作。1999 年 7 月，上海上菱电器股份公司成功实施增发，标志着我国开始了上市公司再融资的新探索。自此，增发作为上市公司的一条再融资的新渠道，开始逐步为市场所认同，和配股相比，增发占比逐步上升，配股则由于发行量和筹资额较小，并且控股股东需要认购，因此配股方式渐渐被上市公司淡出。2001 年，中国证监会发布了《上市公司发行可转换债券实施办法》，以此为标志，我国上市公司的再融资又进入了一个新阶段，从第二年开始，可转债的发行出现井喷，2002 年前三季度发行的 12 只可转换债券筹资 132 亿元，已接近增发、配股筹资额的总和 145.59 亿元。再融资的格局发生根本性变化，再融资正朝着市场化和多元化的方向发展。2008 年以后，增发细分为公开增发和定向增发，定向增发成为上市公司再融资的主要方式。定增能够成为最主流的再融资方式并实现爆发式增长，宽松的发行条件被认为是主因之一。

2020 年 2 月 14 日，证监会发布《关于修改〈上市公司证券发行管理办法〉的决定》、《关于修改〈创业板上市公司证券发行管理暂行办法〉的决定》、《关于修改〈上市公司非公开发行股票实施细则〉的决定》，关于定增规定发行对象由原来不得超过 10 人，调整为不超过 35 名；发行价由原来不得低于定价基准日前二十个交易日公司股票均价的市价的 90% 调整为不得低于格百分之八十；将锁定期由 36 个月和 12 个月分别缩短至 18 个月和 6 个月，即本次发行的股份自发行结束之日起，六个月内不得转让；控股股东、实际控制人及其控制的企业认购的股份，十八个月内不得转让发行股份。发行条件简单，没有盈利方面的要求，即使是亏损企业也可申请发行，相较于配股、公开增发等其他再融资方式门槛低很多。而从近期趋严的监管风向来看，未来定增或将告别"无门槛"时代。

二 上市公司发行新股的条件

在我国，上市公司发行新股的条件，由《证券法》和证监会出台具体的细则进行解释。

根据《证券法》第十三条的规定，上市公司发行新股必须符合以下条件：

1. 具备健全且运行良好的组织机构；

2. 具有持续盈利能力，财务状况良好；

3. 最近三年财务会计文件无虚假记载，无其他重大违法行为；

4. 经国务院批准的国务院证券监督管理机构规定的其他条件。

2006 年 5 月 8 日，中国证监会发布《上市公司证券发行管理办法》，规定了上市公司发行证券的具体条件。

关于配股的具体条件，基本包括：

（1）拟配售股份数量不超过本次配售股份前股本总额的百分之三十；

（2）控股股东应当在股东大会召开前公开承诺认配股份的数量；

（3）采用《证券法》规定的代销方式发行。

关于增发（公募增发）的具体条件，基本包括：

（1）最近三个会计年度加权平均净资产收益率平均不低于百分之六。扣除非经常性损益后的净利润与扣除前的净利润相比，以低者作为加权平均净资产收益率的计算依据；

（2）除金融类企业外，最近一期末不存在持有金额较大的交易性金融资产和可供出售的金融资产、借予他人款项、委托理财等财务性投资的情形；

（3）发行价格应不低于公告招股意向书前二十个交易日公司股票均价或前一个交易日的均价。

另外，增发可以采用定向增发的方式，定向增发也称为"非公开发行股票"，是指上市公司采用非公开方式，向特定对象发行股票的行为。定向增发要求发行对象不超过十名，发行对象为境外战略投资者的，应当经国务院相关部门事先批准。

定向增发必须符合下列规定：

1. 发行价格不低于定价基准日前二十个交易日公司股票均价的百分之八十；

2. 本次发行的股份自发行结束之日起，六个月内不得转让；控股股东、实际控制人及其控制的企业认购的股份，十八个月内不得转让；

3. 募集资金的使用必须符合相关的规定；

4. 本次发行将导致上市公司控制权发生变化的，还应当符合中国证监会的其他规定。

同时，上市公司如果存在下列情形之一的，不得非公开发行股票：

（1）本次发行申请文件有虚假记载、误导性陈述或重大遗漏；

（2）上市公司的权益被控股股东或实际控制人严重损害且尚未消除；

（3）上市公司及其附属公司违规对外提供担保且尚未解除；

（4）现任董事、高级管理人员最近三十六个月内受到过中国证监会的行政处罚，或者最近十二个月内受到过证券交易所公开谴责；

（5）上市公司或其现任董事、高级管理人员因涉嫌犯罪正被司法机关立案侦查或涉嫌违法违规正被中国证监会立案调查；

（6）最近一年及一期财务报表被注册会计师出具保留意见、否定意见或无法表示意见的审计报告。保留意见、否定意见或无法表示意见所涉及事项的重大影响已经消除或者本次发行涉及重大重组的除外；

（7）严重损害投资者合法权益和社会公共利益的其他情形。

第二节　上市公司发行可转换公司债券

可转换债券是一种重要的金融工具，也是我国近年来发展比较快的再融资工具。A股 30 年来一共出现过 250 多只可转债，目前仍在上市的就达到了 118 只。其中 2017 年信用申购前的有 19 只，2017 年发行 34 只，2018 年发行 67 只，合计 120 只，万信转债、宝信转债于 2018 年成功强赎退市，剩余 118 只。由于可转换债券涉及未来的转股，所以我国能够发行可转换债券进行融资的，一般都是已上市公司。①

我国自 1992 年深宝安发行首只可转换债券以来，经历了两个阶段，第一个阶段是 2001 年 4 月以前的缓慢发展阶段，第二个阶段是 2001 年之后的高速发展阶段，在第一个阶段的九年时间里仅发行了 5 只可转债，2001 年 4 月 27 日证监会发布了《上市公司发行可转换公司债券实施办法》和三个配套的相关文件，从而进入高速发展期。目前，可转换债券已经成为上市公司再融资的重要选择，仅 2018 年 12 月 27 日一天，江苏银行、中信银行、交通银行 3 家银行就一齐公告称收到证监会批复，获准发行共计 1200 亿元规模的可转债。

一　基本概念

（一）可转换债券的定义

可转换公司债券又称为转债或者转券，与普通债券相比，可转换公司债券可以视作一种附有"转换条件"的公司债券。这里的"转换条件"就是一种根据事先的约定，债券持有者可以在将来某个规定的期限内按约定条件转换为公司普通股票的特殊债券，其实质就是债券和股票买入期权（Call Options）相结合的混合金融工具，我们也可以把可转换债券视作债券与股票认股权证相互融合的一种创新型金融工具。

由于这种特殊"转换"的期权特性，使得可转换公司债券得以兼具债券、股票和期权三个方面的部分特征：首先，作为公司债券的一种，转债同样具有确定的期限和利率；其次，通过持有人的成功转换，转债又可以以股票的形式存在，债券持有人通过转换可以由债权人变为公司股东；最后，转债具有期权性质，即投资者拥有是否将债券转换成股票的选择权，这是可转换公司债券的根本特性。

（二）可转换债券的一般特征

（1）可转换债券是一种混合证券，介于债券与普通股之间，具有债务和股权两种

---

① 唯有茂炼转债的案例是非上市公司发行转债，2004 年 7 月 14 日转债到期，但由于茂炼公司没有成为上市公司，最终投资者将转债回售给了茂炼公司，同时转债停止交易、摘牌。

特征，且两者密不可分。

（2）与普通公司债券相比，具有较低的利息。由于附带转换期权，因此可转换债券的利率要低于一般债券，低出的部分可以视为买入期权的期权费。对发行公司而言，转债意味着一种"廉价"融资渠道，进而可以减轻公司的财务负担。

（3）投资者买入期权：在可转换期到来之后，可通过转换为普通股而获得资本利得的机会。投资者需要比较作为债券投资和作为股票的投资哪一个收益更大些。

（4）投资者卖出期权：可转换债券有两种，一种是强制转换的，一种是非强制转换的。强制转换的债券通常附有赎回条款，允许投资者在不愿转换时兑取债券面值加贴水。非强制转换的债券一般有一个稍长的转换期。

（5）发行人赎回期权。由于发行人支付低于普通公司债券的利息，因此发行人在股价大幅高于换股价的情况下可以行使回赎权以迫使投资者将转债转换为股票。这样，可以避免在债券转换价格明显低于股票市场价格的情况下，使转债持有者获得巨大的收益。但这一策略只有在转换期尚未到来时是有效的，在转换期到来后，转债持有者则可以做出任意决定是转换为普通股股票，还是干脆坚持到底，取得作为债券的稳定利息并到期兑付面值。为了在公司可能受到利率损失时鼓励转债持有者提前兑取，一般贴水值也可能被规定为递减的。

（6）较低的信用等级和有限避税权利。一般转债所评定等级比公司发行的不可转换的公司债券要低。当公司破产时，转债对资产的索赔权一般都后于其他债券，仅优于公司优先股。此外，转化成股票前，利息支出可以作为税前开支，免缴所得税。

（三）可转换债券的发行优势

由于这种多重特征的叠加，客观上使可转换公司债券具有筹资和避险的双重功能，因此，与单纯的筹资工具或避险工具相比，无论是对发行人，还是对投资者而言，可转换债券都更有吸引力。

具体而言，与配股、增发相比，可转换债券具有一定的优越性。对于发行者来说，在公司未来发展良好时，投资者将会转股，由于转股价会比配股、增发的发行价更高，因此意味着发行者以更高的发行价增发了股票，当公司发展状况不佳时，投资者会选择不转股而以债券形式持有，此时和一般债券相比，则可以支付相对较低的利息。同时，对于投资者来说，选择转换成股票可以获得资本利得，选择以债券形式持有不转股时，本金和利息收入可以得到保障，只是会有机会成本的损失，即接受较低的利率。

在实践中，企业一般在股市低迷、银行利率较高的情况下选择发行可转换公司债券。这是因为，股市低迷、银行利率高时往往是经济周期的萧条期，此时社会资金紧张。若发行普通股筹资，由于股市低迷，往往会发行失败，即使发行成功，由于股票价位较低，筹集的资金量相对较少，筹资成本较高。而如果向银行申请贷款，由于贷款利率较高，公司资金使用成本高，筹资代价比较大，公司一般较难承受。此时发行可转换债券，往往更为有利，从投资者角度，未来股市上升的概率较大，因此认购可转换债券是较为安全的策略；从发行人角度，转债可以提高发行的成功可能，同时节约发行成本。

二　基本条款

（一）与债性有关的条款

与债性有相关的基本条款包括票面利率、期限、担保等。

在利率方面，由于可转换债券已经包含了股票买入期权，因此票面利率都低于同期银行存款利率，但是为了吸引投资者购买转债，票面利率多数以逐年递增的方式设计。

根据《上市公司发行证券管理办法》的规定，可转换债券的期限最短为一年，最长为六年。一般说来，转债的期限最常见的是 5 年。

为了保证发行的成功，我国已发行的转债一般都附有担保。如江苏阳光（600220）的转债由中国银行提供全额担保，担保期长达 5 年。

自 2002 年以来，与债性有关的条款出现了一些创新，这些创新的实质都是为了提高对投资者的保护，并给予更多的回报，更大的意愿在于保证成功发行。这些创新包括时点回售、利息补偿条款、利率调整条款等。比如邯钢转债增加了时点回售条款，转债持有人有权在转债到期日之前的 5 个交易日内，将持有的转债按面值的 109.5%（含当期利息）回售给公司，该条款令其税前纯债券保底收益高达 3.16%，大大高于同期银行存款利率。又如钢钒转债、西钢转债，增加了补偿利率条款，通过利率补偿条款保障了持有至到期的投资人能得到 2.5% 的年收益。而山鹰转债则增加了利率调整条款，如果基准利率出现上调，其债券利率也将同样上调，使投资人进一步规避了利率风险。

（二）转换条款

转换条款是可转换债券之可转换性质的具体体现，基本条款包括初始转股价格、转股期限、回售条款、赎回条款、修正条款等。

（1）初始转股价格。初始转股价格也就是转股权的执行价格，是决定期权价值的主要因素之一。按照《可转换债券管理暂行办法》的规定，转债的初始转股价是以公告日前 30 个交易日公司 A 股收盘价的算术平均值上浮一定比例确定。由于 30 日均价固定的，而溢价幅度由发行人与承销商确定，一般溢价幅度视当时股市的状态而定。股市低迷时，溢价幅度相对较低。国外转债的溢价幅度一般为 20%—30%，而我国转债的溢价幅度定得很低，最高的燕京转债才 10%，而低的仅为 0.1%。过低溢价幅度使得转换的可能性大增，但同时公司会有低价售股的发行收入损失，而且，过度容易的转股会减少转债通过债务约束而形成的治理作用。

（2）转股期限。转股期限是指转债持有人行使转股权的时间区间，当前已发行转债的转股区间一般在发行后的 6 个月或 12 个月之后至期满日。

（3）回售条款。回售条款是赋予转债持有人的一种权利，它是指当股票价格持续低于转股价格达到一定幅度时，转债持有人按事先约定的价格，将转债卖给发行人的一种权利。回售条款主要有以下几个因素：回售时间，一般是事先约定的，通常定在整个可转换公司债券期限的 1/3 时间内。回售价格，其收益率一般比市场利率稍低，但远高于可转换公司债券的票面利率。回售期权，发行人承诺到达回售时间时，股票价格应达到一定价位，此时如果行使转换权，投资人可以获得远高于票面利率的收益。但如果市场行情没有如期履约，发行后较长时间内，股票价格没有良好的表现，转换无法实现，则发行人承诺投资人可以按照制定息率将可转换公司债回售给发行人，发行人无条件接受可转换公司债券。此外，需要说明以下几点：（1）回售条款并不经常使用，发行人容易接受的方案通常是对未来判断准确、融资成本确定、不需要更多附加条款支持的发行方案。况且，在发行方案的制定过程中，发行人在其中一直起重要作用，能使用回售条款的发行方案不多。（2）加入使用了回售条款，那么票面利率将更低。回售条款是随着市场的不断发展而推出的更有利于投资人的保护性条款。相对于发行人具有的赎回条款，回售条款利益保护偏向投资人。（3）包含回售条款的可转换公司债券对投资者更具有吸引力，可以说，发行后所有的市场风险都由发行人承担了，发行人的压力增大。（4）投资者应慎重选择包含回售条款的可转换公司债券，必须估计公司业绩欠佳、市场长期低迷、公司无力支付本金和利息的可能性。（5）回售期权也可分为两类，硬回售和软回售。硬回售是指可转换公司债券必须由发行人完全用现金偿付的回售。而软回售情形下，发行公司有权选择用现金、普通股、其他次级票据，或三者结合来偿还债务。

（4）赎回条款。赎回条款是赋予发行人的一种权利，指发行人的股票价格在一段持续的时间内，连续高于转股价达到一定幅度时，发行人按照事先约定，将尚未转股的转债买回。在股价走势向好时，赎回条款实际上起到强制转股的作用，也就是说，当公司股票增长到一定幅度，转债持有人若不进行转股，那么，他从转债赎回得到的收益将远低于从转股中获得的收益。因此，赎回条款又锁定了转债价格上涨的空间。当前已发行转债的赎回条件一般是当期转股价比率的 130%—150%，个别品种没有设立赎回条款。2004 年 3 月，万科和新钢钒由于股价连续 30 个交易日股价高于转股价的30%，因而启动了赎回条款。赎回条款绝对是有利于发行人。因为它更多地考虑了发行人如何避免利率下调的风险、还本压力以及财务风险，投资人在赎回条件下只有义务，别无选择，不得不在赎回条款生效前做出不是最佳投资选择的选择。并且限制了投资人可能取得的利益。在长期牛市过程、市场利率下降等情况出现时，发行人的赎回权削减了可转换公司债持有人的潜在收益。

（5）修正条款。修正条款包括自动修正和有条件修正。因向股东发生了派息、送红股、公积金转增股本、增发新股或配售、公司合并或分立等情况，股权遭到稀释，转债的转换价值必然发生贬值，此时启动自动修正条款。此外，在已发行的转债中，还设计有条件修正条款（一般为向下修正条款），即当股票价格连续数日低于转股价时，发行人以一定的比例修正转股价格。设置修正条款有利于保护投资者的利益，提高转债的期权价值，另外，也促使转债顺利转成股权。向下修正条款与低溢价幅度从契约条款方面强化了转股的成功率。

案例 3 - 1：江苏阳光发行可转换债券

2002 年 4 月 18 日，江苏阳光股份有限公司向社会公开发行 8.3 亿元可转换公司债券，称为阳光转债。主要条件如下：

年利率：1%，利息每年一付。

票面金额：100 元

对应股票：江苏阳光（600220）

初始转股价：11.46 元

转股期：2003 年 4 月 18 日至 2005 年 4 月 18 日，即 12 个月以后。

特别向下修正条款：连续 30 个交易日中至少 20 个交易日的收盘价低于当期转股价格的 80%，公司董事会有权修正。

赎回条款：第二年中连续 20 个交易日的收盘价高于当期转股价格的 140%，第三年中连续 20 个交易日的收盘价高于当期转股价格的 120%，公司可以赎回投资者的转债。

赎回期：一年后

赎回价：102 元

回售条款：连续 20 个交易日低于当期转股价格的 70%，投资者可将股票回售给公司。

回售期：最后一年

回售价：102 元

2005 年 4 月 18 日，阳光转债因到期而退市，到期本息兑付合计 101 元。阳光转债的存续期为三年，但其转股期仅有两年。在这两年的转股期内，有大约 93.51% 的转债完成转股。在转债上市的三年间，江苏阳光因业绩持续下滑，其股价跌幅达 50%。阳光转债在其存续期内适宜转股的时期主要集中在 2003 年中和 2004 年上半年这段时间。由于这段时间江苏阳光股价表现较好，因此转债持有人的转股意愿较强。但随后在 2004 年下半年至 2005 年初这段时间里，阳光转债的标的股票江苏阳光的市场表现极度低迷，转股成本增加，转股逐渐缓慢。尤其是在 2004 年底至 2005 年初这段时间，股价长期低于转股价，几乎没有转股。

三　发行条件

根据《上市公司证券发行管理办法》的规定，公开发行可转换公司债券的公司，应当符合下列条件。

（1）最近三个会计年度加权平均净资产收益率平均不低于百分之六。扣除非经常性损益后的净利润与扣除前的净利润相比，以低者作为加权平均净资产收益率的计算依据。

（2）本次发行后累计公司债券余额不超过最近一期末净资产额的百分之四十。

（3）最近三个会计年度实现的年均可分配利润不少于公司债券一年的利息。

另外，为优化可转换公司债券发行、上市流程，2018 年 12 月 28 日，上海证券交易所修订并发布了《上海证券交易所上市公司可转换公司债券发行实施细则》。当日，深交所对《可转换公司债券业务实施细则》《上市公司可转换公司债券发行上市业务办理指南》和《可交换公司债券发行上市业务办理指南》进行了修订，将可转换公司债券和可交换公司债券多账户申购改为单账户申购，并优化可转债发行上市业务，进一步落实《证券发行与承销管理办法》相关规定。上述规则自 2018 年 12 月 28 日起施行。

四　附认股权证公司债券

（一）基本概念

附认股权证公司债券也称分离交易的可转换公司债券，是指公司债券附有认股权证，持有人依法享有在一定期间内按约定价格（执行价格）认购公司股票的权利，也就是债券加上认股权证的产品组合。

附认股权证公司债券与可转债同属于混合型融资工具，本质上都是债券与认股权证的组合，两种产品的差异主要是债券与股权凭证的结构设计。其主要差异有以下几个方面。

（1）可否分离交易。附认股权证公司债券最大优势是债券与权证可分离交易，能够满足不同投资者风险和收益多元化的需求；而可转债难以将债券与转换权分离，只能捆绑交易。

（2）债券发行利率。附认股权证公司债券可以采用两种定价方式：一是认股权证与公司债券分别作价；二是两者一并作价，即发行公司债券附送认股权证。前者债券利率会高些，后者债券利率则与可转债相当。如果权证可与债券分离交易，则债券发行利率甚至还可以再低些。而可转债的发行成本通常也较普通债券低。

（3）认股方式。对投资人而言，行使认股权时，附认股权证公司债券必须再缴股款，而可转债则不需要。分离型的附认股权证公司债券一般没有任何条款强制认股权证持有人行使其权利，可转债则可采用赎回条款强制投资人行使其转换权。

（4）产品存续期。可转债的转股期限与可转债本身的存续期重合，而附认股权证公司债券中的认股权证与普通债券部分的存续期可以不同，因此在产品结构设计上可以把债券的期限延长。

（5）发行人和投资者现金流。可转债筹集资金是一次性到位，投资者行使转换权时，对发行人仅是增加股本，减少负债，不产生现金流；附认股权证公司债券投资者在行使认股权时，需缴纳认股款，逐步增加发行人股本，资金分步到位，具有分期融资的特点，而公司债券通常是到期还本付息。

（6）会计处理不同。按国际会计准则，附认股权证公司债券与可转换公司债的会计处理基本相同，都要求将债券和权证分别确认为负债和股本。但是，在美国、英国及日本等国家，允许采取不同核算规则，不允许将可转换公司债中转股权分离计入权益。

（二）发行附认股权证公司债券的好处

第一，公司债券加上认股权证捆绑发行，将大大提高公司债券的吸引力，降低公司债券的发行成本。另外，分离型附认股权证公司债券的推出，可以为上市公司建立股权激励机制提供有效手段，对上市公司较有吸引力。第二，通过分拆交易，附认股权证公司债券带来了两种完全不同的产品，可以满足不同投资者的偏好，完善其市场流动性。第三，附认股权证公司债券既可满足上市公司筹资需求，又能发挥市场对募集资金使用的监督作用。

（三）附认股权公司债券的发行条件

在我国，发行附认股权证公司债券（分离交易的可转换公司债券）的条件类似于发行一般的可转换债券，但还需要满足以下一些特殊的条件。

（1）公司最近一期末经审计的净资产不低于人民币十五亿元。

（2）最近三个会计年度实现的年均可分配利润不少于公司债券一年的利息。

（3）最近三个会计年度经营活动产生的现金流量净额平均不少于公司债券一年的利息。

（4）本次发行后累计公司债券余额不超过最近一期末净资产额的百分之四十，预计所附认股权全部行权后募集的资金总量不超过拟发行公司债券金额。

（5）分离交易的可转换公司债券中的公司债券和认股权分别符合证券交易所上市条件的，应当分别上市交易。

（6）分离交易的可转换公司债券的期限最短为一年。

（7）认股权证上市交易的，认股权证约定的要素应当包括行权价格、存续期间、行权期间或行权日、行权比例。

（8）认股权证的行权价格应不低于公告募集说明书日前二十个交易日公司股票均

价和前一个交易日的均价。

（9）认股权证的存续期间不超过公司债券的期限，自发行结束之日起不少于六个月。

（10）认股权证自发行结束至少已满六个月起方可行权，行权期间为存续期限届满前的一段期间，或者是存续期限内的特定交易日。

五　再融资的承销风险

由于上市公司再融资时，股票市场的强弱是其不可控制的因素，而股票市场的强弱严重影响到再融资的成功与否，因为再融资的股票价格和发行公司的现行股价有一个比照关系，一旦股价跌破再融资的发行价格，上市公司新发行的股票将难以售出，从而使投资银行遭遇到承销风险，严重的，可能由此导致公司的亏损甚至倒闭。

（一）配股方面

2001年8月，哈药集团（600664）实施10配3股的配股方案，由于股市低迷，其12.50元的配股价远高于当时的市价，因此有多达6832万的余股由承销团包销，其主承销商南方证券由此成为公司第二大股东，南方证券被套资金8.5亿元。之后，南方证券又不断投入资金自救，2004年哈药集团的半年报显示，南方证券居然持有公司60.92%的股权，也就是说，共持有哈药集团流通股75662.98万股，占公司流通股本的93.38%，流通市值超过40亿元，此时，哈药集团的市价已经不到5元。哈药集团的配股失败成为南方证券倒闭的重要导火线。

又比如，2002年共有三家上市公司的配股包销比例超过90%，泸州老窖甚至达到惊人的99.24%，3694万股配股仅配出28万股。2004年上半年，多家券商因配股包销成为上市公司的大股东。如海通证券包销山推股份（000680）4841.57万股配股成为其第二大股东，余额包销比例高达89%；中银国际证券包销桂柳工（000528）2355.87万股配股，包销比率达65.64%，占用资金达2.2亿元。此外，国泰君安包销冀东水泥（000401）、方正证券包销顺鑫农业（000860）、海通证券包销新世界（600628）配股比例都接近20%。2004年上半年，券商仅因配股余额包销就高达1.15亿股，占用资金高达8.23亿元。

（二）增发方面

2002年，罗牛山的增发主承销商包销余股6089万股，按照每股4.99元计算，承销商将不得不出资3亿多元。京山轻机，尽管5.6元的增发价较股权登记日的收盘价有17%的折扣，但是，京山轻机的老股东只认购了2188万股，仅占全部增发股份的六成。结果，承销团将不得不包销余下的1450万股。

由于中国股市2001—2004年经历了四年的大熊市，这段时间内，投资银行再融资承销的风险相当大，以致最终使得再融资活动基本停止。

（三）再融资承销风险的防范

再融资风险是投资银行在承销中必须面对的风险，但是，投资银行可以采取一定的措施来防范风险，具体而言，可以有以下几个风险防范的措施。

（1）选择行情好的时候进行再融资，避免在市场恶化时承揽再融资业务。

（2）选择好的承销方式。在承销风险较大时，投资银行可以选择代销方式，这样就避免了发行失败时投入大量的资金来包销股票。在我国，《上市公司发行证券管理办法》明确规定了配股时必须采用代销方式。

（3）选择好的上市公司。上市公司后期成长性是其再融资计划能否顺利实施的关键因素。因此，对于好的上市公司，虽然整体市场的行情欠佳，但如果具有后期成长性，且发行价格合理，那么，还是能够顺利发行的。

（4）与投资者进行充分沟通。

（5）创新发行方式。比如，可以采用类似于"货架登记"的发行方式，在批准进行再融资后，投资银行可以帮助发行人先进行证券登记，然后可以在登记后两年内分批出售新证券。当市场机会较好时，发行公司就发出一个简短的公告且可以随时从货架上取下证券进行销售。投资银行还可以在实践中探索新的发行方式来减少发行风险。

附：可转债发行案例（见表 3 - 2）。

表 3 - 2　　　　　　　　　　　**招商银行可转债的发行**

招商银行可转债	
公告日期	2009 - 11 - 12
发行方式	优先配售，网上定价和网下配售
发行规模	650000 万元
面值	100 元
发行年度	2004 - 12 - 31
债券期限	5 年
起息日	2004 - 11 - 10
到期日	2009 - 11 - 10
初始转股价格	9.34 元
利率说明	第一年为 1.0%，第二年为 1.375%，第三年为 1.75%，第四年为 2.125%，第五年为 2.5%
付息说明	招行转债按票面金额由 2004 年 11 月 10 日（发行首日、T 日）起开始计算利息，每年付息一次。2005 年到 2009 年每年的 11 月 10 日为债券的付息日（如遇法定节假日或休息日，则顺延至下一个工作日，顺延期间应付利息不另计息）。每相邻的两个付息日之间为一个计息年度。付息债权登记日为每年付息日的前一个交易日，在付息债权登记日当日上证所收市后登记在册的招行转债持有人均有权就其持有的招行转债获得当年利息。发行人在付息债权登记日之后 5 个交易日内完成付息工作

续表

招商银行可转债	
初始转股价条款	9.34 元/股（以本次募集说明书刊登日前 30 个交易日"招商银行"股票收盘价格的算术平均值 9.067 元/股为基价，上浮 3%）。计算公式如下：初始转股价格 = 公布募集说明书之日前 30 个交易日"招商银行"A 股股票的平均收盘价格 ×（1 + 2% − 20% 的上涨幅度），初始转股价格自发行结束后开始生效
转股价格调整条款	本次发行之后，当公司因送红股、增发新股或配股等情况（不包括因可转债转股增加的股本）使公司股份发生变化时，将按下述公式进行转股价格的调整：送股或转增股本：P1 = Po／（1 + N）；增发新股或配股：P1 =（Po + AK）／（1 + K）；两项同时进行：P1 =（Po + AK）／（1 + N + K）；其中：Po 为初始转股价，N 为送股或转增股本率，K 为增发新股或配股率，A 为增发新股价或配股价，P1 为调整后转股价
转换期条款	自本次发行之日起 6 个月后至可转换公司债券到期日，自 2005 年 5 月 10 日起，至 2009 年 11 月 10 日止
期间有条件回售条款	在本公司可转债到期日前一年内，如果"招商银行"股票（A 股）收盘价连续 20 个交易日低于当期转股价格的 75% 时，转债持有人有权将持有的全部或部分本公司可转债以面值的 108.5%（含当期利息）的价格回售予本公司。若在该 20 个交易日内发生过转股价格调整的情形，则在调整前的交易日按调整前的转股价格和收盘价计算，在调整后的交易日按调整后的转股价格和收盘价计算。持有人在回售条件首次满足后可以进行回售，首次不实施回售的，当年不能再行使回售权。前述回售价格将根据市场情况上下调整，具体调整幅度在可转债发行时由本公司发行可转债领导小组确定
特别向下修正条款	本次发行的可转换公司债券在发行后的前三年内，不对转股价格进行修正。在第四、第五年期间，当"招商银行"A 股股票在任意连续 30 个交易日中至少 20 个交易日的收盘价低于当期转股价格的 80% 时，本行董事会有权在不超过 20% 的幅度内向下修正转股价格。修正幅度为 20% 以上时，由董事会提议，股东大会通过后实施。修正后的转股价格不低于修正前 20 个交易日"招商银行"A 股股票收盘价格的算术平均值。董事会此项权利的行使在 12 个月内不得超过一次
向原股东配售安排条款	本次发行的可转换公司债券向原有股东优先配售。首先，原有股东可优先获配的可转换公司债券数量为其在股权登记日收市后持有"招商银行"股票数乘以 0.4 元，再按 1000 元一手转换成手数，不足一手部分按照四舍五入的原则取整。其次，剩余部分及原有股东未获配部分优先向本行流通股股东再一次进行配售，现有流通股股东第二轮可优先认购的招行转债数量为其在股权登记日收市后登记在册的"招商银行"股份数乘以 2.47 元，再按 1000 元 1 手转换成手数，不足 1 手的部分按照四舍五入原则取整。最后，经过以上优先配售后剩余的部分再向社会公众配售
主承销商	中国国际金融有限公司

资料来源：招商银行网站。

第四章　债券的发行与承销

本章学习重点

- 国债的发行方式与承销程序
- 公司债券的发行条件与发行程序
- 短期融资券的发行条件与发行程序
- 债券定价的基本原理

第一节　债券的基本知识

一　债券的概念和特征

（一）债券的概念

债券是发行者为筹集资金而依照法定程序向债权人发行的，在约定时间支付一定比例的利息，并在到期时偿还本金的一种有价证券。从本质上说，债券是经过证券化的贷款，所有的债券凭证中都会包含一个主贷款协议，即债券契约，其主要内容包括以下方面。

（1）债券的数额。债券的数额即面额，面值或本金，即债券发行者承诺债券到期时偿还的数额。

（2）利息率。发行的债券附有特定的息票利率或称名义利率，利率的高低很大程度上取决于债券初始发行时的市场状况。

（3）利息的支付时间或方式。以美国为例，多数债券的利息支付以 6 个月为时间间隔，通常在每个月的 1 日或 15 日支付。

（4）期限。债券的到期期限，即本金被全部付清的时间区间。按照期限划分，期限在 1 年以内的债券是货币市场上的有价证券；中期债券的到期期限为 1—5 年；超过 5 年就被认为是长期债券，长期债券的期限可以长达 30 年，甚至 100 年。

（5）赎回特别条款（非必要条款）。赎回特别条款允许债券发行者在债券到期之前收回债券，并按预定的价格偿还贷款。债券发行者使用此条款来保护自己的利益。当市场上的一般利息率低于债券的利息率时，发行者会赎回债券，以便退出高成本的负债，而以较低的利息率再次融资。

（6）卖出债券的选择权（非必要条款）。债券所有者把债券归还给发行者而索回本金的权力。自然，只有当债券持有人有可能在投资回报率更高的领域进行再投资的时候，他才可能这样做。

（7）再集资（非必要条款）。当债券到期而发行者手头又没有足够的现金偿还债券持有人的时候，债券发行者可以通过发行新的债券来偿还旧债。

（8）抵押（非必要条款）。有的债券将会设定抵押物，以保障持有人的资金安全。此时，契约将载明抵押的性质。有时，抵押品是不动产，诸如楼房和土地；或者是无形资产，诸如股票、债券和其他有价证券。

（二）债券的特征

一般而言，债券具有以下一些特征。

（1）偿还性。债券偿还性是指债券有规定的偿还期限，债务人必须按期向债权人支付利息和偿还本金。

（2）流动性。债券流动性是指债券持有人可按自己的需要和市场的实际状况，出售债券收回资金，它主要取决于市场对转让所提供的便利程度。

（3）安全性。债券安全性是指债券持有人的收益相对固定，不随发行者经营收益的变动而变动，并且可按期收回本金。与股票相比，它的投资风险较小。

（4）收益性。债券收益性是指债券能为投资者带来一定的收入，这种收益主要表现为利息，即债权投资的报酬。但如果债权人在债券期满之前将债券转让，还有可能获得债券的买卖价差即资本利得。

二 债券的种类

（一）按发行主体不同，可分为政府债券、金融债券和公司债券

政府债券：发行主体是政府，它是指政府财政部门或其他代理机构为筹集资金，以政府名义发行的债券，主要包括国库券和公债两大类。一般国库券是由财政部发行，用以弥补财政收支不平衡。中央政府发行的公债称为国债，地方政府发行的公债称为地方债。政府债券与其他债券相比，安全性高，流通性强，风险很小，且享受免税待遇。

公司债券：是指公司依照法定程序发行的债券。公司债券持有者是公司的债权人，有权按期取得利息，且利息分配顺序优于股东。公司破产清理资产时，债券持有者也优先于股东收回本金。同时，公司债券与政府债券或金融债券比较，风险较大。

金融债券：是指银行及非银行金融机构依照法定程序发行的债券。金融债券不能提前兑取，一般不记名，不挂失，可以抵押，可以在证券市场上流通转让。

2017 年我国各类债券的发行情况如表 4-1 所示。

表 4-1   2019 年我国各类债券的发行情况   单位：亿元

债券品种	发行额
政府债券	85187
中央银行票据	0
金融债券	259360
公司信用类债券	107058
国际机构债券	418
合计	452073

注：（1）金融债券包括国开行金融债、政策性金融债、商业银行普通债、商业银行次级债、商业银行资本混合债、证券公司债、同业存单等；（2）公司信用类债券包括非金融企业债务融资工具、企业债券以及公司债、可转债、可分离债、中小企业私募债等。

资料来源：中国人民银行网站。

（二）按偿还期限不同：分为短期债券、中期债券和长期债券

短期债券：是指偿还期限为 1 年或 1 年以内的债券，它具有周转期短及流动性强的特点，在货币市场上占有重要地位。

中期债券：是指偿还期限在 1 年以上，5 年以下的债券。

长期债券：是指偿还期限在 5 年或 5 年以上的债券。一般被用作政府投资的资金来源，在资本市场上有着重要地位。

（三）按利息是否固定：固定利率债券、浮动利率债券和累进利率债券

固定利率债券：就是在偿还期内利率固定的债券。

浮动利率债券：是指利率可以变动的债券。这种债券的利率确定与市场利率挂钩，一般高于市场利率的一定百分点。

累进利率债券：是指以利率逐年累进方法计息的债券。其利率随着时间的推移，后期利率将比前期利率更高，呈累进状态。

（四）按计息方式不同：可分为单利债券、复利债券和贴现债券

单利债券：是指在计算利息时，不论期限长短，仅按本金计息，所生利息不再加入本金计算下期利息的债券。

复利债券：是指在计算利息时，按一定期限将所生利息加入本金再计算利息，逐期滚算的债券。复利债券的利息包含了货币的时间价值。

贴现债券：是指在票面上不规定利率，发行时按某一折扣率，以低于票面金额的价格发行，到期时仍按面额偿还本金的债券。贴现债券又称贴水债券，指以低于面值发行，发行价与票面金额之差额相当于预先支付的利息，债券期满时按面值偿付的债券。

（五）按存在形态不同：分为实物债券、凭证式债券和记账式债券

实物债券：是一种具有标准格式实物券面的债券。在其标准格式的债券券面上，一般印制了债券面额、债券利率、债券期限、债券发行人全称、还本付息方式等各种债券票面要素。

凭证式债券：是一种债权人认购债券的收款凭证，而不是债券发行人制定的标准格式的债券。

记账式债券：是一种只在电脑账户中做记录，而没有实物形态的债券。

（六）按是否可以转换为股票：分为可转换债券和不可转换债券

可转换债券：是指发行人依照法定程序发行，在一定期限内依据约定的条件可以转换成股份的债券。可转换债券兼有债权和股权的双重性质。可转换债券应当记载债券转换为股份的条件及方法。持有人有权在规定的条件下将债券转换为股份，由债权人变为公司的股东。根据可转换债券的特性，可转换债券持有人只能享有该债券利息，而只有在持有人将债券转换成股票时，才能成为该公司股东，与其他股东一起享有该公司分红派息。

不可转换债券：是指不能转换为股份的债券，它的持有人只能到期请求还本付息。

（七）按是否上市流通：分为上市债券和非上市债券

上市债券：是指可以在流通市场上交易的债券。其特征是自由认购，自由转让，通常不记名，转让价格取决于市场对该债券的供给与需求。

非上市债券：是指不允许在流通市场上交易的债券。它不能自由转让，可以记名，也可以不记名。

（八）按债券的国别：分为国内债券和国际债券

国内债券：是指一国借款人在本国证券市场上，以本国货币为面值向投资者发行的债券。

国际债券：是指一国借款人在国际证券市场上，以外国货币为面值向外国投资者发行的债券。它包括两种形式：一是外国债券。指某一国借款人在本国以外的某一国家发行以该国货币为面值的债券。其特点是债券发行人在一个国家，债券的面值货币和发行市场属于另一个国家。如在美国发行的扬基债券和在日本发行的武士债券。二

是欧洲债券。指借款人在本国境外市场发行的，不以发行市场所在国的货币为面值的国际债券。它的特点是债券发行者、债券发行地点和债券面值所使用的货币分别属于不同的国家。（见表4-2）

表4-2　　　　　　　　　**美国债券市场的结构（1985—2009 年）**　　　　　单位：10 亿美元

项目\年份	市政债券	联邦政府债券	抵押贷款债券	公司债券	联邦机构债券	货币市场债券	资产支持债券	总计
1985	859.5	1437.7	372.1	776.5	293.9	847.0	0.9	4587.6
1986	920.4	1619.0	534.4	959.6	307.4	877.0	7.2	5225.0
1987	1010.4	1724.7	672.1	1074.9	341.4	979.8	12.9	5816.2
1988	1082.3	1821.3	772.4	1195.7	381.5	1108.5	29.3	6391.0
1989	1135.2	1945.4	971.5	1292.5	411.8	1192.3	51.3	7000.0
1990	1184.4	2195.8	1333.4	1350.4	434.7	1156.8	89.9	7745.4
1991	1272.2	2471.6	1636.9	1454.7	442.8	1054.3	129.9	8462.4
1992	1302.8	2754.1	1937.0	1557.0	484.0	994.2	163.7	9192.8
1993	1377.5	2989.5	2144.7	1674.7	570.7	971.8	199.9·	9928.8
1994	1341.7	3126.0	2251.6	1755.6	738.9	1034.7	257.3	10505.8
1995	1293.5	3307.2	2352.1	1937.5	844.6	1177.3	316.3	11228.5
1996	1296.0	3444.7	2486.1	2122.2	925.8	1393.9	404.4	12073.1
1997	1318.7	3441.8	2680.2	2359.0	1022.6	1692.8	535.8	13050.9
1998	1402.9	3340.5	2955.2	2708.6	1300.6	1977.8	731.5	14417.1
1999	1457.2	3266.0	3334.2	3046.5	1620.0	2338.8	900.8	15963.5
2000	1480.9	2951.9	3564.7	3358.6	1854.6	2662.6	1071.8	16945.1
2001	1603.7	2967.5	4125.5	3835.4	2149.6	2566.8	1281.1	18529.6
2002	1763.1	3204.9	4704.9	4094.1	2292.8	2546.2	1543.3	20149.3
2003	1898.2	3574.9	5309.1	4462.0	2636.7	2526.3	1693.7	22100.9
2004	2028.0	3943.6	5472.5	4704.6	2745.1	2872.1	1827.8	23593.6
2005	2215.8	4165.8	5907.6	5027.3	2603.9	3468.9	1955.2	25344.5
2006	2403.3	4872.4	8635.4	5344.6	2651.3	4008.8	2130.4	30046.2
2007	2618.9	5081.5	9142.7	5946.8	2933.3	4170.8	2472.4	32366.4
2008	2683.5	6082.5	9099.8	6201.6	3205.2	3790.9	2671.8	33735.3
2009	2811.6	7604.5	9187.7	6856.1	2729.7	3127.9	2429.0	34746.5

资料来源：根据美国联邦储备局、财政部、联邦住房抵押协会、政府住房抵押协会公布的统计数据汇总。

三　债券的价格与收益

（一）债券的付息方式

债券的付息方式是指发行人在债券的有限期间内，何时和分几次向债券持有者支付利息的方式。付息方式既影响债券发行人的筹资成本，也影响投资者的投资收益。一般把债券利息的支付分为一次性付息和分期付息两大类。

1. 一次性付息

具体包括三种情况：

一是利随本清：它是以单利计息，到期还本时一次性支付所有应付利息。

二是以复利计算的一次性付息：是指以复利计算，将票面折算成现值发行，到期时票面额即等于本息之和，故按票面额还本付息。采用以复利计算的一次性付息方式付息的债券被称为无息债券。

三是以贴现方式计算的一次性付息：就是以贴现方式计算，投资者按票面额和应收利息的差价购买债券，到期按票面额收回本息。这种方式与以复利计算的一次性付息的差别在于计息方式，前者是按票面额和贴现率计算的，而无息债券的利率却是按投资额计算的。采用以贴现方式计算的一次性付息方式付息的债券被称为贴现债券。

2. 分期付息

分期付息债券又称附息债券或息票债券，是在债券到期以前按约定的日期分次按票面利率支付利息，到期再偿还债券本金。分次付息一般分为按年付息、按半年付息和按季付息三种。

（二）债券的收益和收益率

债券的收益来自两个方面：一是债券的利息收益，它取决于债券的票面利率和付息方式；二是资本利得，它取决于债券买入价与卖出价和买入价与到期偿还额之间的差额。

债券的收益率有不同的计算方法：

票面收益率：又称名义收益率或票息率，是债券票面上的固定利率，即年利息收与债券面额之比。

直接收益率：又称本期收益率，当前收益率，指债券的年利息收与买入债券的实际价格之比。直接收益率反映了投资者的投资成本带来的收益。

持有期收益率：是指买入债券后持有一段时间，又在债券到期前将其出售而得到的收益，包括持有债券期间的利息收益和资本损益与买入债券的实际价格之比。

到期收益率：是指买入债券后持有至期将得到的收益，包括利息收入和资本损益与买入债券的实际价格之比。

第二节　国债的发行与承销

一　国债的概念、特点及分类

（一）国债的概念

国债的发行主体是国家，所以它具有最高的信用度，被公认为是最安全的投资工具。国债发行的目的多种多样，主要包括：弥补财政赤字、平衡国际收支；扩大政府的公共投资；解决临时性的资金需要；归还到期债券的本息。

（二）国债的特点

（1）安全性高。由于国债是中央政府发行的，而中央政府是一国权力的象征，所以发行者具有一国最高的信用地位，一般风险较小，投资者亦因此而放心。

（2）流动性强，变现容易。由于政府的高度信用地位，使得国债的发行额十分庞大，发行也十分容易，由此造就了一个十分发达的二级市场，发达的二级市场客观地为国债的自由买卖和转让带来了方便。使国债的流动性增强，变现较为容易。

（3）可以享受许多免税待遇。大多数国家规定，购买国债的投资者与购买其他收益证券相比，可以享受更多的税收减免。

（4）国债是货币市场操作的重要工具。中央银行在公开市场上买卖国债进行公开市场业务操作，可以有效地调节货币供应量进而实现对宏观需求的调节。

（三）国债的分类

按国债存在的形态划分，我国的国债可以分为无记名式、凭证式与记账式国债三种。

1. 无记名式国债

无记名式国债是一种票面上不记载债权人姓名或单位名称的债券，通常以实物券形式出现，又称实物券或国库券。实物债券是一种具有标准格式实物券面的债券，它以实物券的形式记录债权、面值等。

无记名式国库券的一般特点是不记名、不挂失，可以上市流通。其持有的安全性不如凭证式和记账式国库券，但购买手续简便。同时，由于可上市转让，流通性较强。上市转让价格随二级市场的供求状况而定，当市场因素发生变动时，其价格会产生较大波动，因此具有获取较大利润的机会，同时也伴随着一定的风险。

2. 凭证式国债

凭证式国债是指国家采取不印刷实物券，而用填制"国库券收款凭证"的方式发行的国债。我国从 1994 年开始发行凭证式国债。凭证式国债具有类似储蓄，又优于储蓄的特点，通常被称为"储蓄式国债"，是以储蓄为目的的个人投资者理想的投资方式。与储蓄相比，凭证式国债的主要特点是安全、方便、收益适中。因此，购买凭证式国债不失为一种安全灵活、收益适中的理想投资方式，是集国债和储蓄的优点于一体的投资品种。凭证式国债可就近到银行各储蓄网点购买。

3. 记账式国债

记账式国债，是指没有实物形态的票券，而是通过电脑账户进行登记和交易。在我国，上海证券交易所和深圳证券交易所已为证券投资者建立电子证券账户，因此，可以利用证券交易所的系统来发行债券。我国近年来通过沪、深交易所的交易系统发行和交易的记账式国债就是这方面的实例。如果投资者进行记账式债券的买卖，必须在证券交易所设立账户。记账式国债又称无纸化国债。

记账式国债具有成本低、收益好、安全性好、流通性强的特点。

记账式国债的发行规模要远大于凭证式国债，以下以2020年6月份的数据为例进行对比（见表4-3）：

表4-3　　　　　　　　　　　2020年6月债券发行量

	2020年6月		2020上半年累计	
	面额（亿元）	同比（%）	面额（亿元）	同比（%）
政府债券	9715.28	−24.32%	60202.14	31.95%
其中：记账式国债	6848.50	98.95%	25338.10	62.13%
储蓄国债（电子式）	0.00	−100.00%	0	−100.00%
地方政府债	2866.78	−68.13%	34864.04	22.88%

资料来源：中国债券信息网。

无记名式、凭证式和记账式三种国债相比，各有其特点。在收益性上，无记名式和记账式国债要略好于凭证式国债，通常无记名式和记账式国债的票面利率要略高于相同期限的凭证式国债；在持有的安全性上，凭证式国债略好于记账式国债，记账式国债又略好于无记名式国债；在流动性上，记账式国债略好于无记名式国债，无记名式国债又略好于凭证式国债。

二　国债的发行方式

国债的发行承销与公司债券的发行承销有着很大的判别差别。由于国债发行关系到一国财政状况、重点项目投资建设情况和货币政策实施等重大问题，所以各国都对国债的发行承销有着统一的制度性的安排。国债发行前一般不需要经过评级，因为人们普遍认可政府的信用除非其在境外发行。

在我国国债的发行分为三个市场：沪深交易所市场、柜台交易市场和银行间债券市场。国债发行按是否有金融中介机构参与出售的标准来看，有直接发行与间接发行之分，其中间接发行又包括代销、承购包销、招标发行和拍卖发行四种方式。

（一）定向发售

定向发售是指向养老保险基金、失业保险基金、金融机构等特定机构发行国债的方式，主要用于国家重点建设债券、财政债券、特种国债等品种。

根据国债发行安排，2017年8月29日，财政部发行了2017年特别国债（一期）和2017年特别国债（二期），两期特别国债在全国银行间债券市场面向境内有关银行定向发行，可以上市交易。

（二）代销方式

代销方式是指由国债发行体委托代销者代为向社会出售债券。可以充分利用代销者的网点，但因代销者只是按预定的发行条件，在约定日期内代为推销，代销期终止，若有未销出余额，全部退给发行主体，代销者不承担任何风险与责任。因此，代销方式有着较多的缺陷：一是不能保证按当时的供求情况形成合理的发行条件；二是推销效率难尽如人意；三是发行期较长，因为有预约推销期的限制。代销发行适用于证券市场不发达，金融市场秩序不良，机构投资者缺乏承销条件和积极性的情况。

（三）承购包销

承购包销发行方式是指大宗机构投资者组成承购包销团，按一定条件向财政部承购包销国债，并由其负责在市场上转售，任何未能售出的余额均由承销者购入。这种发行方式的特征是：第一，承购包销的初衷是要求承销者向社会再出售，由作为发行体的财政部与承销团达成协议确定发行条件，一切承购手续完成后，国债方能与投资者见面，因而承销者是作为发债主体——中央政府与投资者间的中介而存在的；第二，承购包销是用经济手段发行国债的标志，并可用招标方式决定发行条件，是国债发行转向市场化的一种形式。

（四）公开招标

公开招标发行方式是指作为国债发行主体的财政部直接向大宗机构投资者招标，投资者中标认购后，可以自行持有，也可以按一定价格向其他投资者继续分销。相对于承购包销发行方式，公开招标发行不仅实现了发行者与投资者的直接见面，减少了中间环节，而且通过投资者对发行条件的自主选择投标而充分体现市场竞争机制，有利于形成公平合理的发行条件，也有利于缩短发行期限，提高市场效率，降低发行成本，它是国债发行方式市场化的进一步加深。

公开招标发行方式有以下几种招标模式。

（1）以缴款期为标的的招标。以缴款期为标的的招标方式可分为荷兰式招标和美国式招标两种。以缴款期为标的的荷兰式招标是以募满发行额为止的中标商的最迟缴款日期作为全体中标商的最终缴款期，所有中标商的缴款日期是相同的；以缴款期为标的的美国式招标是以募满发行额为止的中标商的各自投标缴款日期作为中标商的最终缴款日期，各中标商的缴款日期是不同的。

（2）以价格为标的的招标。以价格为标的的招标方式可分为荷兰式招标和美国式招标两种。以价格为标的的荷兰式招标是以募满发行额为止的所有投标商的最低中标价格为最后中标价格，全体投标商的中标价格是单一的；以价格为标的的美国式招标是以募满发行额为止的中标商各自价格上的中标价作为各中标商的最终中标价，各中标商的认购价格是不同的。

（3）以收益率为标的的招标。以收益率为标的的招标可分为荷兰式招标和美国式招标两种。以收益率为标的的荷兰式招标是以募满发行额为止的中标商的最高收益率作为全体中标商的最终收益率，所有中标商的认购成本是相同的；以收益率为标的的美国式招标是以募满发行额为止的中标商各个价位上的中标收益率作为中标商各自最终中标收益率，每个中标商的加权平均收益率是不同的。

我们举例说明荷兰式招标与美国式招标的差别。假定财政部举行国债招标，招标总额是 200 亿元，表 4 - 4 列出了两种招标方式下中标者的中标价格。

表 4 - 4　　　　　　　　　　荷兰式招标与美国式招标的比较

投标人	投标人 A	投标人 B	投标人 C
投标价（元）	85	80	75
投标额（亿元）	90	60	100
中标额（亿元）	90	60	50
荷兰式中标价	75	75	75
美国式中标价	85	80	75

（五）拍卖发行

拍卖发行方式是指在拍卖市场上，按照例行的经常性的拍卖方式和程序，由发行主体公开向投资者拍卖国债，完全由市场决定国债发行价格与利率。国债的拍卖发行实际是在公开招标发行基础上更加市场化的做法，是国债发行市场高度发展的标志。该发行方式更加科学合理、高效，所以目前西方发达国家的国债发行多采用这种形式。

在我国，一般来说，对利率/发行价格一定的国债，采用缴款期招标方式；短期贴现国债引入国际上通行的荷兰式价格招标，中长期零息国债和附息国债引入美国式收益率招标方式。

三 国债的承销程序

（一）记账式国债的承销程序

记账式国债是一种无纸化国债，主要借助于证券交易所的交易系统来发行，实际运作中，承销商可以选择场内挂牌分销或场外分销两种方法。

1. 场内挂牌分销的程序

承销商在分得包销的国债后，向证券交易所提供一个自营账户作为托管账户，将在证券交易所注册的记账式国债全部托管于该账户中。同时，证券交易所为每一承销商确定当期国债各自的承销代码，以便于场内挂牌。在此后发行期中的任何交易时间内，承销商按自己的意愿确定挂牌卖出国债的数量和价格，进行分销。投资者在买入债券时，可免交佣金，证券交易所也不向代理机构收取买卖国债的经手费用。买卖成交后，客户认购的国债自动过汇至客户的账户内，并完成国债的认购登记手续。客户的认购款通过证券交易销定，每日清算于当日划入承销商在证券交易所的清算账户中，资金回收安全、迅速。发行结束后，承销商在规定的交款日前如期将发行款一次划入财政部在中国人民银行的指定账户，托管账户中分销的国债作额转为承销商持有。财政部在收到承销商缴纳的发行款后，将国债发行手续费拨付至各承销商的指定银行账户。

2. 场外分销的程序

发行期内承销商也可以在场外确定分销商或客户，并在当期国债的上市交易日前向证券交易所申请办理非交易过汇。证券交易所根据承销商的要求，将原先注册在承销商托管账户中的国债依据承销商指定的数量过户至分销商或客户的账户内，完成债券的认购登记手续。国债认购款的支付时间和方式由买卖双方场外协商确定。

（二）无记名国债的承销程序

1. 场内挂牌分销的程序

承销商在分得包销的国债后，立即确定各自无记名国债场内的注册数量和场外分销数量，以及各种券面的需求情况，由中央国债登记结算有限公司在发行期之前完成实物券的调运工作。同时承销商必须向证券交易所提供无记名国债托管的主席位和注册账户，以便于场内挂牌分销。承销商确定的在场内注册的那部分国债直接运入证券交易所的托管库房，不再由承销商提取。证券交易所经过清点核对后，就可以允许承销商在注册入库存的额度内进行挂牌分销，挂牌后无记名国债的承销程序与记账式国债是相同的。

另外，在发行期内，承销商也可随时将原先准备用于场外分销的实物券调运至证券交易所的库房托管注册，进行场内挂牌分销。由于这种方法较为主动灵活，因此更多地被承销商采用。

2. 场外分销的程序

承销商在分得包销的国债后所确定的那部分用于场外分销的国债，由承销商在发行开始前从中央国债登记结算有限公司在全国各大城市中的指定库房提取。发行期内，承销商以发售实物券的形式进行柜台销售或提供给分销商，完成国债的发行。

（三）凭证式国债的承销程序

凭证式国债是一种不可上市流通的储蓄型债券，主要由银行承销，各地财政部门和各国债一级自营商也可参与发行。承销商在分得所承销的国债后，通过各自的代理网点发售。发售采取向购买人开具凭证式国债收款凭证方式，发售数量不能突破所承销的国债量。由于凭证式国债采用"随买随卖"，利率按实际持有天数分档计付的交易方式，因而在收款凭证中除了注明投资者身份外，还须注明购买日期、期限、到期利率等内容。凭证式国债的发行期限一般较长，所以发行款的上划采取分次缴款办法，国债发行手续费也由财政部分次给付。各经办单位对在发行期内已交款但未售完及购买者提前兑取的凭证式国债，仍可在原额度内继续发售，继续发售的凭证式国债仍按面值售出。

为了便于掌握发行进度，担任凭证式国债发行任务的各个系统一般每月要汇总本系统内的累计发行数额，上报财政部及中国人民银行。

四 国债的交易

（一）国债交易市场

在我国，国债的交易分为三个市场：沪深交易所市场、柜台交易市场和银行间债券市场。

沪深交易所对挂牌的国债进行交易，交易对象是记账式国债，任何在沪深交易所有资金账户和证券账户的投资者都可以通过交易所系统买卖交易所内挂牌的国债。

柜台市场是指银行、证券公司、信托投资公司等金融机构通过零售网点对投资者进行的国债销售。在柜台市场，投资者可以买到新发行的国债，或者兑付到期的国债，但是，柜台市场不对国债提供连续的交易，因此，它不具备国债交易的流动性。

而无论是上市的国债品种还是交易量，沪深交易所市场和柜台交易市场都远远小于银行间债券市场，银行间债券市场是国债交易最主要的场所。

1997 年 6 月，根据国务院统一部署，商业银行退出了交易所的债券交易，转而进入新开辟的银行间债券市场进行债券的交易。当时，交易的债券品种为国债和金融债，不包括企业债和公司债。交易品种为债券买卖和回购。各会员单位在中央国债登记结算公司托管债券，并通过电脑联网进行交易，该市场是一个场外的无形市场。2002 年，银行间债券市场的交易总量已经超过了 10 万亿元。

目前，银行间债券市场成员中已包含了所有类型的金融机构，包括商业银行、信用社、保险公司、证券公司、证券投资基金、信托公司、财务公司和租赁公司。自 2002 年 4 月 15 日起，金融机构只要向全国银行间同业拆借中心提出申请，无须央行批准，只需事后在央行备案，即可成为银行间债券市场的参与者。"银行间债券市场"实际上已成为"金融机构间债券市场"。

对于一般投资者而言，原先并没有资格进入这个市场。随着 2002 年 6 月商业银行债券柜台交易试点的开通，以及 2002 年 10 月允许非金融机构法人通过商业银行的结算代理业务进入银行间债券市场，银行间债券市场的大门已经向个人和非金融机构敞开。

（二）国债回购与逆回购

在国债交易中，除了一般的国债买卖之外，还有一些特殊的交易方式，这就是国债回购和逆回购。其原因在于国债具有最高的信用等级，且流通性极强，因此最经常地被用作金融机构间短期融资的抵押工具。下面分别介绍。

1. 国债回购

国债回购交易是买卖双方在成交的同时约定于未来某一时间以某一价格双方再行反向成交。亦即国债持有者（融资方）与融券方在签订的合约中规定，融资方在卖出该笔国债后须在双方商定的时间，以商定的价格再买回该笔国债，并支付原商定的利率利息。

国债回购通常包括质押式回购和买断式回购两种方式。

质押式回购是交易双方以债券为权利质押所进行的短期资金融通业务。在质押式回购交易中，资金融入方（正回购方）在将债券出质给资金融出方（逆回购方）融入资金的同时，双方约定在将来某一日期由正回购方向逆回购方返还本金和按约定回购利率计算的利息，逆回购方向正回购方返还原出质债券。

凡是进入全国银行间债券市场的金融机构和非金融机构都可以做买断式回购业务。主要以商业银行、外资银行、财务公司、农信社、城信社、证券公司、基金公司、保险公司和财务公司等金融机构为主，也包括通过结算代理方式进入银行间债券市场的企业类非金融机构。

国债买断式回购是指国债持有人将国债卖给购买方的同时，交易双方约定在未来某一日期，卖方再以约定价格从买方买回相等数量同种国债的交易行为。买断式回购又称开放式回购，它与目前债券市场通行的质押式回购（又称封闭式回购）的主要区别在于标的券种的所有权归属不同。在质押式回购中，融券方（逆回购方）不拥有标的券种的所有权，在回购期内，融券方无权对标的债券进行处置；而在买断式回购中，标的债券的所有权发生了转移，融券方在回购期内拥有标的券种的所有权，可以对标的债券进行处置，只要到期时有足够的同种债券返售给正回购方即可。

上证所和深交所开办了回购业务，分为标准化国债和综合债券抵押方式，用于国债回购的国债券必须是财政部已经发行，并在证交所可上市流通转让的国债券种，综合债券回购券种限于在上证所上市的金融债券、建设债券、企业债券等各类债券回购。国债回购交易设 7 天、14 天、28 天、91 天、182 天五个品种。综合债券回购，分别开设 28 天、91 天、182 天三个挂牌品种。

2. 国债逆回购

正回购是以国债做抵押拆入资金；而逆回购正好相反，是将资金通过国债回购市场拆出。所谓国债逆回购，其实是一种短期贷款，即把资金借给对方并获得固定利息；对方则用国债做抵押，到期还本付息。

3. 国债回购与券商风险

近年来，我国券商接连出现违规乃至经营失败的事件，在被证监会关闭、托管或正在严查的券商中，大部分与国债回购有关联。

国债回购之所以与券商风险相联系，其内在原因是国债回购中特有的国债托管模式。国债的托管模式与股票的托管方式不同，在交易所市场上，国债投资者手中持有的国债是通过二级托管的方式托管到券商的大席位上的，而国债登记公司方面能够掌握的只是券商席位上国债的总量情况，这使得券商利用这一漏洞来进行国债回购融资。

违规回购国债主要表现为变相挪用客户资金和私下融资融券，基本分为自用、融通和中介这三种方式。"自用"是指券商通过代理国债投资的方式，高息吸纳企业和个人的闲散资金，用于购买国债，托管在自己的席位上，但是转手通过国债回购融入资金，并投资于股市，待回购期满前再将国债买回来；"融通"是指券商私自把客户存放在其席位上的国债借给其他机构，而这些机构通过国债回购进行融资，并将所得炒作股票，期满前将国债买回来；"中介"是指券商担任资金融通双方的中介，资金融出方买入国债并托管于该券商的交易席位上，资金需求方则用该笔国债进行回购交易。

在这些违规的国债回购交易中，一旦股市大幅下跌，券商或机构将没有资金回购被抵押的国债，原国债持有人和券商就会面临巨大的损失。

五 国债的一级自营商制度

为保证国债发行工作的顺利进行，尽可能避免发行失败，许多国家都实行了国债的一级自营商制度。该制度的核心就是由政府的有关部门认定一级承销商的主体资格，并进一步明确发行机关与一级自营商的权利、责任和义务。

我国现行的国债市场上实行国债一级自营商制度。国债一级自营商是在国债市场上建立的国债中介机构，一般由实力比较雄厚的商业银行或证券公司组成，其主要作用是作为国债发行主体在发行市场上投标或承购国债，同时在国债二级市场上承担做市商义务，随时向市场提供买卖双边报价，以保持国债二级市场的流动性。可以说，一级自营商是一、二级市场紧密结合的桥梁和纽带，是国债市场发展的重要力量。

（一）国债一级自营商的资格与条件

在我国，除政策性银行以外的各类银行，综合类证券公司和可以从事有价证券经营业务的各信托投资公司，其他可以从事国债承销、代理交易、自营业务的金融机构，都可以申请成为国债一级自营商。

申请成为国债一级自营商的金融机构须符合的条件：（1）具有法定最低限额以上的实收货币资本；（2）有能力且自愿履行本办法规定的各项义务；（3）在中国人民银行批准的经营范围内依法开展业务活动，在前两年中无违法和违章经营的记录，具有良好的信誉；（4）在申请成为国债一级自营商之前，有参与国债一级市场和地级市场业务一年以上的良好经营业绩。

（二）国债一级自营商的权利和义务

国债一级自营商享有的权利有：（1）直接参加每期由财政部组织的全国性国债承购包销团；（2）享有每期承销合同规定的各项权利；（3）享有在每期国债发行前通过正常程序同财政部商议发行条件的权利；（4）企业发行股票一次超过 8000 万股的，在同等条件下，优先由取得国债一级自营商资格的证券经营机构担任主承销商；（5）优先取得直接与中国人民银行进行国债公开市场操作的资格；（6）自动取得同中国人民银行进行国债回购交易等业务的资格；（7）优先取得从事国债投资基金业务的资格。

国债一级自营商须履行的义务包括：（1）必须履行参加每期国债发行承购包销团，且每期承销量不得低于该期承销团总承销量的1%；（2）严格履行每期承购包销合同和分销合同规定的各项义务；（3）承购包销国债后，通过各自的市场销售网络，积极开展国债的分销和零售业务；（4）维护国债二级市场的流通性，积极开展国债交易的代理和自营业务；（5）国债一级自营商在开展国债的分销、零售和进行地级市场业务时，要自觉维护国债的声誉，不得利用代保管凭证超售国债券而为本单位筹集资金；（6）国债一级自营商有义务定期向财政部、中国人民银行、中国证券监督管理委员会提交有关国债承销，分销零售以及二级市场上国债交易业务的报表、资料；（7）已获得国债一级自营商资格的金融机构参加某期国债承销后被取消一级自营商资格的，仍需履行该期承销合同规定的各项义务；（8）国债一级自营商有办理到期国债券本息兑付业务的义务。

六　国债承销的风险与收益

（一）国债销售价格的影响因素

国债承销的风险和收益均源于国债销售价格，在有利的价格下，承销商可以获得较为满意的利润，而国债销售价格一旦不利，承销商将承受损失。对国债而言，承销价格的影响因素主要有以下几个方面。

1. 市场利率水平

一般情况下，国债价格水平根据市场利率水平而定。市场利率水平主要取决于该国当时的通货膨胀状况，因为利率是货币时间价值的衡量，货币的购买力将直接影响到投资者要求的利率补偿水平。一般而言，国债定价的最低标准是不低于通货膨胀率，即实际利率为正，因此名义利率即为预期的通货膨胀率加市场基准利率。但是由于未来通胀水平较难预测，因此，国债价格中包含着一定的风险。

2. 承销国债的中标成本

承销国债的中标成本是承销商销售国债的成本底线，如果超出这一成本，承销商将直接发生亏损，因此，在投标中，承销商会尽可能压低中标价格，从而降低销售难度，更大程度地获得利润。

3. 二级市场国债的报价

二级市场的国债价格会影响到投资者购买一级市场国债的热情。如果一级市场的国债价格过高，投资者会转而购买二级市场的国债，从而导致承销商销售国债的失败。

4. 承销商的综合收益

为了保证国债承销的成功，承销商会从其综合收益的角度考虑，决定其投标价格。这些综合收益主要包括手续费收入和销售速度。在国债承销中，承销商可以获得一定比例的手续费收入。为了促进国债的销售，承销商有可能压低承销价格，以手续费补其不足。另外，承销商为了加快资金回收速度，也会降低承销价格，因为价格低了，承销商的销售就会加快，资金的回收速度就快，投资者的认购资金留在承销商手中的时间就长，承销商可以占用这部分资金的利息收入来提高其综合收益。

（二）国债承销的收益

在国债承销的过程中，承销商的收益主要有四种来源。

（1）差价收入。即承销商的认购价格和对投资者的分销价格的差价。

（2）发行手续费收入。国债发行时，承销商按承销金额的一定比例可以从发行人处得到手续费。我国对记账式国债一般按 0.3% 支付承销手续费；而对于实物券式和凭证式国债一般支付 0.65% 的手续费。在零息债券发行中，承销手续费往往以绝对金额表示，并包含在低于面值发行的报价之中。

（3）资金占用的利息收入。如果承销商提前完成了国债的分销任务，那么在交款日前承销商就可以占用这部分资金，并取得利息收入。

（4）留存自营国债的交易获益。如果承销商可以留存一部分国债自营，如果该国债上市后二级市场有较好的价格，承销商就可以获得交易收益。

（三）国债承销的风险

承销商的国债承销活动可能面临一定的风险，一般因承销而产生的风险有两种情况：一种是在整个发行期结束后，承销商仍有部分国债积压，从而垫付相应的发行款，并且这部分留存自营的国债在上市后也没有获得收益；另一种是承销商将所有包销的国债全部加以分销，但分销的收入不足以抵付承销成本。

一般而言，承销商承销国债的风险远小于承销股票、公司债券等其他证券，但并不排除出现风险的情况。国债承销中的最大风险是市场利率变动的风险，如果市场利率在承销商分销国债的过程中提高了，国债价格将会下降，承销商可能承受损失。但是，财政部出于和承销商长期合作的考虑，在这种条件下往往会对承销商进行补偿，以减少承销商的风险。

第三节　公司债券的发行

企业在生产经营过程中，可能会由于种种原因需要使用大量资金，如扩大业务规模、筹建新项目、兼并收购其他企业、弥补亏损等。在企业自有资金不能完全满足其资金需求时，便需要向外部筹资。通常，企业对外筹资有三种渠道：发行股票、发行债券和向银行等金融机构借款。

由于股票经常是溢价发行，故股票筹资的实际成本较低，而且筹集的资金不用偿还，没有债务负担。但股票发行手续复杂，前期准备时间长，信息披露要求高，受到的制约较多。此外，增发股票还会导致股权稀释，影响到现有股东的利益和对公司的控制权。

向银行等金融机构借款通常较为方便，而且债务方式不会稀释股权，还能通过利息费用减少税负。但是信贷的期限一般较短，借贷资金的数量有限，而且利率也比较高。另外，贷款不具有流动性，不能上市交易。

相对而言，发行债券所筹集的资金期限较长，资金使用自由，而债券的投资者无权干涉企业的经营决策，现有股东对公司的所有权不变，从这一角度看，发行债券在一定程度上弥补了股票筹资和向银行借款的不足。另外，从成本考虑，债券一般利率要低于贷款，因此，发行债券是许多企业非常愿意选择的筹资方式。

在社会融资规模中，人民币贷款始终占据着绝对主导地位。从规模上来说，人民币贷款整体呈增长趋势，特别是 2008 年国际金融危机之后，为了刺激经济，人民币贷款量大幅增加。然而从结构上来说，人民币贷款占比近几年来整体呈下降趋势，从 2002 年的 91.86% 降到 2017 年的 68%，这表明以人民币贷款为主的间接融资目前仍然占据着社会融资结构的主导地位，但是间接融资的整体比重已经明显下降，直接融资快速发展。2005 年，国内非金融机构部门（包括住户、企业和政府部门）融资结构变化明显，债券融资比重明显上升，并且第一次超过了股票的融资量，贷款和国债融资比重相应下降。从直接融资的规模上来说，企业债券和非金融企业境内股票融资规模从 2002 年的 995 亿元增加到 2017 年的 25.02 万亿元，规模增加了 250 多倍，2019 年更是增加到了 30.92 万亿元（见表 4－5）；从直接融资的结构上，直接融资占社会融资规模的比重提升显著，"十五"期间的 2002—2005 年平均直接融资占比仅为 4.96%，2017 年直接融资占比为 14.3%，直接融资的快速发展与国家大力发展直接融资的决心是紧密相关的。

表 4－5　　　　　　　　2019 年末社会融资规模存量　　　　　单位：万亿元

社会融资规模存量	251.41
其中：人民币贷款	151.57
外币贷款（折合人民币）	2.11
委托贷款	11.44
信托贷款	7.45
未贴现银行承兑汇票	3.33
企业债券	23.56
政府债券	37.73
非金融企业境内股票融资	7.36
存款类金融机构资产支持证券	1.68
贷款核销	4.07

注：（1）社会融资规模存量是指一定时期末实体经济（非金融企业和住户）从金融体系获得的资金余额。
（2）当期数据为初步统计数。存量数据基于账面值或者面值计算。同比增速为可比口径数据，为年增速。
资料来源：中国人民银行网站。

需要说明的是，按照国际通行规则，只有股份有限公司和有限责任公司才能发行公司债，因为这两种公司有较为规范的运作模式，经营情况和财务状况的透明度较高，但是，在我国，有一些基础性行业及大中型国有企业因资金紧缺，而国家投资资金有限，经过政府有关部门批准后，也可发行债券，这类国有企业发行的债券称之为企业债券，这是狭义的企业债券。有时候，为了表述方便，也会将公司债券和狭义的企业债券合并称为企业债券，这是广义的企业债券。

本小节以"公司债券"为题，原因在于随着我国企业普遍实行公司制，狭义的企业债券已经日渐减少，已经不具有普遍意义，但是，在本节中，依然留一部分篇幅介绍企业债券的发行。

一　公司债券的发行条件

债券发行的条件指债券发行者发行债券筹集资金时所必须考虑的有关因素，具体包括发行额、面值、期限、偿还方式、票面利率、付息方式、发行价格、发行费用、有无担保等，由于公司债券通常是以发行条件进行分类的，所以，确定发行条件的同时也就确定了所发行债券的种类。适宜的发行条件可使筹资者顺利地筹集资金，使承销机构顺利地销售出债券，也使投资者易于做出投资决策。在选择债券发行条件时，企业应根据债券发行条件的具体内容综合考虑下列因素。

（1）发行额。债券发行额指债券发行人一次发行债券时预计筹集的资金总量。企业应根据自身的资信状况、资金需求程度、市场资金供给情况、债券自身的吸引力等因素进行综合判断后再确定一个合适的发行额。发行额定得过高，会造成发售困难；发行额太小，又不易满足筹资的需求。

（2）债券面值。债券面值即债券系上标出的金额，企业可根据不同认购者的需要，使债券面值多样化，既有大额面值，也有小额面值。

（3）债券的期限。从债券发行日起到偿还本息日止的这段时间称为债券的期限。企业通常根据资金需求的期限、未来市场利率走势、流通市场的发达程度、债券市场上其他债券的期限情况、投资者的偏好等来确定发行债券的期限结构：一般而言，当资金需求量较大，债券流通市场较发达，利率有上升趋势时，可发行中长期债券；否则，应发行短期债券。

（4）债券的偿还方式。按照债券的偿还日期的不同，债券的偿还方式可分为期满偿还、期中偿还和延期偿还三种或可提前赎回和不可提前赎回两种；按照债券的偿还形式的不同，可分为以货币偿还、以债券偿还和以股票偿还三种。企业可根据自身实际情况和投资者的需求灵活做出决定。

（5）票面利率。票面利率可分为固定利率和浮动利率两种。一般地，企业应根据自身资信情况、公司承受能力、利率变化趋势、债券期限的长短等决定选择何种利率形式与利率的高低。

（6）付息方式。付息方式一般可分为一次性付息和分期付息两种。企业可根据债券期限情况、筹资成本要求、对投资者的吸引力等确定不同的付息方式，如对中长期债券可采取分期付息方式，按年、半年或按季度付息等，对短期债券可以采取一次性付息方式等。

（7）发行价格。债券的发行价格即债券投资者认购新发行的价格。

（8）债券发行时实际支付的价格。债券的发行价格可分为平价发行（按票面值发行）、折价发行（以低于票面值的价格发行）和溢价发行（以高于系面值的价格发行）三种。选择不同发行价格的主要考虑因素是使投资者得到的实际收益与市场收益率相近。因此，企业可根据市场收益率和市场供求情况相机抉择。

（9）发行方式。企业可根据市场情况、自身信誉和销售能力等因素，选择是采取向特定投资者发行的私募方式，还是向社会公众发行的公募方式；是自己直接向投资者发行的直接发行方式，还是让证券中介机构参与的间接发行方式；是公开招标发行方式，还是与中介机构协商议价的非招标发行方式等。

（10）是否记名。在实物券形式下，记名公司债券转让时必须在债券上背书。同时还必须到发行公司登记，而不记名公司债券则不需如此。因此，不记名公司债券的流动性要优于记名公司债券。但是，通过记账式债券的推行，债券登记结算公司可以完成持有人的登记变更，因此记名公司债券也实现了较强的流通性。

（11）担保情况。发行的债券有无担保，是债券发行的重要条件之一，一般而言，由信誉卓著的第三方担保或以企业自己的财产做抵押担保，可以增加债券投资的安全性、减少投资风险、提高债券的吸引力，企业可以根据自身的资信状况决定是否以担保形式发行债券。通常，大金融机构、大企业发行的债券多为无担保债券，而信誉等级较低的中小企业大多发行有担保债券。

（12）债券选择权情况。附有选择权的公司债券指在债券发行中，发行者给予持有者一定的选择权，如可转换公司债券、有认股权证的公司债券、可退还的公司债券等。一般说来，有选择权的债券利率较低，也易于销售。但可转换公司债券在一定条件下可转换成公司发行的股票，有认股权证的债券持有人可凭认股权证购买所约定的公司的股票等，因而会影响到公司的所有权。可退还的公司债券在规定的期限内可以退还给发行人，因而增加了企业的负债和流动性风险。企业可根据自身资金需求情况、资信状况、市场对债券的需求情况以及现有股东对公司所有权的要求等选择是否发行有选择权的债券。

（13）发行费用。债券发行费用，指发行者支付给有关债券发行中介机构和服务机构的费用，债券发行者应尽量减少发行费用，在保证发行成功和有关服务质量的前提下，选择发行费用较低的中介机构和服务机构。

二　发行主体与条件

公司债券的发行主体一般为具有独立法人资格的股份有限公司或有限责任公司。

各国一般都设置法律规定公司债券的发行条件。其主要的限制体现在公司的净资产规模、盈利水平、偿债能力和发行规模等方面。

我国关于公司债券的发行条件由《证券法》《公司法》和《公司债券发行试点办法》（后被 2015 年 1 月公布的《公司债券发行与交易管理办法》取代）进行规范。

（一）基本条件

根据我国 2020 年 3 月实施的新《证券法》第 15 条规定，公开发行公司债券，必须符合下列条件：

1. 具备健全且运行良好的组织机构；（注：新证券法删除了原来净资产的要求，即：股份有限公司的净资产额不低于人民币 3000 万元，有限责任公司的净资产额不低于人民币 6000 万元。）

2. 最近三年平均可分配利润足以支付公司债券一年的利息；

3. 国务院规定的其他条件。

需要注意的是，修订后的《证券法》和《国务院办公厅关于贯彻实施修订后的证券法有关工作的通知》对公开发行公司债券实施注册制进行了明确，对公开发行公司债券的法定条件进行了修订。新《证券法》对公开发行公司债券相关制度的修订，充分考虑了债券市场和股票市场的差异性，体现了债券市场的特点与规律，凝聚了各方共识和实践经验。主要修订内容包括：一是将核准制改为注册制。公开发行公司债券由证券交易所负责发行上市审核，由中国证监会进行发行注册。二是对公司债券公开发行条件作出调整；新增"具备健全且运行良好的组织机构"的条件，删除了"最低公司净资产""累计债券余额不超过公司净资产的百分之四十"等条件；《国办通知》同时明确，发行人公开发行公司债券，除符合证券法规定的条件外，还应当具有合理的资产负债结构和正常的现金流量。三是对公司债券申请上市交易条件作出调整，删除了"公司债券的期限为一年以上"等条件，授权证券交易所对公司债券上市条件作出具体规定；四是完善了持续信息披露要求，扩大信息披露义务人范围，对重大事件披露内容作出具体界定；五是压实发行人、证券服务机构的法律职责。明确发行人控股股东及其实际控制人在欺诈发行等行为，以及证券服务机构及其责任人员在应尽未尽职责等方面的过错推定、连带赔偿责任的规定。

公开发行公司债券筹集的资金，必须按照公司债券募集办法所列资金用途使用；改变资金用途，必须经过债券持有人会议作出决议。公开发行公司债券筹集的资金，不得用于弥补亏损和非生产性支出。

2015 年 1 月 15 日，证监会发布实施《公司债券发行与交易管理办法》，规范公司债券的发行事宜。根据《公司债券发行与交易管理办法》，公开发行公司债券，应当符合下列规定：

1. 公司的生产经营符合法律、行政法规和公司章程的规定，符合国家产业政策；

2. 公司内部控制制度健全，内部控制制度的完整性、合理性、有效性不存在重大缺陷；

3. 经资信评级机构评级，债券信用级别良好；

4. 公司最近一期末经审计的净资产额应符合法律、行政法规和中国证监会的有关规定；

5. 最近 3 个会计年度实现的年均可分配利润不少于公司债券 1 年的利息；

6. 本次发行后累计公司债券余额不超过最近一期末净资产额的 40%；金融类公司的累计公司债券余额按金融企业的有关规定计算。

2015 年 1 月 15 号公布实施了《公司债券发行与交易管理办法》，根据《公司债券发行与交易管理办法》第三条的明确规定，公司债券可以公开发行，也可以非公开发行。《公司债券发行与交易管理办法》第十八条规定了面向公众投资者公开发行的公司债券条件，包括：

1. 发行人最近三年无债务违约或者迟延支付本息的事实；

2. 发行人最近三个会计年度实现的年均可分配利润不少于债券一年利息1.5倍；

3. 债券信用评级达到AAA级；

4. 中国证监会根据投资者保护的需要规定的其他条件。

对于达到第十八条要求的公司债券也可自主选择仅面向合格投资者公开发行；而对于未达到第十八条要求的公司债券，应当仅面向合格投资者公开发行。

（二）不得再次发行债券的情况

我国《证券法》第19条规定有下列情形之一的，不得再次公开发行公司债券：

（1）前一次公开发行的公司债券尚未募足；

（2）对已公开发行的公司债券或者其他债务有违约或者延迟支付本息的事实，仍处于继续状态；

（3）违反本法规定，改变公开发行公司债券所募资金的用途。

根据《公司债券发行与交易管理办法》，有下列情形之一的，不得再次公开发行公司债券：

（1）最近36个月内公司财务会计文件存在虚假记载，或公司存在其他重大违法行为；

（2）本次发行申请文件存在虚假记载、误导性陈述或者重大遗漏；

（3）对已发行的公司债券或者其他债务有违约或者迟延支付本息的事实，仍处于继续状态；

（4）严重损害投资者合法权益和社会公共利益的其他情形。

此外，《企业债券管理条例》规定了发行企业债券的条件，如下所示：

（1）企业财务会计制度符合国家规定；

（2）具有偿债能力；

（3）企业经济效益良好，发行企业债券前连续三年盈利。

二　我国公司债券发行的申报与审核

为落实国务院贯彻实施《证券法》的工作部署，根据中国证监会的总体安排，公开发行公司债券自2020年3月1日起实行注册制。上海证券交易所也正式发布《关于上海证券交易所公开发行公司债券实施注册制相关业务安排的通知》

公开发行的发行人应当按照中国证监会信息披露内容与格式的有关规定编制和报

送公开发行公司债券的申请文件。自 2020 年 3 月 1 日起，申请面向普通投资者或者专业投资者公开发行公司债券（不含可转换公司债券）并在上交所上市的，由上交所负责发行上市受理、审核，并由中国证监会进行发行注册。

《公司债券发行与交易管理办法》第 29 条明确规定，非公开发行公司债券实行备案制，备案主体为承销机构或依法自行承销的发行人，备案时间为每次发行完成后 5 个工作日内，备案机关为中国证券业协会。

三　发行与承销的一般程序

（一）提出发行方案

一般从发行公司筹划发行方案开始，投资银行便参与其中，发行方案的核心是确定一个合适的总体筹资方案，即在对公司的经营情况和财力状况进行认真分析的基础上，确定发行规模、偿还期限及方式、资金成本等具体发行参数，并编制详细的发行计划。发行计划主要涉及发行金额、资金用途、债券的期限及利率、发行范围、发行方式、公司现有资产、收益分配状况、筹资项目的可行性研究或经济效益预测、还本付息的资金来源等问题。

（二）董事会表决

发行方案需要经过公司董事会表决。法律规定，发行计划由 2/3 以上的董事出席且超过半数的出席董事通过方为有效。董事会的决议应包括公司债券发行的总额、券面金额、发行价格、利率、发行日、偿还期限及还本付息方式等内容，而发行利率的确定主要取决于债券的信用评级。

（三）签订相关合同

在发行方案通过后，与各个中介机构签订各类合同，包括发行合同、担保合同、与承销商的正式承销合同等。

（四）上报发行文件

在董事会表决通过发行方案的基础上，会形成正式对政府主管机构上报的发行申请文件。无论是在发行制度管理上采取注册制的国家，还是核准制的国家，这一过程都必不可少。只有在政府主管机构注册生效或经过其批准的发行方案，才能正式组织发行实施。在上级政府主管机关的发行文件中，还必须明确发行公司所选择的承销机构。

（五）发布募集公告

经过政府主管机构注册生效或批准后，债券募集书才能在公开刊物上刊登，就募集的全部内容和细节告知投资者。

（六）承销商出售债券

承销商根据认购者提出的认购额按照发行总额与认购总额的情况分配相应的份额

给认购者。认购者在规定的交款期内将认购款交入承销商指定的账户内。

（七）收到认购款并支付承销费用

承销商在交款期过后将款项转入发行公司的指定账户内，并将认购者的名单和数量移交给发行公司和托管机构。发行公司将相应的承销费用付给承销商。

《公司债券发行与交易管理办法》第四节规定了发行与承销管理的相关要求，具体如下。

（1）发行公司债券应当由具有证券承销业务资格的证券公司承销。

取得证券承销业务资格的证券公司、中国证券金融股份有限公司及中国证监会认可的其他机构非公开发行公司销售。

（2）承销机构承销公司债券，应当依据本办法以及中国证监会、中国证券业协会有关尽职调查、风险控制和内部控制等相关规定，制定严格的风险管理制度和内部控制制度，加强定价和配售过程管理。

（3）承销机构承销公司债券，应当依照《证券法》相关规定采用包销或者代销方式。

（4）发行人和主承销商应当签订承销协议，在承销协议中界定双方的权利义务关系，约定明确的承销基数。采用包销方式的，应当明确包销责任。公开发行公司债券，依照法律、行政法规的规定应由承销团承销的，组成承销团的承销机构应当签订承销团协议，由主承销商负责组织承销工作。公司债券发行由两家以上承销机构联合主承销的，所有担任主承销商的承销机构应当共同承担主承销责任，履行相关义务。承销团由三家以上承销机构组成的，可以设副主承销商，协助主承销商组织承销活动。承销团成员应当按照承销团协议及承销协议的约定进行承销活动，不得进行虚假承销。

（5）公司债券公开发行的价格或利率以询价或公开招标等市场化方式确定。发行人和主承销商应当协商确定公开发行的定价与配售方案并予以公告，明确价格或利率确定原则、发行定价流程和配售规则等内容。

（6）发行人和承销机构不得操纵发行定价、暗箱操作；不得以代持、信托等方式谋取不正当利益或向其他相关利益主体输送利益；不得直接或通过其利益相关方向参与认购的投资者提供财务资助；不得有其他违反公平竞争、破坏市场秩序等行为。

（7）公开发行公司债券的，发行人和主承销商应当聘请律师事务所对发行过程、配售行为、参与认购的投资者资质条件、资金划拨等事项进行见证，并出具专项法律意见书。公开发行的公司债券上市后十个工作日内，主承销商应当将专项法律意见随同承销总结报告等文件一并报中国证监会。

（8）发行人和承销机构在推介过程中不得夸大宣传，或以虚假广告等不正当手段诱导、误导投资者，不得披露除债券募集说明书等信息以外的发行人其他信息。承销机构应当保留推介、定价、配售等承销过程中的相关资料，并按相关法律法规规定存档备查，包括推介宣传材料、路演现场录音等，如实、全面反映询价、定价和配售过程。相关推介、定价、配售等的备查资料应当按中国证券业协会的规定制作并妥善保管。

（9）中国证券业协会应当制定非公开发行公司债券承销业务的风险控制管理规定，根据市场风险状况对承销业务范围进行限制并动态调整。

四　公司债券发行定价

在发行定价及承销费用的收取方面，公司债券与股票有着较大的区别。

影响股票定价的因素有多种，既有来自公司内部的，也有公司外在的因素。其中有些因素对于发行公司的承销商来说是可以预测和控制的，有些则不然，诸多的不确定因素使股票的发行定价充满了机会，同时也潜藏着风险，股票的发行定价往往和上市之后的价格相去甚远。债券相对于股票而言，由于其确定的利息偿付承诺以及法律上既定的优先索偿地位，不确定因素对债券价格的影响要小得多。在实际操作中，债券价格是按照风险大体相当，偿还期限相等，则投资收益率应该大体一致的原则来确定的。

影响债券定价的因素主要有：

（1）资金市场或金融市场上资金供求状况及利率水平。这可以通过在市场上搜集相关信息而取得。

（2）发行公司的资信状况。可通过聘请权威的评估机构进行评估，如美国标准普尔公司或穆迪投资者服务公司，其评定的信用级别在国际上受到普遍认同。

（3）政府的金融政策，尤其是货币政策，这只能进行跟踪分析做出大致判断，但政府货币政策变化的不确定性会改变投资者的预期收益率，从而使债券在承销阶段就产生潜在的风险或机会。这一现象源于债券价格对货币政策极强的联动性，因为债券价格的制定，是参照市场利率，按照风险与收益之间存在的相关变化规律确立的。当市场利率上升时，为保证债券的投资人也能获得与利率上升相对应的较高收益率，必然要降低债券本身的价格；反之，当市场利率下降时，债券的价格就要上升，以保持债券与市场上其他类似的证券有相当的收益率。比如，1979年10月，美国的IBM公司发行债券，承销商组织了承销辛迪加来销售IBM公司的债券。此时，美联储紧缩银根，上调了金融市场短期利率。结果IBM公司的债券价格陡然暴跌，承销商根本无法按照原定的发行条件把新债券销售出去，造成了很大的损失。

实践中，债券的发行价格一般是以同期限的国债利率为基础上浮一定的利差，或者在某个特定的债券利率水平上溢价或贴现确定，以此反映出强劲或偏弱的市场状况。

五　公司债券信用评级

（一）债券信用评级的含义及方法

所谓债券信用评级，是指从还本付息的可靠程度和信用度两方面对债券评定等级。评级机构必须独立于发行者、承销商和其他相关机构。由于政府往往也是证券发行者，因此评级机构还必须独立于政府。

债券评级制度始于美国，通过拥有大量债券分析、会计、统计、财务专家的专业评级机构进行。现在全球最权威的债券评级机构是标准普尔公司和穆迪投资者服务公司等几家。它们依据下列标准对一家公司所发行的某种债券进行评级。

（1）该债券违约的可能性，即债务人根据负债条件按期还本付息的能力。这主要与公司的基本面状况有关系，涉及公司的发展前景，即分析公司所处的行业性质是"朝阳产业"还是"夕阳产业"；公司在同行业中竞争力如何；原料进货和成品销售渠道是否畅通等；公司的财务状况，与公司还本付息能力最为密切的指标是流动比率、速动比率、周转率等指标。

（2）公司本身的信用状况，包括公司还款拖欠状况等。

（3）债券发行时的约定条件包括公司发行债券时有无担保或抵押，在公司发生危机时的债务清偿顺序等因素。

（4）如果发行的是外国债券或者国际债券，还需要对发行国的社会、经济、政治环境加以分析，作为债券评级的另一因素。

（二）债券信用评级的级别

为了方便投资者识别信用级别，评级机构都会以比较简明的方式公布对债券的评级。比如，标准普尔公司把债券的评定分为四等十级，即 AAA、AA、A、BBB、BB、B、CCC、CC、C、D。穆迪公司大致给债券划分为三等九级，即 Aaa、Aa、A、Baa、Ba、B、Caa、Ca、C。（见表4－6）

表4－6　　　　　　　　　标准普尔公司和穆迪公司的债券级别和含义

标准普尔公司		穆迪公司	
AAA	最高级	Aaa	最高质量
AA	高级	Aa	高质量
A	中上级	A	上中质量
BBB	中级	Baa	下中质量
BB	中下级	Ba	投机性因素
B	投机级	B	通常不值得正式投资

续表

标准普尔公司		穆迪公司	
CCC	完全投机级	Caa	可能违约
CC	最大投机级	Ca	高度投机性，经常违约
C	规定盈利付息但未能	C	最低级

现以标准普尔公司评定债券的信用等级为例，说明其表示的具体含义。

AAA：表示最高级债券，其还本付息能力最强，投资风险最低。

AA：高级债券，有很强的还本付息能力，但保证程度略低于 AAA 级，投资风险略高于 AAA 级。

A：中上级债券，表示有较强的还本付息能力，但可能受环境和经济条件的不利影响。

BBB：中级债券，有足够的还本付息能力，但是环境和经济条件的不利变化可能导致偿付能力削弱。

BB：中下级债券，债券还本付息能力有限，具有一定的投资风险。

B：投机级：具有可能损害其偿还本息能力或意愿的不利情况，风险较高。

CCC：完全投机级，现在就有可能违约，风险很高。

CC：最大投机级，风险最高。

C：低级债券，一般表示未能付息的收益债券，规定盈利时付息但未能盈利付息。

D：违约债券，违约，但仍有一些残余价值。

第四节　金融债券

金融债券是由银行和非银行金融机构发行的债券。在欧美等市场经济成熟国家，金融机构通常都是公司制企业，其发行的债券也属于公司债券，并不单独归类；而在我国和日本等国家，将金融机构发行的债券单列为金融债券。

发行金融债券的主要目的有：（1）增强负债的稳定性。金融债券的偿还期限通常较长，有些甚至达几十年，金融债券这种长期负债比金融机构吸收存款具有更高的稳定性。（2）扩大资产业务，金融机构可以根据需要，灵活地发行金融债券，改变其根据负债结构和负债规模确定资产结构与规模的传统业务特征。由于金融债券是凭借发行主体的信用发行的，因此，一般只有规模大、自信状况良好、信誉优良的金融机构才能获准发行。

按发行主体的不同，我国金融债券主要包括政策性金融债券和金融企业债券两种。

前者政策性金融债券是政策性银行在银行间债券市场发行的金融债券，政策性银行包括国家开发银行、中国进出口银行、中国农业发展银行。后者包括商业银行债券（具体有商业银行金融债券、商业银行次级债券、混合资本债券）、证券公司债券、保险公司次级债、财务公司债券等。（见表4-7）

表4-7　　　　　　　　　　　2020年6月金融债券的发行量

项目	本月		上半年累计	
	面额（亿元）	同比（%）	面额（亿元）	同比（%）
政策性银行债	5004.00	72.30%	26319.50	26.22%
其中：国家开发银行	2203.90	53.93%	12321.80	17.74%
中国进出口银行	1526.20	122.19%	7223.90	88.56%
中国农业发展银行	1273.90	62.18%	6773.80	3.33%
商业银行债券	662.00	26.58%	8264.10	33.77%
其中：普通债	34.00	-51.43%	3849.80	142.13%
次级债	0.00		0.00	
混合资本债	0.00		0.00	
二级资本工具	586.00	1005.66%	1543.30	54.45%
其它一级资本工具	42.00	-89.50%	2871.00	139.25%
非银行金融机构债券	12.00	-91.01%	1224.50	8.89%

资料来源：中国债券信息网。

一　政策性金融债券

政策性金融债券是指我国政策性银行（国家开发银行、中国进出口银行、中国农业发展银行）为筹集信贷资金，经国务院、中国人民银行（银行监督管理委员会）批准，采用市场化发行或计划派购的方式，向国有商业银行、区域性商业银行、商业保险公司、城市合作银行、农村信用社以及邮政储汇局等金融机构发行的金融债券。

政策性金融债券为无纸化债券，由中央国债结算有限责任公司负责托管登记，各承销商和认购人均在中央国债登记有限责任公司开设托管账户，中央国债登记有限责任公司接受政策性银行的委托办理还本付息业务。政策性金融债券可在银行间债券市场上流通，进行现券买卖和抵押回购操作，已成为各金融机构的重要投资工具。同时也成为中央银行执行货币政策、进行公开市场业务的操作工具之一。

目前，政策性金融债券根据期限长短分有三个月、六个月、一年期、二年期、三年期、五年期、七年期、十年期、二十年期、三十年期。按性质分有浮动利率债券、固定利率债券、投资人选择权债券、发行人选择权债券以及增发债券等；根据付息方式又可分为到期一次还本付息的单利债券和逐年付息的附息债券。

（一）政策性金融债券的发行审核

准备发行政策性金融债券的银行根据实际需要，按照规定的要求和程序向中国人民银行总行报送本单位发行政策性金融债券的计划，其主要内容包括：（1）政策性金融债券的发行额度；（2）政策性金融债券的面额；（3）政策性金融债券的发行条件；（4）政策性金融债券的转让、抵押等规定；（5）政策性金融债券的发售时间与发售方式；（6）所筹集资金的运用。

同时，中国人民银行总行（银行监督管理委员会）根据信贷资金的平衡情况确定政策性金融债券的年度发行额，并向各银行与非银行金融机构下达发行金融债券的指标。

（二）政策性金融债券的发行方式

第一，计划派购方式。2000 年以前，政策性银行筹集资金一般通过行政手段实行指令性派购发债，即每年根据项目贷款的需要和还本付息额确定当年资金缺口，以此为依据确定当年的发债规模；再参照各商业银行新增贷款规模的一定比例，确定向各商业银行的派购额。发行利率基本上也是通过行政的方法决定的。

第二，市场化发行方式。政策性金融债券的市场化发行，是指政策性银行通过市场公开发行金融债券的行为。市场化发行一般采取承购包销指标发行方式，由发行人通过市场公开招标，符合条件的承销商可以参加投标，发行利率或收益率由承销团通过竞标确定。目前政策性金融债券的发行由各大商业银行和商业保险公司组成承销团竞标承销；未能进入承销团的其他金融机构通过承销团成员分销购买政策性金融债券。

1994 年 4 月，国家开发银行采用计划派购方式发行政策性金融债券，从此拉开了政策性金融债券的发行序幕。随着金融体制改革的发展，政策性银行的筹资机制也进行了实质性的改革，由计划派购的发行方式向市场化的发行方式转化。在中国人民银行的大力支持下，国家开发银行于 1998 年 9 月 2 日首次成功地运用市场化招标方式发行了 50 亿元 1 年期金融债券，从而实现了计划派购发行向市场化发行的过渡。截至 2005 年 5 月，政策性银行通过市场累积发行金融债券 5000 亿元，市场化发行已经成为政策性金融债券一级市场发展的主流。

（三）发行程序

（1）由发行人向承销商发出通知，事先公布发行文件，详细说明本次发行的具体情况。发行文件一般包括以下内容：发行人、发行数量、期限、面额、票面利率、发行方式等。中国人民银行规定，发行文件必须提前三天予以公告。

（2）承销商向分销商发出分销邀请书和空白认购承诺书，并将有关发行资料传真给分销商。

（3）分销商在接到分销邀请后，在认购承诺书上填写投标的价位和拟认购的数量，并加盖公章后反馈给承销商。

（4）承销商拟定投标方案。如果分销商向承销商报出的价位不符合发行人最高或最低投标位的限制，则不予投标，并通知分销商。

（5）承销商在中央国债登记结算有限责任公司政府债券发行系统的终端上进行投标。

（6）中央国债登记结算有限责任公司向承销商发出债券登记确认通知。

（7）如果中标，承销商通知分销对象，并与分销商签订分销协议书。

（8）分销对象按照协议的规定，将认购款及时划入承销商指定的账户。

（9）承销商在债券缴款期限内将认购款划入发行人指定的账户。

（10）发行人在确认资金到账后，委托中央国债登记结算有限责任公司将债券过户到承销商债券账户。

（11）承销商在确认资金到账后，委托中央国债登记结算有限责任公司将债券过户到分销商债券账户，过账户手续完成后，中央国债登记结算有限责任公司向认购人出具债券余额确认书。

（12）在收到发行人支付的发行手续费后，承销商依照约定支付给分销商。

二　金融企业债券

2003年以后，我国金融企业获准通过发行债券筹资，这类债券称为金融企业债券，可发行债券的金融企业包括商业银行、证券公司和企业集团财务公司。

（一）商业银行发行金融债券应具备的发行条件

（1）具有良好的公司治理机制；

（2）核心资本充足率不低于4%；

（3）最近三年连续盈利；

（4）贷款损失准备计提充足；

（5）风险监管指标符合监管机构的有关规定；

（6）最近三年没有重大违法违规行为；

（7）中国人民银行要求的其他条件。

根据商业银行的申请，中国人民银行可以豁免前款所规定的个别条件。

商业银行发行债券由中国人民银行审批，并在银行间债券市场交易。

（二）证券公司发行金融债券应具备的条件

证券公司债券经批准可以向社会公开发行，也可以向合格投资者定向发行。

证券公司公开发行债券，除应当符合《公司法》规定的条件外，还应当符合下列要求：

（1）发行人为综合类证券公司；

（2）最近一期期末经审计的净资产不低于 10 亿元；

（3）各项风险监控指标符合中国证监会的有关规定；

（4）最近两年内未发生重大违法违规行为；

（5）具有健全的股东会、董事会运作机制及有效的内部管理制度，具备适当的业务隔离和内部控制技术支持系统；

（6）资产未被具有实际控制权的自然人、法人或其他组织及其关联人占用；

（7）中国证监会规定的其他条件。

证券公司定向发行债券，除应当符合《公司法》规定的条件外，还应当符合前条第（4）、（5）、（6）、（7）、（8）项规定的要求，且最近一期期末经审计的净资产不低于 5 亿元。

公开发行的债券应当申请在证券交易所挂牌集中竞价交易。经中国证监会批准的，也可采取其他方式转让。

证券公司债券申请上市应当符合下列条件：

（1）债券发行申请已获批准并发行完毕；

（2）实际发行债券的面值不少于 5000 万元；

（3）申请上市时仍符合公开发行的条件；

（4）中国证监会规定的其他条件。

中国证监会依法对证券公司债券的发行和转让行为进行监督管理。

（三）企业集团财务公司发行金融债券应具备以下条件

（1）具有良好的公司治理机制；

（2）资本充足率不低于 10%；

（3）风险监管指标符合监管机构的有关规定；

（4）最近三年没有重大违法违规行为；

（5）中国人民银行要求的其他条件。

企业集团财务公司发行金融债券由中国人民银行进行监督管理，发行和流通市场为银行间债券市场。

三　商业银行次级债

在金融企业债券中，我国商业银行发行的次级债券成为主要的金融债券。通过发行次级债券可以补充附属资本，提高银行的资本充足率。

需要注意的是，随着"中国版"巴塞尔协议Ⅲ于 2013 年 1 月 1 日起施行，监管层对银行资本作出更严格的规定。规定要求：商业银行从 2013 年起发行的次级债必须满足"含有核销或转股的条款"等 11 项标准，否则将被视为不合格资本工具，无法被计入监管资本，从而难以起到提高资本充足率的作用。"核销或转股条款"，即当发生触发事件时，该期债券将被立即核销或转为普通股，触发事件指以下两者中的较早者：一是银监会认定若不进行核销发行人将无法生存；二是银监会认定若不进行公共部门注资或提供同等效力的支持发行人将无法生存。核销实际就是100%减记，核销或转股会让银行偿还债务压力减轻，吸收损失抵抗风险的能力提高，但同时也增加了投资者损失本金的风险，为了提高次级债的吸引力，商业银行发行次级债需要付出风险溢价，所以次级债的发行成本也会增加。

2011年12月30日，商业银行全年累计发行次级债规模达到3132亿元，大幅超过股权融资额，创下历史最高水平。其中，工行发行880亿元次级债、农行发行500亿元、中行发行320亿元、建行发行400亿元、交行发行260亿元，共计2360亿元。也就是说，5家大型银行的次级债发行量超过全国总量的七成。次级债已经成为2011年银行最为青睐的资本补充方式。2012年商业银行次级债发行规模达2240.2亿元。商业银行从2013年起发行的次级债必须满足"含有核销或转股的条款"等11项标准的实行，提高了商业银行发行次级债的成本，2013年全年只发行了一只规模为2亿元的商业银行次级债，2014年到2018年的五年期间，没有发行商业银行次级债。（见表4-8）

表4-8　　　　　　　　　　近几年商业银行次级债的发行量　　　　　　　　单位：亿元

年份	2011	2012	2013	2014	2015	2016	2017	2018
发行量	3132	2240	2	0	0	0	0	0

资料来源：中国债券信息网各年数据汇总。

（一）商业银行次级债的基本概念

商业银行次级债券（以下简称"次级债券"）是指商业银行发行的，本金和利息的清偿顺序列于商业银行其他负债之后、先于商业银行股权资本的债券。经中国银行业监督管理委员会批准，次级债券可以计入附属资本。

2004年6月17日，中国人民银行和中国银行业监督管理委员会联合下发《商业银行次级债券发行管理办法》。

商业银行次级债券可在全国银行间债券市场公开发行或私募发行。商业银行在全国银行间债券市场发行次级债券必须经由中国人民银行批准。

中国人民银行和中国银行业监督管理委员会依法对次级债券发行进行监督管理。中国银行业监督管理委员会负责对商业银行发行次级债券资格进行审查，并对次级债券计入附属资本的方式进行监督管理；中国人民银行对次级债券在银行间债券市场的发行和交易进行监督管理。

（二）次级债券发行申请及批准

商业银行公开发行次级债券应具备以下条件：

（1）实行贷款五级分类，贷款五级分类偏差小；

（2）核心资本充足率不低于 5%；

（3）贷款损失准备计提充足；

（4）具有良好的公司治理结构与机制；

（5）最近三年没有重大违法违规行为。

商业银行以私募方式发行次级债券或募集次级定期债务应符合以下条件：

（1）实行贷款五级分类，贷款五级分类偏差小；

（2）核心资本充足率不低于 4%；

（3）贷款损失准备计提充足；

（4）具有良好的公司治理结构与机制；

（5）最近三年没有重大违法违规行为。

中国银行业监督管理委员会自受理商业银行发行次级债券申请之日起 3 个月内，对商业银行发行次级债券进行资格审查，并做出批准或不批准的书面决定，同时抄送中国人民银行。中国人民银行自收到中国银行业监督管理委员会做出的批准文件之日起 5 个工作日内决定是否受理申请，中国人民银行决定受理的，应当自受理申请之日起 20 日内做出批准或不批准的决定。

商业银行持有的其他银行发行的次级债券余额不得超过其核心资本的 20%。

（三）次级债券的发行

商业银行发行次级债券应聘请证券信用评级机构进行信用评级。

商业银行次级债券的发行可采取一次足额发行或限额内分期发行的方式。发行人根据需要，分期发行同一类次级债券，应在募集说明书中详细说明每期发行时间及发行额度。若有变化，发行人应在每期次级债券发行 15 日前将修改的有关文件报中国人民银行备案，并按中国人民银行的要求披露有关信息。

发行次级债券时，发行人应组成承销团，承销团在发行期内向其他投资者分销次级债券。

次级债券的承销可采用包销、代销和招标承销等方式；承销人应为金融机构，并须具备下列条件：

（1）注册资本不低于 2 亿元人民币；

（2）具有较强的债券分销能力；

（3）具有合格的从事债券市场业务的专业人员和债券分销渠道；

（4）最近两年内没有重大违法违规行为；

（5）中国人民银行要求的其他条件。

次级债券私募发行时，发行人可以免予信用评级；私募发行的次级债券只能在认购人之间进行转让。次级定期债务，经批准可比照私募发行的次级债券转让方式进行转让。

第五节　短期融资券的发行

2005 年 5 月 24 日，中国人民银行颁布《短期融资券管理办法》，此后，我国短期融资券市场发展迅猛。国内《短期融资券管理办法》仅适用于非金融企业发行融资券，根据《证券公司短期融资券管理办法》，国泰君安证券公司于 2013 年 4 月发行了 6 亿元 91 天期融资券，《证券公司融资融券业务管理办法》也于 2015 年 6 月 3 日由中国证券监督管理委员会审议通过并施行。企业融资券在发行频率和规模上遥遥领先，主要是由于较高银行贷款利率与较低货币市场利率之间产生的套利机会。如"中国五矿"一年期融资券发行利率为 2.923%，而同期限银行贷款利率为 5.58%，发行量 15 亿元人民币，不考虑承销费等发行成本，共可为企业节约利息费用 3900 多万元。

短期融资券，是指企业依照中国人民银行颁布的《短期融资券管理办法》规定的条件和程序在银行间债券市场发行和交易并约定在一定期限内还本付息的有价证券。短期融资券对银行间债券市场的机构投资人发行，只在银行间债券市场交易，短期融资券不对社会公众发行。短期融资券在国外被称为商业票据，是企业发行的短期债券。

一　短期融资券的发行条件

企业申请发行融资券应当符合下列条件：
（1）是在中华人民共和国境内依法设立的企业法人；
（2）具有稳定的偿债资金来源，最近一个会计年度盈利；
（3）流动性良好，具有较强的到期偿债能力；
（4）发行融资券募集的资金用于本企业生产经营；
（5）近三年没有违法和重大违规行为；
（6）近三年发行的融资券没有延迟支付本息的情形；
（7）具有健全的内部管理体系和募集资金的使用偿付管理制度；
（8）中国人民银行规定的其他条件。

此外，企业发行融资券，均应经过在中国境内工商注册且具备债券评级能力的评级机构的信用评级，并将评级结果向银行间债券市场公示。近三年内进行过信用评级并有跟踪评级安排的上市公司可以豁免信用评级。

我国对企业发行融资券实行余额管理。待偿还融资券余额不超过企业净资产的

40%。融资券的期限最长不超过 365 天。发行融资券的企业可在上述最长期限内自主确定每期融资券的期限。融资券发行利率或发行价格由企业和承销机构协商确定。

二 短期融资券发行申请与发行制度

（一）发行短期融资券须提交的材料

企业申请发行融资券应当通过主承销商向中国人民银行提交下列材料：

（1）发行融资券的报告；

（2）董事会同意发行融资券的决议或具有相同法律效力的文件；

（3）主承销商推荐函（附尽职调查报告）；

（4）融资券募集说明书（附发行方案）；

（5）信用评级报告全文及跟踪评级安排的说明；

（6）经注册会计师审计的企业近三个会计年度的资产负债表、损益表、现金流量表及审计意见全文；

（7）律师出具的法律意见书（附律师工作报告）；

（8）偿债计划及保障措施的专项报告；

（9）关于支付融资券本息的现金流分析报告；

（10）承销协议及承销团协议；

（11）《企业法人营业执照》（副本）复印件；

（12）中国人民银行要求提供的其他文件。

（二）短期融资券的发行制度：注册制

2007 年 9 月 3 日中国银行间市场交易商协会成立，它是由市场参与者自愿组成的，包括银行间债券市场、同业拆借市场、外汇市场、票据市场和黄金市场在内的银行间市场的自律组织，会址设在北京，为全国性的非营利性社会团体法人，协会业务主管单位为中国人民银行。

在交易商协会成立之前，短期融资券发行采用在中国人民银行备案的制度，《短期融资券管理办法》规定，符合发行条件的公司将要求的相关材料报送中国人民银行，由其根据规定的条件和程序向企业下达备案通知书，并核定融资券的最高余额。

2008 年 4 月，中国人民银行颁布了《银行间债券市场非金融企业债务融资工具管理办法》，根据该办法，交易商协会出台了一系列相关规则和指引，初步构建起注册制管理框架。

2012 年 8 月，交易商协会发布了《非金融企业债务融资工具注册文件要件和信息披露表格体系》（以下简称《表格体系》），这是交易商协会对于注册文件要件和信息披露体系进行的一次系统化总结和梳理，并最终以表格化的形式固定下来。其中，要件表格体系全面列示了申请债务融资工具注册时，发行人和相关中介机构必须提供的文件材料；信息披露文件表格体系则详细列示了发行债务融资工具时，发行人在募集说明书等披露文件中的信息披露要求。

同时，"非金融企业债务融资工具注册信息系统"（简称"孔雀开屏系统"）正式上线。该系统是交易商协会借鉴美国 SEC 的注册工作方法，将各主承销商上报的注册文件的初稿、协会审核后的定稿、协会反馈建议等信息通过协会网站对外公开披露，以此强化市场对承销商和发行人行为的监督约束，实现注册工作的公平公正、公开透明。

这意味着交易商协会在经过多年的债券市场发展后，在充分汲取国外成熟市场经验并结合国内市场实践的基础上，对于债券发行"注册制"管理的又一次重要变革与升华。

国外注册机制与信息披露

"注册制"以美国为代表，其具体程序为：发行人先选择主承销商——主承销进行项目设计并向监管部门提交材料——监管部门对申报文件的全面性、真实性、准确性和及时性做形式审查——在法定期间内监管部门无异议即代表发行申请自动生效。在该机制下，监管部门不对发行行为及债券本身做价值判断。

在"注册制"下，信息披露显得尤其重要。发达国家的监管部门并不对债券的发行和交易进行严格审批，主要通过严格的信息披露制度来规范债券市场。在美国，债券的监管主要集中在债券上市、发行人信息公开、禁止不当交易以及证券事故的处理方面。信息披露是监管的重要内容，其债券管理具有一套综合的披露制度，包括初次发行的信息披露和在上市交易之前的信息披露以及之后的定期报告。美国《证券法》和《证券交易法》对披露文件的内容和格式都做了严格规定，其信息披露采用完全披露原则，对发行人的内部状况给予全面、准确、及时的公开，严禁错误信息和各种欺骗信息的传播。

我国债务融资工具市场关于注册制的探索与实践

我国的债券市场在很长一段时间内都是以行政审批为主，限制了债券市场的发展。2007 年，交易商协会对债务融资工具实施注册管理，实现了从备案核准制到注册制的重大制度转变。交易商协会自成立初始，就致力于国内债券市场的发展创新以及注册机制的实践探索，实施以发行人信息披露为核心、投资者风险自担为基础、中介机构尽职履责为保障的注册制管理，促进了直接债务融资市场的快速增长。我国信用债市场规模从 2004 年的 2431 亿元增长至 2011 年的 5.1 万亿元，其中在交易商协会注册的债务融资工具市场存量突破 3 万亿元，占我国直接债务融资规模的 60% 以上。

迄今为止，交易商协会对于注册制的实践探索，可分为三个阶段。[①]

第一阶段：探索与起步。2008 年交易商协会发布了《银行间债券市场非金融企业债务融资工具发行注册规则》与《银行间债券市场非金融企业债务融资工具信息披露规则》等一系列重要制度，对非金融企业债务融资工具的定义、注册发行程序与信息披露做出了初步规定，基本构建了目前非金融企业债务融资工具注册制的主要框架。

第二阶段：发展与完善。2009 年，随着债券市场的快速发展，交易商协会根据非金融企业债务融资工具实际运行情况与存在问题，对《注册规则》进行了修订，同时发关布关于完善《信息披露规则》的公告，对境外上市公司、信用增进公司的信息披露标准作出了规定，信息披露的覆盖范围扩大、内容更加全面。此外，协会还连续出台了《债券市场行为守则》和《自律规则》等配套制度，标志着债务融资工具发行注册机制的进一步细化与完善。

第三阶段：变革与升华。2012 年，面对历经数年发展，已成为直接债务融资市场主力军的非金融企业债务融资工具，交易商协会首次修订了《信息披露规则》，规则条款由原先的 21 条扩充到 39 条，加强了对投资人的保护，也推动发行人强化内部管理制度，改善法人治理。同时，交易商协会还制定了《非金融企业债务融资工具市场自律处分规则》，初步建立起较为全面的自律规范体系，并进一步体现了"市场的事情市场解决"的原则。加上配合最新披露规则制定的《表格体系》与旨在实现注册全流程公开透明化的"孔雀开屏系统"，本年交易商协会的种种举动，无疑是在多年债券市场实践与经验沉淀的基础上，对于债券发行注册制管理的又一次变革与升华。

《表格体系》和"孔雀开屏系统"是"注册制"走向成熟的标志。

《表格体系》与"孔雀开屏系统"的推出，是对债券发行注册制管理的有益补充与升华，标志着注册制走向成熟。

（1）新体系大大促进了信息披露的标准化与规范化。信息披露的标准化和规范化是注册制的基础。表格体系的推行将有利于建立"买卖自由，买者自负"的市场化机制，有利于实现债务融资工具市场的自律管理。

（2）借力《表格体系》，能够更便捷地开展工作。《表格体系》全面列示了申请债务融资工具注册时，发行人和相关中介机构必须提供的文件材料，同时对募集说明书、发行公告、发行计划、财务报告、评级报告和法律意见书等披露文件中的信息披露要求以表格化形式进行了规范。这使得主承销商在前期开展尽职调查工作、把控注册文件质量与规范性上有据可依，有效降低了主承销商与发行人及其他中介机构的沟通成本，也有利于债券承销工作效率的进一步提高。

（3）《表格体系》有利于改进主承销商等中介机构工作方式方法。为了满足《表

---

① 资料来源：中国银行间市场交易商协会。债券发行"注册制"之路再竖里程碑。

格体系》对注册文件要件齐备与信息披露的要求，主承销商等中介机构将制定相适应的内部规程，并注重培养专业人员。从长期看，这有利于其改进工作方式方法，并逐步建立起一套完整有效的工作制度。

（4）"孔雀开屏系统"让主承销商更加重视注册文件质量，强化责任意识。通过"孔雀开屏系统"，在注册过程中主承销商提交的注册文件初稿、协会反馈建议等信息与资料都将面对全市场公开，主承销商的工作将接受发行人、投资人、其他主承销商与中介机构的监督与评价。主承销商不得不努力提升自身工作能力，以更加认真与负责的态度来对待债务融资工具的承销与注册，以维护其在市场上的形象与声誉。

（5）《表格体系》与"孔雀开屏系统"将使主承销商专业水平提升与注册制进一步完善形成良性循环。一方面，将带动主承销商自身专业水平的不断提升与信息披露的日趋规范与完善，并推动注册制进一步向前发展；另一方面，注册制的发展反过来又将对主承销商相关工作及信息披露提出更高要求。主承销商专业水平的提升与注册制逐步完善将进入良性循环，两者相辅相成，互相促进。

三　短期融资券的特点

（一）短期融资券的融资成本低于同期银行贷款

对商业银行流动资金贷款的替代，是短期融资券发行对商业银行最直接和最主要的影响。目前商业银行1年期短期流动资金贷款的基准利率为4.35%，而同期限短期融资券的收益率基本稳定在2.92%—2.95%。即使考虑到发行费用因素，短期融资券的融资成本也比银行贷款要低得多。融资成本的差异，使企业更愿意选择短期融资券这种低成本的融资工具。

（二）承销商扩展到商业银行，商业银行介入了传统的投资银行业务领域

短期融资券的承销商除了国有商业银行、国开行和一些股份制银行外，浙商银行和12家创新试点类证券公司也获得了承销资格。商业银行的加入，扩展了其投资银行业务的范围，使金融混业初具雏形。

（三）管理机构的简化

短期融资券管理机构仅为央行一家，而企业债券的发行和交易管理属于多头管理，此举大大提高了审批和监管的效率，也避免了出现风险时不同监管机构间的责任不清。

（四）在发行机制上，更为灵活，推动了市场创新

（1）发行人可在央行核准的发行限额内，根据自身资金需要和市场供求情况，自行灵活确定发行日期、发行规模和发行价格，而且取消了发行利率管制。

（2）短期融资券取消担保限制，是真正意义上的信用产品。

（3）在短期融资券市场的中介服务方面，坚持了市场化取向，建立了竞争和淘汰机制，通过市场自我选择的力量来确定中介服务机构。

（4）央行严格对发行人的信息披露监管，建立了包括发行信息披露、后续信息披露、重大事项临时公告等在内的整套信息披露制度，使投资者可以及时、便捷地获取发行人的有关信息，从而对投资风险做出识别和判断。

所有这些举措，使得短期融资券市场成为市场化程度很高的货币市场子市场，有力地推动了货币市场和债券市场的创新与发展。

第五章　基金的发行与交易

本章学习重点

- 基金的主要类型
- 证券投资基金设立及发行程序
- 封闭式证券投资基金的上市与交易
- 开发式证券投资基金的申购与赎回

第一节　基金的特征及其种类

一　基金的基本概念

基金是通过发售基金份额募集资金形成独立财产，交由基金管理人管理、基金托管人托管，以资产组合方式进行投资，基金份额持有人按其所持份额享受收益和承担风险的投资组织，也可以说，基金是一种利益共享、风险共担的集合投资方式。

基金是证券市场发展的必然产物，在发达国家已经有上百年的历史。作为社会化的理财工具，起源于英国的投资信托公司，到1890年，营运中的英国投资信托基金超过100家，以公债作为主要投资对象，在类型上主要是封闭式基金。进入20世纪，世界基金业发展的大舞台转移到美国，1924年3月21日，"马萨诸塞投资信托基金"在美国波士顿成立，这是世界上第一个公司型开放式基金。

截至2018年10月底，我国境内共有基金管理公司119家，其中中外合资公司44家，内资公司75家；取得公募基金管理资格的证券公司或证券公司资管子公司共

13 家，保险资管公司 2 家。以上机构管理的公募基金资产合计 13.43 万亿元。（见表 5-1）

基金的运作形式可以用图 5-1 概括：

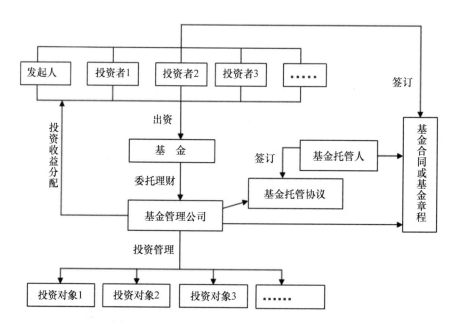

图 5-1 基金的组织与运作形式

从基金的组织与运作形式来看，基金主要有三方当事人。

（一）基金份额持有人

基金份额持有人是指持有基金份额的自然人和法人，即基金的投资人。他们是基金的所有者、受益者，同时也是基金投资风险的承担者。基金的一切投资活动都应以增加投资者的收益为目标，一切风险管理都应围绕保护投资者利益来考虑。因此，基金份额持有人是基金一切活动的出发点。

基金份额持有人承担以下责任：

（1）与其他基金份额持有人、基金管理人和基金托管人共同签署基金合同，并遵守基金合同。基金合同是基金成立的基础文件，约定基金各方当事人的责任、权利，并规定基金的投资方向和投资风格，因而，也是基金运作的基本依据；

（2）缴纳基金认购款项及规定的费用；

（3）承担基金亏损或终止的有限责任；

（4）不从事任何有损基金及其他基金投资人利益的活动。

基金份额持有人享有基金的知情权、表决权和收益权，具体包括：

（1）分享基金财产收益；

（2）参与分配清算后的剩余基金财产；

（3）依法转让或者申请赎回其持有的基金份额；

（4）按照规定的条件，要求召开、出席基金份额持有人大会（契约型基金）或基金股东大会（公司型基金），并就基金的重大事项行使表决权，例如，提前终止基金合同，基金扩募或者延长基金合同期限，转换基金运作方式，选择、更换基金管理人、基金托管人等；

（5）查阅或者复制公开披露的基金信息资料；

（6）对基金管理人、基金托管人、基金份额发售机构损害其合法权益的行为依法提起诉讼；

（7）基金合同约定的其他权利。

（二）基金管理人

基金管理人是指运用专门投资知识和专业投资技术，依据有关法规和基金合同的规定，运用所募集或管理的基金，进行综合投资，使基金资产不断增值，并使投资者获取收益的经营机构。基金管理人实际上掌控基金投资决策及其实施，因此，在基金运作中处于关键地位。

基金管理人负责拟订基金投资计划，指示托管人按照其投资决策处理基金资产，具体包括：

（1）对所管理的不同基金财产分别管理、分别记账，进行投资经营；

（2）按照基金合同的约定确定基金收益分配方案，及时向基金份额持有人分配收益；

（3）进行基金会计核算并编制基金财务会计报告，计算并公告基金资产净值，确定基金份额申购、赎回价格；

（4）编制中期和年度基金报告，办理与基金财产管理业务活动有关的信息披露事项。

基金管理人的行为实质是"受人之托，代人理财"，与基金份额持有人之间属于信托关系，因此，必须履行"信赖义务"。所谓"信赖义务"是指当事人之间基于信赖关系而产生的义务，其中包括"忠实义务"与"关心义务"。忠实义务强调"禁止利益冲突原则"，防止受托人与受益人之间的利益冲突；而关心义务强调受托人应以合理的注意和技能认真履行职责。因此，法律、法规禁止基金管理人从事以下行为：

（1）将其固有财产或者他人财产混同于基金财产从事投资经营；

（2）不公平地对待其管理的不同基金财产；

（3）利用基金财产为基金份额持有人以外的第三人牟取利益。

表 5 - 1 　　　　　　　　 2018 年我国管理规模前十的基金公司 　　　　　　 单位：亿元

1	天弘基金	17892.95	2004/11/8
2	易方达	6076.72	2001/4/7
3	工银瑞信	5463.61	2005/6/21
4	建信基金	4880.01	2005/9/19
5	博时基金	4423.17	1998/7/13
6	南方基金	4400.31	1998/3/6
7	华夏基金	3988.08	1998/4/9
8	招商基金	3921.06	2002/12/27
9	嘉实基金	3784.2	1999/3/25
10	中银基金	3624.89	2004/8/12

资料来源：各基金公司数据整合。

（三）基金托管人

基金托管人是指依据基金运行中管理与保管分开的原则监督基金管理人和保管基金资产的机构，通常由有实力的商业银行或信托投资公司担任。基金募集成立后，存入基金托管人设立的专门账户，基金托管人成为基金资产的保管人与名义持有人，并代表基金份额持有人权益的监督基金管理人的投资活动。一般来说，基金托管人、基金管理人应当在行政上、财务上相互独立，其高级管理人员不能在对方兼任任何职务。

基金托管人的职责包括以下几点。

（1）安全保管基金财产。按照规定开设基金财产的资金账户和资产账户，对所托管的不同基金财产分别设置账户，确保基金财产的完整与独立。

（2）按照基金合同的约定，根据基金管理人的投资指令，及时办理清算、交割事宜。同时，按照规定监督基金管理人的投资运作，如果基金管理人的投资活动不符合法律、法规和基金合同，违背基金份额持有人利益，基金托管人有权拒绝执行投资指令。

（3）复核、审查基金管理人计算的基金资产净值和基金份额申购、赎回价格，对基金财务会计报告、中期和年度基金报告出具意见，办理与基金托管业务活动有关的信息披露事项。

二　基金的种类

按照不同的标准，可以对基金进行不同方式的分类。

（一）公募基金和私募基金

根据基金份额发售范围的不同，可以划分为公募基金和私募基金。

　　公募基金是指向社会公众公开发布信息并发行基金份额而成立的基金，社会公众均可成为基金份额持有人。由于涉及投资者范围非常广泛，各国都对公募基金的发行建立注册制度或审核制度，实施严格监管，并要求发起人在募集基金时必须使用公开招募说明书。

　　私募基金是指在有限范围内向特定投资者发行基金份额而成立的基金，投资者一般是大的金融机构和富有的个人。由于发行对象特定，许多国家对私募基金的发行监管比较宽松，不需要注册或审核，也不需要公布招募说明书。截至2018年11月，中国证券投资基金协会已登记私募基金管理人24418家，已备案私募基金75220只，管理基金规模12.79万亿元，私募基金管理人员工总人数24.55万人。

　　公募基金和私募基金的区别表现在以下方面。

　　（1）募集的对象不同。公募基金的募集对象是广大社会公众，即社会不特定的投资者。而私募基金募集的对象是少数特定的投资者，包括机构和个人。

　　（2）募集的方式不同。公募基金募集资金是通过公开发售的方式进行的，而私募基金则是通过非公开发售的方式募集，这是私募基金与公募基金最主要的区别。

　　（3）信息披露要求不同。公募基金对信息披露有非常严格的要求，其投资目标、投资组合等信息都要披露。而私募基金则对信息披露的要求很低，具有较强的保密性。

　　（4）投资限制不同。公募基金在投资品种、投资比例、投资与基金类型的匹配上有严格的限制，而私募基金的投资限制完全由协议约定。

　　（5）业绩报酬不同。公募基金不提取业绩报酬，只收取管理费。而私募基金则收取业绩报酬，一般不收管理费。对公募基金来说，业绩仅仅是排名时的荣誉，而对私募基金来说，业绩则是报酬的基础。

　　私募基金和公募基金除了一些基本的制度差别以外，在投资理念、机制、风险承担上都有较大的差别。

（二）封闭式基金和开放式基金

　　根据运作方式的不同，可以划分为封闭式基金和开放式基金。

　　封闭式基金是指预先确定基金份额的发行总额，一经成立后即封闭运行，在基金存续期内基金份额规模保持不变的基金。它意味着，在存续期内基金不接纳新增的投资者加入，也不向持有人赎回基金份额，基金份额持有人需要资金时可以在规定的场所转让其所持基金份额。

　　开放式基金是指基金份额的发行总额不固定，可以随时追加发行基金份额，并随时应投资者要求赎回基金份额的基金。它意味着，如果市场需求增加，基金将增加发行基金份额，接纳新投资者加入，基金规模随之扩大；如果市场需求减少，基金份额将被赎回，投资者退出，基金规模相应缩小。投资者申购或要求赎回基金份额的价格依据是基金份额的资产净值，即基金投资后形成的资产总额除以基金份额的总数。

（三）契约型基金和公司型基金

根据基金组织形式的不同，可以划分为契约型基金和公司型基金。

契约型基金是指以基金合同为基础，以集合信托方式组建的基金。

公司型基金是指以基金章程为基础，根据《公司法》的要求，以股份有限公司形式组建的基金。

契约型基金和公司型基金均根据信托契约将资金委托给基金管理人进行经营管理，但是，就基金本身的组织形式而言，存在以下区别：公司型基金是一家股份有限公司，具有法人资格，而契约型基金不具有法人资格；公司型基金的运行依据是基金章程，而契约型基金的运行依据是基金合同；公司型基金可以向银行等金融机构借款，而契约型基金不具有借取债务的主体资格；公司型基金的投资者是公司的股东，组成股东大会，选举董事会，并通过董事会聘任总经理，负责公司的日常管理，而契约型基金的投资者为信托受益人，组成基金份额持有人大会，在召开大会时对基金的重大事项进行表决，不存在类似于董事会、总经理的日常管理机构或管理者。

从世界范围来看，公司型基金在美国最为流行，美国的基金几乎都是公司型基金，而英国、日本、韩国以及我国的台湾地区的基金大多数属于契约型。我国的《证券投资基金法》规定，证券投资基金可以采取契约型基金、公司型基金或法律法规规定的其他形式，但是，我国目前已经发行的基金皆为契约型基金。

（四）证券投资基金、产业投资基金和风险投资基金

根据投资特性的不同，可以划分为证券投资基金、产业投资基金和风险投资基金。

证券投资基金投资于公开发行、上市交易的股票、债券等有价证券；产业投资基金主要对未上市企业进行股权投资或投资于特定的项目；风险投资基金则向种子期、创业期和成长初期的企业提供风险投资。

本章后面的内容主要涉及证券投资基金。

（五）股票基金、债券基金、混合基金、货币市场基金、期货基金和期权基金

在证券投资基金中，又可以根据投资对象的不同，可以进一步划分为股票基金、债券基金、混合基金、货币市场基金、期货基金、期权基金和基金的基金（见表5－2）等。

顾名思义，股票基金是指以股票为主要投资对象的基金；债券基金主要投资于政府债券、市政债券、公司债券和资产支持债券等；混合基金同时投资于股票和债券，各占一定比例；货币市场基金投资于货币市场金融工具，包括国库券、银行大额可转让存单、商业票据等；期货基金以期货合约为主要投资对象；期权基金以期权合约为主要投资对象。

表 5 - 2　　　　　　　　　　公募基金市场数据（2019 年 12 月份）

类别	封闭式	开放式						合计
		股票基金	混合基金	货币市场基金	债券基金	QDII	开放式合计	
净值（亿元）	16024.48	12992.62	18893.19	71170.56	27660.83	930.83	131648.03	147672.51
份额（亿份）	15214.30	9346.83	14784.25	71110.11	25687.88	794.05	121723.12	136937.42
基金数量（只）	861.00	1135.00	2593.00	335.00	1471.00	149.00	5683.00	6544.00

资料来源：中国证券投资基金协会网站。

（六）收入型基金、成长型基金和平衡型基金

根据投资风格的不同，可以划分为收入型基金、成长型基金和平衡型基金。

收入型基金是以给投资者获取最大当期收益作为投资目标的基金，其投资对象主要是利率较高的债券、业绩优良并且股息稳定的股票，从这些证券中取得较大的稳定的现金收入，从而使基金能够对其份额持有人定期派发现金收益；成长型基金是以追求资本长期增值为投资目标的基金，其投资对象主要是信誉好、具有长期盈利能力和长期成长前景的公司所发行的股票，这些股票的现金分红可能不高，但具有价值增长潜力，可能会实现较大的资本利得；平衡型基金是具有多重投资目标的基金，包括保护投资者本金安全、关注当期收入和保持资本长期增长，其投资对象比较分散，不同风险、收益状况的债券和股票各占一定比例。

由于投资目标和投资对象不同，基金的风险程度存在差异。其中，收入型基金追求稳健的投资风格，风险较低，但趋于保守；成长型基金追求进取的投资风格，价值增长较快，但风险较高。

三　一些特殊的基金概念

（一）指数基金

指数基金是一种以拟合目标指数、跟踪目标指数变化为原则，按照证券价格指数编制原理构建投资组合进行证券投资的一种基金。也就是说，它选择证券市场上某个证券价格指数作为目标指数，以该指数所涵盖的样本证券作为投资对象，而在单只证券上的投资比例，与每只证券在该指数中所占的比例接近或者一致。由于选择的证券市场不同，指数基金可以分为股票指数基金和债券指数基金。在同一市场（如股票市场）上，由于拟合的目标指数不同，因此产生不同的指数基金。

指数基金具有以下特点。

（1）基金资产价值与目标指数同步变化。由于基金投资组合中的证券种类和投资比例与目标指数相拟合，目标指数上涨时，基金的资产价值必然同步上升；反之，目标指数下跌时，基金的资产价值必然同步下降。因此，基金的收益率等于该目标指数所代表的资本市场的平均收益率。

（2）基金选择的目标指数一般都涵盖了证券市场具有代表性的证券，品种较多，充分分散，能够有效规避非系统风险。

（3）基金实行纯粹的被动管理，运作方法简单，只需根据每一种证券在指数中所占的比例购买相应比例的证券，长期持有即可。因而，管理费较低。

近年来，指数基金中产生了一个创新品种——交易所交易基金。交易所交易基金是一种在证券交易所里进行交易（申购和赎回）的指数基金，其基金份额代表的是一揽子股票的投资组合。基金份额有两种交易方式：一是投资人直接向基金公司申购和赎回。这种方式有一定的数量限制，一般为 5 万个基金份额或者其整数倍，而且是一种以货代款的交易，即申购和赎回的时候，付出的或收回的不是现金而是一揽子股票组合。二是在交易所挂牌上市交易，以现金方式进行。

（二）对冲基金

对冲基金，又称套利基金或避险基金，20 世纪 50 年代诞生于美国，是一种基于最新的投资理论和复杂的金融市场操作技巧，充分利用各种金融衍生产品的杠杆效用，承担高风险，追求高收益的投资基金。

从广义上来说，对冲基金是基金的一个品种，但它又有许多与一般基金不同的特点。

一是投资活动中广泛使用期货、期权、掉期等各类金融衍生产品。这些衍生产品是为对冲风险而设计，但因其低成本、高风险、高回报的特性，成为许多投机行为的有利工具。当金融产品的定价（包括外汇汇率、股价等）出现不均衡时，对冲基金利用套利原理设计操作策略，利用上述工具进行投机（正是因为使用这些用于对冲风险的金融工具，这种基金才被称为"对冲基金"）。

二是充分利用投资"杠杆效应"。典型的对冲基金往往不断抵押其证券资产，借取银行贷款，在其原始基金量的基础上几倍甚至几十倍地扩大投资资金，因而风险性非常高。

三是采取私募方式。美国对冲基金的组织结构一般是合伙人制，合伙人一般控制在 100 人以下，并且参与者的条件是个人必须拥有价值 500 万美元以上的投资证券。按照美国相关法律，不足 100 个投资者的基金属于私募性质，在成立时不需要向美国证券交易管理委员会注册，可免予监管。

（三）基金的基金

基金的基金是以其他基金为投资对象的一种特殊类型的基金。该基金分为两种：一是只投资于自身基金公司新设立的基金；二是投资于市场上具有较好业绩的基金。

这种基金以其他基金作为投资对象，客观上实行了双重的专家管理，有利于进一步分散和降低风险。

（四）伞型基金

伞型基金实际上就是开放式基金的一种组织结构。在这一组织结构下，基金发起人根据一份总的基金招募书发起设立多只基金，它们相互之间可以根据规定的程序进行转换，这些基金称为子基金或成分基金，而由这些子基金共同构成的基金体系就合称为伞型基金。换言之，伞型基金不是一只具体的基金，而是同一基金发起人对由其发起、管理的多只基金的一种经营管理方式。

伞形基金有很多优势。对于基金公司来说，伞型基金旗下各子基金在一个相同的管理框架内运作，在托管、审计、法律服务、管理费用等方面享有规模经济优势，从而降低管理成本；另外，伞形基金有利于基金管理公司稳定客户，减轻赎回压力。对投资者来说，伞型基金提供了更为广泛的投资机会。伞型基金一般会进行市场细分，根据投资者的不同需求设立各种类型的子基金。投资者可以根据自己的需求和市场情况的变化在伞型基金各子基金之间相互转换，不需花费任何费用或仅需支付相当低的费用，因此，伞型基金容易得到投资者青睐。

第二节　证券投资基金的发行

一　我国证券投资基金发行的监管制度

根据投资特性的不同，基金可以划分为证券投资基金、产业投资基金和风险投资基金。我国目前只对证券投资基金设立了统一的监管制度，产业投资基金和风险投资基金的监管制度尚在探索过程之中。

我国对证券投资基金实行集中监管制度，其基本特点有以下几点。

（1）制定专门的基金法规。2003年我国颁布《中华人民共和国证券投资基金法》（自2004年6月1日起施行），在此基础上，国务院颁布了《证券公司监督管理条例》以及《证券公司私募产品备案管理指引》，同时中国证监会先后颁布了相关规章，包括《基金管理公司管理办法》、《基金行业高级管理人员管理办法》、《证券投资基金运作管理办法》、《证券投资基金销售管理办法》、《证券投资基金信息披露指引》、《私募投资基金管理暂行办法》、《公开募集证券投资基金信息披露管理办法》、《基金托管银行管理办法》等等，形成了基金业监管的法规体系。

（2）设立全国性的监督管理机构，统一管理证券投资基金市场。依照法律，中国证监会是我国证券投资基金市场监管的最高权力机构，发售基金份额，募集基金，必须事先向中国证监会递交申请文件，并经中国证监会核准。基金运行、基金交易也由中国证监会进行监管。

（3）各种自律性组织（如基金业公会、证券交易所等）协助中国证监会发挥监管职能。

二 我国证券投资基金的设立程序

投资银行可以担任承销机构，参与基金份额的销售过程，也可以担任基金发起人的顾问机构（在国外，投资银行本身也可以成为基金的发起人和管理人），参与基金设立的整个过程。因此，投资银行必须熟悉基金的设立程序。

（一）前期筹备

前期筹备工作是指向基金业监管机构递交申请文件之前所进行的各项准备活动。

1. 行为主体：基金发起人

基金发起人是指采取一定步骤和必要措施来达到设立基金之目的的人。在国外，基金发起人可以是法人，也可以是自然人，但我国《证券投资基金法》规定，证券投资基金由基金管理公司发起设立。

基金发起人必须对筹建期间的行为负责任，如果违反国家法律、法规和政策，造成对其他人的损害，则应承担赔偿责任；如果基金最终未能成立，则负责退还其他投资者的认购资金，按规定支付利息，并承担筹建期间所发生的费用。

基金发起人通常聘请投资银行、会计师事务所、律师事务所等中介机构，一起完成基金的筹建工作。

2. 选择机构：基金管理人和托管人

在筹备阶段，基金发起人需要预先选择基金管理人和基金托管人。在国外，基金发起人往往需要投资银行协助选择基金管理人和基金托管人，而在我国，证券投资基金由基金管理公司发起设立，基金成立后，基金发起人通常成为基金管理人，享有相应的权利。此外，在我国的监管制度下，基金发起人对基金管理人和基金托管人的选择最终需要上报中国证监会核准、确认。

按照我国《证券投资基金法》规定，基金管理人由依法设立的基金管理公司担任，而依法设立的基金管理公司，应具备下列条件：

（1）有符合本法和《中华人民共和国公司法》规定的章程；

（2）注册资本不低于一亿元人民币，且必须为实缴货币资本；

（3）主要股东具有从事证券经营、证券投资咨询、信托资产管理或者其他金融资产管理的较好的经营业绩和良好的社会信誉，最近三年没有违法记录，注册资本不低于三亿元人民币；

（4）取得基金从业资格的人员达到法定人数；

（5）有符合要求的营业场所、安全防范设施和与基金管理业务有关的其他设施；

（6）有完善的内部稽核监控制度和风险控制制度；

（7）法律、行政法规规定的和经国务院批准的国务院证券监督管理机构规定的其他条件。

按照我国《证券投资基金法》规定，基金托管人由依法设立并取得基金托管资格的商业银行担任，而取得基金托管资格的商业银行应当具备下列条件：

（1）净资产和资本充足率符合有关规定；

（2）设有专门的基金托管部门；

（3）取得基金从业资格的专职人员达到法定人数；

（4）有安全保管基金财产的条件；

（5）有安全高效的清算、交割系统；

（6）有符合要求的营业场所、安全防范设施和与基金托管业务有关的其他设施；

（7）有完善的内部稽核监控制度和风险控制制度；

（8）法律、行政法规规定的和经国务院批准的国务院证券监督管理机构、国务院银行业监督管理机构规定的其他条件。

基金托管人与基金管理人必须是两个独立的机构，不得为同一人，不得相互出资或者持有股份，基金管理人的董事、监事、经理和其他从业人员不得担任基金托管人或者其他基金管理人的任何职务。

3．重要文件：基金合同（或基金公司章程）、基金托管协议和招募说明书

在筹备阶段，基金发起人要设计基金品种，确定基金的组织形式（公司型或契约型）、基金的运作方式（封闭式或开放式）、基金的投资对象（股票、债券、货币市场金融工具、期货、期权或者混合投资）、基金的投资风格（收入型、成长型、平衡型或指数型）、基金的投资决策依据以及基金投资比例限制等方面的具体内容。基金品种设计是筹建基金工作中的重要环节，因为每个基金品种都代表着一种风险与收益组合特征，这种组合特征是否符合市场需要直接关系到基金能否顺利成立以及基金成立后的发展。因此，在设计基金品种过程中常常需要投资银行提供专业化服务，其中包括：第一，基金运行方案的可行性论证，即考虑证券市场的发育程度和发展趋势，分析所设计的基金品种是否能够实现预定的投资目标；第二，基金份额销售的可行性论证，即考虑潜在投资者的收益偏好和风险承受能力，分析所设计的基金品种是否有足够的市场需求。

在设计基金品种的基础上，投资银行可以协助发起人起草相关的重要文件，将基金运作方案确定下来，这些重要文件包括基金合同（或基金公司章程）、基金托管协议和招募说明书。

基金合同和基金公司章程分别是契约型基金和公司型基金的纲领性文件，它是由基金投资者、基金管理人和基金托管人共同签订，明确各方地位、责任和权利，规范基金成立、管理、收益分配、基金终结等行为的书面文件。按照我国《证券投资基金法》的规定，基金合同和基金公司章程应当包括以下主要内容：

（1）募集基金的目的和基金名称；

（2）基金管理人、基金托管人的名称和住所；

（3）基金运作方式；

（4）封闭式基金的基金份额总额和基金合同期限，或者开放式基金的最低募集份额总额；

（5）确定基金份额发售日期、价格和费用的原则；

（6）基金份额持有人、基金管理人和基金托管人的权利、义务；

（7）基金份额持有人大会召集、议事及表决的程序和规则；

（8）基金份额发售、交易、申购、赎回的程序、时间、地点、费用计算方式，以及给付赎回款项的时间和方式；

（9）基金收益分配原则、执行方式；

（10）作为基金管理人、基金托管人报酬的管理费、托管费的提取、支付方式与比例；

（11）与基金财产管理、运用有关的其他费用的提取、支付方式；

（12）基金财产的投资方向和投资限制；

（13）基金资产净值的计算方法和公告方式；

（14）基金募集未达到法定要求的处理方式；

（15）基金合同解除和终止的事由、程序以及基金财产清算方式；

（16）争议解决方式；

（17）当事人约定的其他事项。

基金托管协议是基金管理人与基金托管人之间签订的用以明确双方责任和权利的书面文件。订立基金托管协议的目的是明确基金托管人与基金管理人之间在基金财产的保管、投资运作、净值计算、收益分配、信息披露及相互监督等相关事宜中的权利义务及职责，确保基金财产的安全，保护基金份额持有人的合法权益。按照中国证监会颁布的有关法规，基金托管协议应当载明以下内容：

（1）基金托管协议当事人的名称、住所、法定代表人、成立时间、批准设立机关及批准设立文号、组织形式、注册资本、存续期间等；

（2）基金托管人对基金管理人的业务监督和核查；

（3）基金管理人对基金托管人的业务核查；

（4）基金财产的保管；

（5）基金资产净值计算和会计核算；

（6）基金收益分配；

（7）基金信息披露；

（8）基金有关文件档案保管；

（9）违约责任；

（10）争议解决方式。

基金招募说明书是对基金的介绍文件，是投资者了解基金的运作方案并进行投资决策的依据。进入基金份额公开发行阶段时，必须向社会公众提供招募说明书。按照我国《证券投资基金法》的规定，招募说明书应当包含以下内容：

（1）基金募集申请的核准文件名称和核准日期；

（2）基金管理人、基金托管人的基本情况；

（3）基金合同和基金托管协议的内容摘要；

（4）基金份额的发售日期、价格、费用和期限；

（5）基金份额的发售方式、发售机构及登记机构名称；

（6）出具法律意见书的律师事务所和审计基金财产的会计师事务所的名称和住所；

（7）基金管理人、基金托管人报酬及其他有关费用的提取、支付方式与比例；

（8）风险警示内容；

（9）中国证监会规定的其他内容。

（二）募集申请

依照我国基金业监管制度的规定，发售基金份额，募集基金，必须事先向中国证监会提出书面申请，经中国证监会核准。

1. 基金申请

基金发起人应当向中国证监会提交以下申请文件：

（1）申请报告；

（2）基金合同草案；

（3）基金托管协议草案；

（4）招募说明书草案；

（5）基金管理人和基金托管人的资格证明文件；

（6）经会计师事务所审计的基金管理人和基金托管人最近三年或者成立以来的财务会计报告；

（7）律师事务所出具的法律意见书；

（8）中国证监会规定提交的其他文件。

2. 基金核准

中国证监会依照法律、法规规定和审慎监管原则受理基金募集申请，并审查拟募集的基金是否具备下列条件：（1）有明确、合法的投资方向；（2）有明确的基金运作方式；（3）符合中国证监会关于基金品种的规定；（4）不与拟任基金管理人已管理的基金雷同；（5）基金合同、招募说明书等法律文件草案符合法律、行政法规和中国证监会的规定；（6）基金名称表明基金的类别和投资特征，不存在损害国家利益、社会公共利益，欺诈、误导投资人，或者其他侵犯他人合法权益的内容；（7）中国证监会根据审慎监管原则规定的其他条件。

中国证监会自受理基金募集申请之日起六个月内做出核准或者不予核准的决定，并通知申请人；不予核准的，应当说明理由。

（三）基金发行

证券投资基金的设立申请在获得主管部门核准后，便进入募集阶段，开始向投资者发行基金份额。

基金发行与股票、债券发行大体一致。

（1）发行对象。在国外，基金发行可以分为私募发行和公募发行，前者以少数特定投资者（一般是大型金融机构或富豪个人）为发行对象，后者则以社会公众为发行对象。按照目前的监管制度，我国的证券投资基金必须采取公募发行方式，发行过程中必须向投资者提供招募说明书，此外，还应当提供证监会批准设立基金的文件、基金合同、法律意见书等文件供投资者查询。

（2）发行渠道。基金份额可以由基金管理人直接发行，也可以委托代销机构间接发行。符合证监会规定条件的证券公司、商业银行、证券投资咨询机构、专业基金销售机构可以向证监会申请获得基金代理销售业务资格，从事基金代理销售业务。

（3）基金募集期限。基金募集期限自基金份额发售之日起不得超过三个月。

基金募集期限届满，封闭式基金募集的基金份额总额达到核准规模的百分之八十以上，基金募集份额总额不少于两亿份，基金募集金额不少于两亿元人民币，并且基金份额持有人的人数不少于两百人，这样才能最终符合基金设立条件，否则，基金不得设立，基金发行失败。

基金管理人应当自募集期限届满之日起十日内聘请法定验资机构验资，自收到验资报告之日起十日内，向证监会提交验资报告，办理基金备案手续。证监会自收到基金管理人验资报告和基金备案材料之日起三个工作日内予以书面确认；自证监会书面确认之日起，基金备案手续办理完毕，基金合同生效，基金进入投资管理阶段。基金管理人应当在收到证监会确认文件的次日予以公告。

第三节 证券投资基金的上市交易与赎回

基金管理运作阶段，投资者可以随时投资或变现，但各种类型基金的投资或变现方式有所不同。开放式基金的投资者可以向基金管理公司申请，要求基金管理公司赎回基金份额，或向基金管理公司申购基金份额；封闭式基金不可以向基金管理公司申请赎回或申购基金份额，但可以在二级市场上转让或购买，为了增强其流动性，封闭式基金份额通常在证券交易所上市。

一　封闭式基金的上市交易

封闭式基金成立三个月后，基金管理公司提出申请，经证监会核准，基金份额可以在证券交易所上市。

（一）上市条件

根据我国《证券投资基金法》规定，基金份额上市必须符合以下条件：

（1）基金的募集符合本法规定；

（2）基金合同期限为五年以上；

（3）基金募集金额不低于二亿元人民币；

（4）基金份额持有人不少于一千人；

（5）基金份额上市交易规则规定的其他条件。基金份额上市交易规则由证券交易所制定，报证监会核准。

（二）上市申请

基金管理人申请基金上市时，必须向证券交易所提交申请文件，包括：（1）上市申请书；（2）上市公告书；（3）批准设立和发行基金的文件；（4）基金契约；（5）基金托管协议；（6）基金募集资金的验资报告；（7）交易所一至二名会员证券商署名的上市推荐书；（8）中国证监会和中国人民银行对基金托管人的审查批准文件；（9）中国证监会和中国人民银行对基金托管人的审查批准文件；（10）基金管理人注册登记的营业执照；（11）基金托管人注册登记的营业执照；（12）基金已全部托管的证明文件。

基金管理人应保证其提交的文件内容真实、资料完整，不存在虚假或其他可能产生误导的陈述。

（三）上市核准

证券交易所对基金管理人提交的基金上市申请文件进行审查，认为符合上市条件的，将审查意见及拟定的上市时间连同相关文件一并报中国证监会批准。经证监会最终核准后，证券交易所出具上市通知书。

基金管理人与证券交易所签订上市协议书，并于上市前三个工作日内公布上市公告书。

（四）信息披露

为了使投资者掌握基金经营状况，便于交易，基金上市后应该及时披露信息，包括定期公告和临时公告。定期公告包括基金资产净值公告、投资组合公告、年度报告和中期报告的公告，其他公告为临时公告。具体而言：（1）每个基金会计年度结束后九十日内公告年度报告（基金年度报告须经会计师事务所审计）；（2）每个基金会计年度的前六个月结束后三十日内公告中期报告（除特殊情况外，中期报告无须经会计师事务所审计）；（3）至少每周公告一次资产净值和份额净值；（4）至少每三个月公告一次基金的投资组合；（5）对于召开基金持有人大会、变更基金管理人、变更基金托管人等重大事件，应及时发布临时公告。

（五）上市费用

上市费用包括上市初费和上市月费。其中，基金上市初费的标准，按基金总额的0.01%缴纳，起点为10000元，最高不超过30000元。上市月费按年计收，每月为5000元。

（六）基金交易

对于已经上市的基金，投资者可以委托证券公司代理买卖，交易方式与股票相同。

二 开放式基金的申购与赎回

开放式基金成立后，必须对基金份额的申购与赎回做出安排，其中涉及申购与赎回的时间、地点和价格的基本要素。

（一）申购与赎回时间

基金管理公司应当在基金发行期满后每个工作日办理基金份额的申购、赎回业务，也可以在基金合同和招募说明书中事先约定，在基金发行期满一定时期（通常为三个月）后的任何一个营业日接受投资者的申购、赎回申请。办理申购与赎回业务的日期称为基金开放日。

为了随时满足投资者的基金赎回要求，基金管理公司应当保持足够的现金或者政府债券，以备支付赎回款项。基金财产中应当保持的现金或者政府债券的具体比例，由证监会规定。

（二）申购与赎回地点

投资者可以到基金管理公司或基金管理指定的代理机构办理申购与赎回手续。代理机构通常为具有基金份额代销业务资格的商业银行。

（三）申购与赎回价格

基金份额的申购与赎回价格以基金份额净值为基础。收购价格等于申购日基金份额净值加上相关费用，赎回价格等于赎回日基金份额净值减去相关费用。其中，基金份额净值的计算方法是每个开放日证券交易所闭市后基金资产净值除以当日基金份额的余额数量，相关费用的费率应当不超过收购金额或赎回金额的5%，具体费率标准由基金管理公司或同业协会制定，经证监会核准后执行。

基金管理公司应当在每个开放日的次日，通过网站、基金份额发售网点以及其他媒介，披露开放日的基金份额净值和基金份额累计净值。

（四）巨额赎回

开放式基金单个开放日净赎回（赎回金额减去申购金额的余额）申请超过基金总

份额的百分之十的，为巨额赎回。

开放式基金发生巨额赎回的，基金管理人当日办理的赎回份额不得低于基金总份额的百分之十，对其余赎回申请可以延期办理。基金管理人对单个基金份额持有人的赎回申请，应当按照其申请赎回份额占当日申请赎回总份额的比例，确定该单个基金份额持有人当日办理的赎回份额。基金份额持有人可以在申请赎回时选择将当日未获办理部分予以撤销。基金份额持有人未选择撤销的，基金管理人对未办理的赎回份额，可延迟至下一个开放日办理，赎回价格为下一个开放日的价格。

（五）信息披露

开放式基金必须披露的信息包括定期报告和临时报告。定期报告又由每日单位净值公告、季度投资组合公告、中期报告、年度报告四项组成。

（1）基金单位净值公告。该报告为日报，揭示基准日当天证券交易市场收市后按最新市价计算的每份基金单位所拥有的基金资产的净市值，该数据每天计算，次日公告。

（2）季度投资组合公告。该报告揭示基金投资股票、债券的比例，投资股票的行业分类及前十名股票明细等。该报告在每季度结束后的 15 个工作日内公告。

（3）中期报告。该报告在会计年度的前 6 个月结束后 60 日内公告，总体反映基金上半年的运作及业绩情况。主要内容包括：管理人报告、财务报告重要事项揭示等。其中，财务报告包括资产负债表、收益及分配表、净资产变动表等会计报表及其附注，以及关联事项的说明等。

（4）年度报告。该报告在会计年度结束后 90 日内公告，总体反映基金全年的运作及业绩情况。除中期报告应披露的内容外，年度报告还必须披露托管人报告、审计报告等内容。

（5）临时报告。该报告披露基金运作过程中发生的可能对基金投资人利益及基金单位净值产生重大影响的事件，事件发生后，当事人应立即公告。

第六章　公司并购

- 公司并购业务的操作程序
- 公司并购中的资金安排
- 公司并购的风险控制
- 杠杆收购的特性
- 主要的反收购策略

第一节　公司并购概述

企业在发展过程中，要想实现规模的扩张，一般来说有两种途径：一种是通过企业自我的积累实现发展壮大，另一种是通过并购快速扩张，后者随着金融资本市场的发展，并购方式越来越多样化，并购技术也越来越成熟，通过并购可以让企业在短时间内从外部市场获得所需要的技术、生产设备、销售渠道等资源，从而使并购成为企业越来越重要的扩张手段。

2013 年，工信部等部委发布《关于加快推进重点行业企业兼并重组的指导意见》，旨在经济转型的背景下，针对产能过剩问题突出的行业，通过并购实现国内产业组织结构优化，提高产业集中度，促进规模化、集约化经营，提高市场竞争力。

2019 年 10 月 18 日，证监会式发布《关于修改〈上市公司重大资产重组管理办法〉的决定》（简称《重组办法》），对多条规则进行修改，理顺重组上市功能，发挥资本市场服务实体经济积极作用。

我国企业在政府支持背景下的并购活动为我国并购市场的持续发展营造了良好的环境和法律基础。近些年来，随着企业规模的扩大，并购活动也日趋活跃，2019 年全球跨境并购交易总额为 1.2 万亿美元，其中，中国 2019 年并购案金额为 3800 亿美元。"一带一路"的倡议也为我国海外并购提供了新的机遇，2017 年中资企业在"一带一路"沿线国家的并购金额达到 461 亿美元，占中国海外并购交易总额的 33%，创历史新高。

随着并购活动的增加，行业之间的洗牌也随处可见，如 2019 年国内的零售环境就随着并购活动发生了天翻地覆的变化：9 月份苏宁易购 48 亿完成收购家乐福中国的股权交割；10 月份物美 19 亿欧元收购麦德龙中国控股权，零售压力之下乐天玛特全面退出中国，而早在 2014 年华润万家就已经完成收购英国 Tesco（乐购）。

在全球企业并购市场上，一直以来美国和欧洲在并购市场上占据十分重要的地位，这两大经济体的并购交易规模之和占全球并购交易总规模的 60%。近年来，中国和日本的企业并购交易日益频繁，使亚太地区成为欧美市场外的全球第三大企业并购市场。据普华永道资料显示，2010 年—2019 年我国企业并购交易规模整体呈上升趋势，2014 年同全球企业并购交易规模趋势一致，上升较快，2016 年达到峰值，2016 年后全球经济再次放缓，我国企业并购进度逐渐放缓，进本趋于平稳态势。

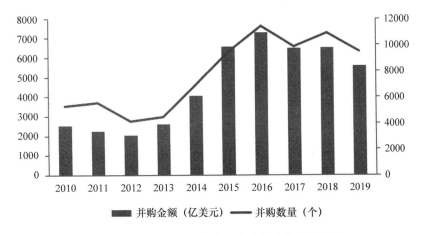

图 6 - 1　2010—2019 年中国企业并购数额及数量

资料来源：普华永道。

一　公司并购的含义及主要形式

并购（M&A）是兼并（Merger）与收购（Acquisitions）的合称。

兼并是指两家或两家以上公司合并为一家公司的经济行为。兼并分为吸收合并和新设合并两种形式。吸收合并是指两家或两家以上公司合并后，其中一家（即"兼并公司"）保留法人地位，成为存续公司，其他公司（即"被兼并公司"或"目标公司"）并入存续公司，取消法人地位，其资产、负债全部由存续公司承担；新设合并是指两家或两家以上公司合并后共同组建为一家新的法人实体，各家公司均取消法人地位，其资产、负债都并入新成立的公司。

收购是指一家公司（即"收购公司"）购买另外一家或多家公司（即"被收购公司"或"目标公司"）股权或资产的经济行为。收购分为股权收购和资产收购两种形式。股权收购是收购公司购买被收购公司的部分股权或全部股权，从而实现对其经营管理权的控制，被收购公司成为收购公司的控股子公司或全资子公司；资产收购是指收购公司购买被收购公司的部分资产或全部资产。

兼并与收购均表现出股权或资产所有权、控制权的变化，但兼并导致公司法人资格的合并，而收购不改变公司法人资格。

二 并购的主要类型

根据不同的分类标准，可以将公司并购划分为不同类型，主要有以下几种。

（一）按并购双方所处行业关系划分

（1）横向并购。横向并购是指属于一个产业，生产或销售同类产品的企业之间发生的并购行为，实质上也是竞争对手之间的并购。由于企业生产同类产品，或生产工艺相近，所以可以迅速扩大生产规模，节约费用，提高通用设备使用效率，还可以通过共用采购、销售等渠道形成产销的规模经济。这种并购减少了竞争对手，容易破坏竞争，形成垄断的局面，因此，许多国家通过反垄断法对横向并购进行监管和限制。

案例 6 – 1：吉利收购沃尔沃

2010 年 8 月 2 日，吉利控股集团正式完成对福特汽车公司旗下沃尔沃轿车公司的全部股权收购。吉利集团向福特公司支付了 13 亿美元现金和 2 亿美元银行票据，余下资金也将在下半年陆续结清。随着吉利沃尔沃的资产交割的顺利完成，也意味着这场迄今为止中国汽车行业最大的一次海外并购画上了一个圆满的句号。

中国汽车行业海外横向收购的案例不仅有吉利收购沃尔沃，也有上汽收购韩国的双龙，但后者由于并购后整合失败，最后双龙破产清算。

（2）纵向并购。纵向并购是指生产过程或经营环节紧密相关的企业之间的并购行为，实质上是经营同一产品，但出于不同生产阶段或销售环节的企业之间的并购。纵向并购可分为向前并购和向后并购，或者称为前向一体化和后向一体化。前者是指向其产品的前加工方向并购，如制造业企业并购生产零部件或原材料的企业装配企业或加工企业；后者是指向其产品的后加工、销售方向并购，如销售公司并购装配或制造企业。纵向并购有利于企业内部协作化生产，可以使企业节约交易费用。

案例6-2：中粮收购蒙牛

2009年7月6日，中粮与蒙牛同时宣布，中粮集团联手私募股权公司厚朴基金，以现金每股17.6港元，投资逾61亿港元，收购蒙牛公司20%的股权，并成为蒙牛第一大股东。这是迄今为止中国食品行业最大一宗交易案。

中粮把入股蒙牛当作高起点进入乳制品行业的良好契机，中粮借此进入液态奶行业，发挥其全产业链食品企业的优势。而对于蒙牛来说，经历了三聚氰胺、特仑苏OMP事件的接连打击，蒙牛业绩大幅下挫，对经销商、原材料包装商方面等各种补偿花费，再加之其树立新形象所需的大笔广告宣传费用，致使蒙牛财务状况相当吃紧，蒙牛将面临被恶意收购的风险，这是牛根生最担忧的事情。牛根生与宁高宁非常熟悉，双方各有所需，谈的时候就一拍即合了。

（3）混合并购。混合并购是指生产和经营彼此没有关联的产品或服务的企业之间的并购行为。混合并购能分散处于一个行业所带来的风险，是企业实现多元化经营战略，进行战略转移和结构调整的重要手段。

案例6-3：中国人寿收购广发银行

2016年2月29日，中国人寿发布公告称，已与美国花旗集团签署广发银行股份转让协议，收购花旗集团及IBM Credit计划出售的广发银行股份。

根据协议，中国人寿以6.39元/股的价格，收购花旗集团持有的20%广发银行股份，合计30.8亿股；同时，花旗集团指定中国人寿作为IBM Credit所持广发银行股份的受让方，中国人寿收购IBM Credit所持的广发银行3.686%股份，共计5.68亿股，此次交易总计约233.12亿元。

而在本次股份转让交易完成后，中国人寿共持有67.29亿股广发银行股份，占广发银行已发行股份的43.686%，成为广发银行单一最大股东。

（二）按收购双方对并购的态度是否一致划分

（1）善意收购。善意收购是指收购公司与目标公司的股东、管理者友好协商，在相互认可、相互合作基础上完成的收购。善意收购的前提，是收购公司通常给出比较公道的价格，提供较好的收购条件，而目标公司认为收购结果对自身有利，同意被收购。善意收购的典型方式是"协议收购"，即收购公司与目标公司，取得理解与配合，目标公司的管理者提供必要的资料给收购公司，在此基础上双方相互协商，就收购价格、付款方式、收购进程时间安排以及收购后必要的公司重组等问题达成协议，双方按协议规定而不是按市场竞价方式完成收购。

（2）敌意收购。又称恶意收购，指收购公司在目标公司管理层对其收购意图尚不知晓或持反对态度的情况下，对目标公司强行进行收购的行为。如果目标公司管理层对收购持反对态度，就会采取一系列的反收购措施，于是收购公司和目标公司之间将展开一场激烈的"收购—反收购战"。敌意收购的典型方式是"要约收购"（也称"公开标购"），即收购公司在股票市场上向目标公司的股东公开发出要约，提出收购价格、支付方式、期限等收购条件，收购目标公司的股权。

（三）按收购的付款方式划分

（1）现金收购。现金收购，也称购买式收购，是指收购公司用支付现金的方式购买目标公司的股权或资产。

（2）承债式收购。承债式收购是指收购公司以承担目标公司的债务为代价，取得目标公司的股权或资产。

（3）换股式收购。换股式收购是指收购公司向目标公司的股东提供本公司的股权，以换取目标公司的股权，或者向目标公司提供本公司的股权，以换取目标公司的资产。

（四）按收购资金的来源划分

1. 杠杆收购

杠杆收购是一种特殊的收购方式，收购公司只使用少量的自有资金，主要以债务资金完成收购。具体操作方式是收购公司投入一定数量资金，设立一家以专门收购目标公司为目的的"空壳公司"，称为"特殊目的公司（SPV）"，该公司以自身资本、未来买下的目标公司的股权、资产及其收益为抵押，向银行借款或发行债券，用债务资金实现对目标公司的收购，并以目标公司的未来现金流偿还债务。可以看出，杠杆收购有以下特征：（1）收购公司只需以较少的资本代价完成收购，所使用的自有资金与收购金额的比例通常为10%—15%；（2）通过银行信贷或债券融入绝大部分收购资金，资金提供者可能是金融机构、投资基金或富有的个人；（3）偿还债务的资金来源于目标公司的未来现金流，即目标公司将支付自己的售价，收购资金的贷款人只能向目标公司求偿。因此，这种债务的风险很高，利率水平自然也很高。

2. 非杠杆收购

非杠杆收购是指不利用目标公司的股权或资产收益支付（或担保支付）收购价款。非杠杆收购并不意味着收购公司不能举债，只是举债的担保及偿还依赖于收购公司本身，而不依靠于目标公司的未来现金流。

三 公司并购的动因

一项并购活动是否成功，关键要看是否以较小的代价实现了预定的目标。公司并购的动因多种多样，投资银行设计并购方案时，必须了解公司并购的动因。关于公司并购的动因，经济学家给出了多种解释，主要包括以下几个方面。

（一）追求协同效应

协同效应，是指并购后公司的总体效益大于并购前各公司独自经营效益的加和，也就是我们平常所说的1+1>2。协同效应主要包括经营协同效应和财务协同效应。

经营协同效应是指并购使经营活动的效率提高而产生更高的效益。经营协同效应来源于规模经济、优势互补、降低不确定性三个方面。

（1）规模经济。并购使几个规模较小的公司组合成大型公司，管理费用、营销费用、研究开发费用等这些公共费用并不会和公司规模等比例增加，新公司单位产品的平均成本就会大大降低。另外，公司扩大规模后，市场控制能力可望提高。产品价格、生产技术、资金筹集、顾客行为等方面的控制能力的提高也将有助于公司的生存和发展。追求运营上的规模经济在横向并购中体现得最为充分。

（2）优势互补。通过并购，原有各家公司之间的优势可以融合在一起，达到取长补短的目的。这些优势既包括原有各公司在技术、市场、专利、产品管理等方面的特长，也包括它们中较优秀的企业文化。

（3）降低不确定性。纵向并购可以把市场交易关系变为同一公司内部关系，由于不再采用交易的方式，营销费用、交易税金等都可以避免，公司的交易费用当然大幅度降低。追求交易费用的节省是纵向并购的根本动因。在公司内部也不必担心有违约现象，经营的可靠性得到了增强。

财务协同效应是指并购后给公司在财务方面带来的效益。这种效益的取得，不是由于生产效率的提高而引起的，而是由于税法、会计处理惯例以及证券交易内在规律等作用而产生的效益。

（1）合理避税。税法对企业的财务决策有重大影响，不同类型的资产所征收的税率是不同的。正因为此，并购企业能够采取某些财务处理达到合理避税的目的。比如高盈利企业会选择拥有相当累计亏损额但市场前景较好的企业作为并购对象，利用目标公司的亏损，不但可以免付当年的所得税，其亏损还可以向后递延，以抵销以后几年的盈余，从而冲抵并购后企业的利润，大大降低其纳税额。

（2）预期效应。在股票市场上，并购往往传递一个信号：被收购公司的股票价值被低估了。无论收购是否成功，目标公司的股价总会呈现上涨趋势，如果有后续公司收购，这种趋势会被推动，对于股东来说股价上涨，就意味着财富的增加。

（二）实现公司快速扩张

并购可以有效地突破进入新行业的资金、技术、销售渠道等壁垒，直接利用目标公司的原料来源、销售渠道和已有的市场，迅速形成生产规模，其效率和速度远高于自己建设。因此，并购是公司实现快速扩张的有效方式，许多企业通过并购在短短几年的时间实现了飞速发展。

（三）实现公司经营的战略调整

有些并购行为是公司实现总体和长远发展规划而采取的必要举措，这些并购活动通常是出于公司发展战略的考虑，为了进行战略进攻、战略防御、战略收缩或战略转移，而不是仅仅考虑短期财务目标。常见的战略调整包括以下几点。

（1）经营多元化。在市场经济中，公司的经营环境不断变化，因而面临着多种不确定性。如果公司将经营范围过度集中于一个地区或一个行业，一旦经营环境出现不利变化，就有可能遭遇难以克服的危机。分散投资是一种比较有效的防风险措施。通过并购其他行业中的企业，公司可以把资金投入不同的行业，实行多元化经营，当经营环境的变化导致某一行业中投资收益下降时，可以从其他行业的投资收益中得到补偿，降低公司经营面临的总体风险。

（2）经营重点转移。各个产业都有生命周期，公司通过并购可以及时退出"夕阳行业"，进入"朝阳产业"，实现战略转移，这对公司长期发展至关重要。

（3）打破壁垒，获取特殊资源。公司进入新的产业或地域往往面临着许多方面的障碍，如关税壁垒、投资资格限制壁垒、垄断造成的市场壁垒以及专利制度形成的技术壁垒等，并购可以使公司绕开这些壁垒，进入新型市场并获得必要的战略性资源。例如，专有技术往往是公司的核心竞争力，外部很难获得，但是，收购拥有专有技术的公司，就可以直接拥有该专有技术的所有权。

（四）收购低价资产

在公司经营过程中，公司的整体价值或某些资产可能被低估，以低于市场价值的价格获得目标公司，从中谋利，这也是企业积极并购的原因之一。当然前提是，并购公司对目标公司资产的实际价值要比目标公司对其自身更了解，或者并购公司有着优秀的管理，通过对目标公司的业务重组或提高管理效率，从而提高目标公司的价值，获取收益。

在这方面，经济学家托宾于1969年提出了著名的"托宾Q"理论。所谓"托宾Q"是指企业市场价值与该企业重置成本之间的比例，即：

$$托宾 Q = \frac{企业的市场价值}{该企业重置成本}$$

如果市场价值低于其重置价值，即托宾 $Q < 1$，则通过证券市场收购该企业的股票取得其控制权，要比实际投资创建该企业节省成本，并可回避一定经营风险，显然，一个企业的"托宾Q"值越低于1，就越具有并购价值。现实市场中确实存在"托宾Q"值低于1的企业，公司进行并购则可以充分发掘其价值。

第二节　投资银行的公司并购顾问业务操作程序

投资银行的重要业务之一是为收购公司充当财务顾问，在并购的各个业务操作程序上提供技术支持，设计技术方案并协助执行收购方案。

一 收购方案设计

(一) 筛选目标公司

投资银行要帮助并购公司物色潜在的目标公司，进行比较、筛选和可行性研究分析，选择适宜的对象，作为最终的并购目标。由于收购公司的动因不同，筛选目标公司的标准也不完全一致，一般需考虑以下因素。

(1) 经营需要和发展战略。如果并购的目的在于扩大市场份额，则目标公司的业务须与收购公司的业务相关。如果并购的用意在于一般的公司发展时，其他领域的公司也可纳入选择范围。如果收购公司致力于获取经营上的协同效应，则关注的焦点应在于目标公司的业务、优势与收购公司的配合性。例如，一家在生产方面具有强大优势的目标公司通常会选择销售渠道广阔的公司作为目标公司。如果收购公司借助收购实现战略转移，则可选择景气行业中的不景气公司或处于成长期的行业中的公司作为收购对象。如果收购公司通过多样化来减少经营风险，则目标公司的经营领域与收购公司的业务正相关程度越低越好。

(2) 财务因素。并购的操作必须考虑成本代价及财务上的可行性，目标公司负债比率过高，财务负担过重，则收购价值很低。另外，还需考虑并购融资的来源和方法问题。当收购公司拟借助垃圾债券融资时，应考虑债券的发行对象和投资者，承销商对债券的接受程度。当垃圾债券市场发达之际，需求的旺盛使债券投资者对收购公司选择的目标公司不甚挑剔，但是在市场需求萎缩时，只有当目标公司拥有价格较高的固定资产的、预期的现金流较多、财务状况良好时，收购公司才能向外举债来完成收购。

(3) 目标公司的规模。虽然杠杆收购可以使小公司兼并大公司，但这种做法具有很高风险。目标公司的规模是并购能否成功的关键因素之一，收购公司一般不会选择比自己更大的公司作为收购对象。

(二) 评估目标公司价值

对目标公司价值评估是确定收购价格的基础，因此，也是整个并购活动成败的关键。公司价值评估的方法与模型有许多，每一种方法都有其科学合理性，也有其缺陷与不足。所以，要依据具体情况，选择与特定并购活动相适应的评估方法，以期达到对目标公司评估的科学、准确。公司价值评估的方法主要有以下几个。

1. 现金流量贴现法

现金流量贴现法 (Discounted cash flow，DCF)，是把并购后未来目标企业的现金流量以设定贴现率贴现而得的现值，即企业价值。

其理论基础是下述三个假设：(1) 目前一定数额现金的价值大于未来等额现金的价值；(2) 对未来产生的现金流量，如生产经营产生的现金流量，可以进行合理的估计；（3）企业的可用资本的边际资本成本与其投资成本的可转换收益是相似的，并且可以预测。

现金流量贴现法的公式如下：

$$公司价值 = \sum_{t=1}^{n} \frac{CF_t}{(1 + R_t)^t} + \frac{TV}{(1 + R_n)^n}$$

式中：R_t 为第 t 年的贴现率，CF_t 为目标公司第 t 年现金流量，TV 为目标公司的终值，n 为预测期。

从理论上讲现金流量贴现法是一种最成熟、最科学的评估方法。这种方法同时适用对上市公司和非上市公司的评估，其缺陷是主观性太强，模型中所用的现金流量、终值和贴现率较难取得，需要大量的假设，有很大随意性和主观性，而这些参量取值准确与否直接关系到对目标公司价值评估的准确性。

2. 市场比较法

市场比较法是指以与被评估公司相同或相似的已交易企业的价值为参照物，对目标公司进行价值评估的方法。这种方法在实践中运用得相当广泛。

市场比较法的理论基础是有效市场理论，该理论认为当前市场上公司的价格已经充分反映了所有公开的信息，相似的公司应以相似的价格出售。

市场比较法根据参照物的不同又分为可比企业法、可比收购法和可比首次公开招股法。可比企业法，是以交易活跃的同类企业股价与财务资料为依据，测算其一定的财务比率，然后用这些比率来推算目标企业的价值。可比收购法，是从类似的收购事件中获取相关的价格与财务资料来推算一些相应的价格系数，并据此对目标企业的价值进行推算。可比首次招股法，是通过收集其他企业上市前后的财务数据和首次公开招股价格及股价表现，计算出一些系数，来测算即将上市的并购对象的股票价格。

3. 资产基准法

资产基准法是指由公认的资产评估公司对目标公司进行资产评估从而确定目标公司价值的方法。运用资产基准法时，首先按照市场公允价格对目标公司的各项资产和负债进行评估，得出其公允价值；然后分别计算出调整后的资产总额和负债总额；最后将资产总额减去负债总额，得出净资产价值，即股东权益，这就是目标公司的价值。运用资产基准法的关键在于资产评估中价格标准的选择，根据这个标准划分，资产基准法目前主要有以下几种。

（1）账面价值法

账面价值法是根据会计核算中记载的账面净资产确定并购价格的方法。它是一种静态估价方法，既不考虑资产的市价，也不考虑资产的收益，取值较为方便。但由于在实际中，账面价值可能会严重偏离市场价值，所以这种方法的使用也有一定的局限性，主要适于简单的并购中，尤其是账面价值与市场价值偏离不大的非上市企业。

（2）重置价值法

重置价值法是通过确定目标企业各单项资产的重置成本，减去其实体有形损耗、功能性贬值和经济性贬值，来确定目标公司各单项资产的重估价值，将其再减去负债作为目标企业价值的参考。

重置价值法的基本思路是，任何一个了解行情的潜在投资者，在购置一项资产时，他所愿意支付的价格不会超过建造一项与所购资产具有相同用途的替代品所需的成本。如果投资者的待购资产是全新的，其价格不会超过替代资产的现在建造成本扣除各项陈旧贬值后的余额。这种评估目标企业价值的方法适用于并购企业以获得资产为动机的并购行为。

（3）清算价值法

清算价值法是在目标公司作为一个整体已经丧失增值能力情况下通过估算目标公司的净清算收入来确定并购价格的方法，此法主要适于目标公司无存续价值的情况，并购公司和目标公司均可选择本法作为交易的基础。

目标公司价值评估方法很多，不同的评估方法，不同的评估标准将可能得到不同的评估结果，对一个目标公司的资产采用不同的评估方法、不同的评估标准可能导致较大的价值差异。而且，任何一种评估方法并无绝对的优劣之分，不同的企业环境适用不同的评估方法。因此，在实践中，并购企业与目标企业常常根据条件加以选择、综合或者简化，从而为价格的协商确定带来一定的灵活性。

（三）收购时支付方式的选择

并购时，收购公司有多种支付方式可供选择，各种支付方式有不同的特点。

1. 选择并购时支付方式的原则

选择收购的支付方式首先应遵循一些原则。

（1）优化收购公司的资本结构。合理的资本结构可以带来收益的最大化。如果公司资本结构中负债的比率过大，可以考虑用普通股作为支付手段；如果股权比率过大，则应当采用债务融资收购的方法。

（2）符合目标公司股东的要求。目标公司股东愿意以何种方式出让股权或资产，也是收购公司选择支付方式时必须考虑的依据之一。这关系到目标公司股东是否愿意接受并购协议，并影响到并购行为的成败。

（3）符合收购公司股东的要求。不同的支付方式对收购公司股东的权益与收益也会产生不同的影响。如果收购公司股东不希望其控股权或收益权稀释，则收购公司难以采用普通股进行支付。

（4）享受税收上的优惠。由于不同的支付方式面临的税负不同，收购公司选择支付方式时，税收优惠与合法避税也是其考虑的因素之一。如果选择普通股支付要比现金支付可以减少更多的所得税，普通股支付优于现金支付，那么，收购公司将会以普通股支付作为首选。

2. 并购时各种支付工具的选择

（1）现金支付方式。现金支付是指支付一定数量的现金来购买目标公司的资产或股权，从而实现并购交易的支付方式。现金收购速度快，可以使目标公司措手不及，无法获得充分的时间进行反收购防御；而且不会稀释并购公司股东的控制权，常常用于敌意收购中。

现金支付的缺点在于收购公司需要筹措巨额现金，产生较大的融资成本，同时，巨额的现金支付将使流动资金剧减，有可能影响公司的财务状况；对目标公司而言，收到现金需要立即缴纳资本利得税，无法延迟纳税，此外，目标公司将无法获得合并后公司股本持续增值的利益。

（2）普通股支付方式。普通股支付方式也即换股并购，是指并购方通过增发公司普通股，以新发行的股票替换目标公司的股票以达到收购目的的出资方式。适用于善意收购，特别是收购企业与目标企业的实力规模相当时，成功收购的可能性较大。

普通股支付的优点是收购公司不需要动用大量的现金，可以降低筹资成本，如果收购对象是市盈率低的公司，收购后可以提高收购公司的每股收益。从目标公司来看，原股东持有新公司的股权，可以分享并购后新公司实现的资本增值，还可以推迟其资本利得的确认，继续享受税收优惠。

但是，普通股支付方式也存在一定的缺陷。首先，收购公司为并购而发行新股会稀释原有股东的权益；其次，发行新股需要经过股东大会，如果收购公司是一家上市公司，发行新股还需要证券监管部门批准，一般说来，涉及比较烦琐的法律程序，运作时间较长。

（3）优先股支付方式。优先股支付方式是指收购公司以优先股作为公司收购的支付方式。采用优先股支付方式不需要收购公司支付巨额现金，财务压力降低，并且不稀释原普通股股东的权益，因而受到收购公司的青睐。但是，优先股收益固定，持股者不能享有公司增值的利益，因而在目标公司中只有极力回避风险的股东才愿意接受，容易遭到其他股东拒绝。现实中，往往采取与普通股支付相折中的做法，使用可转让优先股支付，即对优先股股东赋予选择权，允许其在一定期限内按事先约定的价格转换为普通股。这种做法的好处在于：第一，优先股转换之前拥有固定收益，降低收购公司的财务成本；第二，优先股转换之前不具有对公司的管理权，可推迟新股东加入而稀释原股东利益的时间；第三，可转换优先股既使目标公司股东回避收购过程中的风险，又可以转换成股票，享有公司收购成功后价值增长的利益，因而具有吸引力。

（4）债券支付方式。债券支付在实际操作中常常采用可转换债券。可转换债券具有优先股的好处，并且可转换债券利率通常低于普通债券的利率，并且在税前利润中支付利息，可以少缴纳所得税，可进一步降低收购公司的财务成本。

但是，可转换债券是一种特殊的金融工具，其转换期限、转换价格等条件的设计必须具有科学性。如果转换条件设计不合理，可转换债券不能顺利转换为普通股，则必须按期偿付本金和利息，等同于现金支付，收购公司将面临巨大财务压力。

（5）综合支付方式。由于单一支付方式存在着不可避免的缺陷，现实中往往综合运用各种工具，扬长避短，制订一揽子支付计划。但在综合运用各种支付方式时，必须防范可能发生的各种风险，其风险源于各种支付工具是否搭配合理。

（四）收购活动的融资安排

除股权支付方式以外，收购公司均需要进行融资安排，尤其是在现金收购方式下，收购公司需要巨额现金，更需要投资银行帮助进行融资安排。主要方式包括以下两种。

（1）过渡性贷款。过渡性贷款，也称"过桥贷款"，即金融机构为收购公司提供的专门用于支付收购价款的贷款。贷款者可以是商业银行，也可以是投资银行本身，期限一般不超过6个月，利率比较高。

（2）债券。债券融资可以分为三种情况：其一，收购公司以自身资产、股权及信誉为担保发行债券，筹集资金，用来以现金方式支付收购价款。其二，收购公司以目标公司资产、股权为担保发行债券，筹集资金，用来以现金方式支付收购价款，以目标公司的未来现金流作为偿债资金来源。这种安排就是所谓的"杠杆收购"，所发行债券风险性较高，称为"垃圾债券"或"次级信用债券"。其三，收购公司向目标公司股东定向发行可转换债券，以债券方式支付收购价款。每一种债券融资情况都需要投资银行帮助完成债券发行，其中包括发行条件设计、发行申报程序和承销。

投资银行应该运用专业技术和专门技巧做出认真分析，就收购目标选择、目标公司价值分析、支付方式选择和融资安排等内容提供完整的收购方案，得到收购公司的确认，经其股东大会或董事会批准后执行。

二 收购方案执行

（一）收购洽谈、收购要约与分析报告书

善意收购过程中，收购公司要与目标公司的股东和董事接触并洽谈收购意向。投资银行是中介机构，与目标公司无利益冲突，并富有谈判经验和技巧，因此，收购公司通常聘请投资银行作为洽谈代表。洽谈的主要内容是向目标公司股东提出收购价格、支付方式、操作步骤与时间安排等收购建议，投资银行要出具分析报告书，阐明此项收购的必要性，并有充分理由和详尽数据论证收购价格的公平性，劝导目标公司股东接受收购条件。为表示友好诚意，收购公司通常不会在提出并购建议前购买目标公司的普通股，而且明确表示，如果对方无意达成并购，它将不会采取行动强求并购。如果双方就收购事宜达成一致，则签署收购协议。

敌意收购过程中，收购公司事先不与目标公司接触、洽谈，而是直接向目标公司

股东发出收购要约，或者在市场上预先收购一定数量股份，然后向目标公司股东发出收购要约。收购要约是以书面形式向目标公司非特定股东发出的、规定了价格、数量和期限的求购意向。发布收购要约后，投资银行同样要出具分析报告书，阐明此项收购的必要性，并有充分理由和详尽数据论证收购价格的公平性，劝导目标公司股东接受收购条件。为了促使收购活动顺利成功，发布收购要约后，投资银行往往与目标公司的大股东沟通，说服其接受收购条件。

（二）履行收购程序

为了保证收购兼并行为符合公开、公平、公正的基本原则，各国均对公司收购制订了严格的管理程序，投资银行应该帮助客户了解相关法律、法规和政策，履行收购程序。

根据中国证监会 2006 年颁布的《上市公司收购管理办法》，上市公司的收购活动必须遵守以下规则。

1. 审批程序

上市公司的收购及相关股份权益变动活动涉及国家产业政策、行业准入、国有股份转让等事项，需要取得国家相关部门批准的，应当在取得批准后进行。

外国投资者进行上市公司的收购及相关股份权益变动活动的，应当取得国家相关部门的批准，适用中国法律，服从中国的司法、仲裁管辖。

2. 信息披露

收购者及其一致行动人收购的股份达到一个上市公司已发行股份的 5% 时，应当在该事实发生之日起 3 日内编制权益变动报告书，向中国证监会、证券交易所提交书面报告，通知该上市公司，并予公告。此后，股份的比例每增加或者减少 5%，应当进行报告和公告。在报告期限内和做出报告、公告后 2 日内，不得再行买卖该上市公司的股票。

3. 要约收购

根据我国《证券法》第六十五条的规定：通过证券交易所的证券交易，投资者持有或者通过协议、其他安排与他人共同持有一个上市公司已发行的有表决权股份达到百分之三十时，继续进行收购的，应当依法向该上市公司所有股东发出收购上市公司全部或者部分股份的要约。

收购上市公司部分股份的要约应当约定，被收购公司股东承诺出售的股份数额超过预定收购的股份数额的，收购人按比例进行收购。

根据我国《证券法》第六十六条规定：依照前条规定发出收购要约，收购人必须公告上市公司收购报告书，并载明下列事项：

（一）收购人的名称、住所；

（二）收购人关于收购的决定；

（三）被收购的上市公司名称；

（四）收购目的；

（五）收购股份的详细名称和预定收购的股份数额；

（六）收购期限、收购价格；

（七）收购所需资金额及资金保证；

（八）公告上市公司收购报告书时持有被收购公司股份数占该公司已发行的股份总数的比例。

收购要约约定的收购期限不得少于三十日，并不得超过六十日。

《证券法》第六十八条规定：在收购要约确定的承诺期限内，收购人不得撤销其收购要约。收购人需要变更收购要约的，应当及时公告，载明具体变更事项，且不得存在下列情形：

（一）降低收购价格；

（二）减少预定收购股份数额；

（三）缩短收购期限；

（四）国务院证券监督管理机构规定的其他情形。

《证券法》第六十九条规定：收购要约提出的各项收购条件，适用于被收购公司的所有股东。上市公司发行不同种类股份的，收购人可以针对不同种类股份提出不同的收购条件。采取要约收购方式的，收购人在收购期限内，不得卖出被收购公司的股票，也不得采取要约规定以外的形式和超出要约的条件买入被收购公司的股票。

4. 股权过户

收购期限届满后3个交易日内，接受委托的证券公司应当向证券登记结算机构申请办理股份转让结算、过户登记手续；收购人应当公告本次要约收购的结果。

5. 财务顾问报告

财务顾问对收购人是否符合有关法律、法规和政策及申报文件内容的真实性、准确性、完整性进行充分核查和验证，对收购事项客观、公正地发表专业意见，出具的财务顾问报告。

6. 持续报告

在上市公司收购行为完成后12个月内，收购人聘请的财务顾问应当在每季度前3日内就上一季度对上市公司影响较大的投资、购买或者出售资产、关联交易、主营业务调整以及董事、监事、高级管理人员的更换、职工安置、收购人履行承诺等情况向派出机构报告。

（三）后续服务

在协议收购情况下，投资银行应协调双方遵守收购协议中规定的义务，行使其权利。收购活动完成后，投资银行根据预先设定的计划，帮助企业进行必要的业务重组、资产负债重组和人员安置。

三 并购风险提示

并购是使公司取得重大发展的战略措施，但是，并购活动也伴随着巨大风险。作为财务顾问，投资银行有责任向收购公司提示风险，注意监控风险。

公司并购过程中，主要存在以下几种风险。

（一）财务风险

财务风险存在于以下两个方面。

（1）目标公司价值高估。出现下述任何情况，均可导致高估目标公司的价值：第一，获取目标公司财务信息不全面，甚至含有虚假成分；第二，估值方法不科学，采取的估值参数不合理。高估目标公司价值将导致收购价格高于目标公司的实际市场价值，造成收购公司的直接利益损失。

（2）融资成本失控。收购公司可以通过债务融资、股权融资等手段获得收购资金，不论采取哪种方式，均须付出融资成本。出现下述任何情况，均可导致融资成本上升：第一，金融市场利率上升；第二，遭遇目标公司反收购抵抗或股票市场行情变化，收购所需资金总量上升，收购公司需要增加融资额；第三，遭遇目标公司反收购或法律障碍，收购操作时间拖延，收购公司需要延长举债期限，或重新安排债务融资。

现实中，由于收购成本过高、举债沉重而导致收购公司陷入财务危机的事例屡见不鲜。因此，在并购方案设计阶段，投资银行必须对目标公司进行审慎调查，全面掌握目标公司财务信息，尤其关注其或有负债的真实资料，对目标公司的价值做出准确判断，从而保证收购价格的合理性。同时，投资银行应该准确预测市场利率的变化趋势，合理安排融资结构，尽力回避财务风险。

案例6-4：科利华收购阿城钢铁

1999年科利华收购黑龙江阿城钢铁，并改名为科利华，公司每股收益迅速增至0.513元。科利华公司是一家主要经营教育软件、Internet网络教育、电子商务、电子出版物以及软、硬件销售等业务的高科技企业，科利华的主要业务包括电子商务和软件开发两部分，1999年两项主营业务收入2.71亿元，1998年被国家科委认定为"国家火炬计划软件产业基地"。

入主阿城钢铁时，科利华向其控股股东阿钢集团支付1.34亿元，收购阿城钢铁28%的股权，但是，科利华实际只支付了3400万元现金给阿城钢铁股份有限公司，余下的用科利华的资产代替，包括科利华持有的晓军公司的80%股权及"科利华电脑家庭教师"初中版著作权共作价1亿元。此时，阿城钢铁账面上欠阿钢集团1亿元，但是，收购以后，科利华发现原来其以为只有1亿多元欠款的阿城钢铁，居然有7亿元的"财务黑洞"。原想通过并购借壳上市，没想到反被拖累。

（二）反收购风险

在面临敌意收购时，目标公司股东为了保护对目标公司的控制权，可能采取强硬的反收购措施，增加收购的难度，有些反收购措施甚至会对目标公司产生重大伤害。由于目标公司采取有效的反收购措施而使并购失败的风险，称为反收购风险。

（三）法律风险

为了维护竞争，许多国家制定了反垄断法，这些法律常常使得公司并购因涉嫌垄断而受到限制。此外，许多国家的法律规定了并购操作程序，要求收购的股份每提高一定比例，都必须向社会公告，公告期间暂停收购行为。这种信息披露制度延长了收购时间，而且常常招致众多投机者争购目标公司的股份，致使目标公司股份的市场价格上升，加大收购的成本。

案例6-5：可口可乐收购汇源果汁

2009年3月18日，商务部发布了2009年第22号公告，决定禁止可口可乐公司收购汇源果汁集团有限公司的交易。

根据中国《反垄断法》第21条的规定，经营者集中达到国务院规定的申报标准的，经营者应当事先向国务院反垄断执法机构申报，未申报的不得实施集中。根据《国务院关于经营者集中申报标准的规定》第3条规定，这些标准主要是：（1）参与集中的所有经营者上一会计年度在全球范围内的营业额合计超过100亿元人民币，并且其中至少两个经营者上一会计年度在中国境内的营业额均超过4亿元人民币；（2）参与集中的所有经营者上一会计年度在中国境内的营业额合计超过20亿元人民币，并且其中至少两个经营者上一会计年度在中国境内的营业额均超过4亿元人民币。在可口可乐公司收购汇源公司案中，由于交易后可口可乐公司将取得汇源公司绝大部分甚至100%股权，从而取得了汇源公司的决定控制权，因此，该交易符合集中的法定标准；同时，可口可乐公司和汇源公司2007年在中国境内的营业额分别为12亿美元（约合91.2亿元人民币）和3.4亿美元（约合25.9亿元人民币），分别超过4亿元人民币，达到并超过了《国务院关于经营者集中申报标准的规定》的申报标准，因此此案必须接受相关审查。我国《反垄断法》第27条做出了明确规定：审查经营者集中，应当考虑下列因素：（1）参与集中的经营者在相关市场的市场份额及其对市场的控制力；（2）相关市场的市场集中度；（3）经营者集中对市场进入、技术进步的影响；（4）经营者集中对消费者和其他有关经营者的影响；（5）经营者集中对国民经济发展的影响。

在可口可乐公司收购汇源公司案中，商务部依据《反垄断法》的相关规定，从市场份额及市场控制力、市场集中度、集中对市场进入和技术进步的影响、集中对消费者和其他有关经营者的影响及品牌对果汁饮料市场竞争产生的影响等方面对此项集中进行了审查，在全面评估此项交易产生的各种影响的基础上做出了禁止决定。审查过程中，商务部进行了大量调查，采取各种方式征求和听取了相关方面的意见和建议，并将其作为审查决定的参考。需要强调的是，在整个审查过程中，商务部严格依法独立办案，既没有受与竞争法无关因素的干扰，也没有受一些外媒所谓民族情绪的影响，完全是依照《反垄断法》做出了客观的裁决

（四）营运风险

取得目标公司的控制权只是并购活动的一个环节，此后，收购公司将对目标公司进行整合，这是并购活动的另一个关键内容。公司整合过程中，资产、人员将重现配置，经营策略、管理制度也可能出现变革，如果整合成功，目标公司的市场价值将得到发掘、提升，但是，如果由于并购双方企业文化差异冲突以及经营环境变化等原因，公司整合不能取得预计效果，其市场价值不仅难以实现，甚至下降。

案例 6-6：奔驰与克莱斯勒合并

1998 年 5 月，美国汽车制造商克莱斯勒公司与梅赛德斯 - 奔驰的生产者德国戴姆勒 - 奔驰公司共同宣布了一份价值高达 360 亿美元的合并计划，这是一笔令全球瞩目的交易。《华尔街杂志》将此举称作"有史以来绝无仅有的一起工业并购案"。戴姆勒与克莱斯勒的"联姻"必将给整个汽车业界带来巨大的震撼，并将以前所未有的气势勾勒出国际巨额并购的宏伟蓝图。但是后来证明是"一大败笔"，其主要原因就在于两个企业存在于不同的国家，有着不同的文化背景和工作态度，由于并购后两个企业没有进行有效的企业文化融合，最后产生冲突，导致并购不成功也就是必然结果。

第三节 杠杆收购

一 杠杆收购概述

（一）杠杆收购的概念

杠杆收购（Leveraged Buyout，即 LBO）是一种特殊的收购方式，其本质是借助财务杠杆完成并购交易：收购公司主要通过举债获取目标公司的产权，并依靠目标公司的现金流量偿还负债。在举债过程中，通常以目标公司资产为担保来筹集债务资本。

与一般收购相比，杠杆收购的特点在于：

第一，一般收购中，资金主要由收购公司支付。当然，这不是说收购资金全部使用收购公司的自有资金，收购公司也可以筹集债务资金，但这种举债是以收购公司为主体，凭借收购公司的信誉及其财产抵押来筹集资金，并以收购公司的现金流作为偿债保证。杠杆收购通常设立一家"特殊目的公司"，以该公司作为收购主体，更重要的是以该公司作为承债的载体，以该公司取得的目标公司股权以及目标公司的资产作为抵押，主要依靠目标公司今后内部产生的经营效益，结合有选择地出售一些原有资产进行偿还。

第二，特殊目的公司的资本结构特殊。特殊目的公司主要借助债务杠杆，其资本结构如同倒三角形，在该三角形的顶层，是对公司资产有着最高级求偿权的银行借款，约占收购资金的60%；中间层是"垃圾债券"，也称夹层债券约占收购资金的30%；倒三角形的底部是收购者投入的资本金，约占收购资金的10%。换言之，收购方动用10%资金，撬动90%的资金完成收购，所以这种收购方式被称为杠杆收购。

杠杆收购的基本结构如图6－2所示。

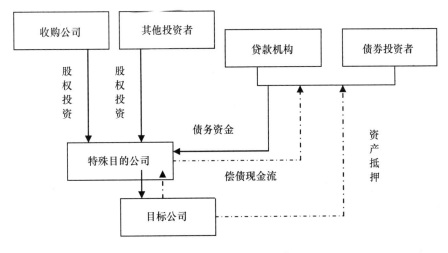

图6－2　LBO的基本结构

第三，杠杆收购是高负债、高风险、高收益、高投机的并购活动。杠杆收购依赖于大量举债，特殊目的公司的负债率大大提高而股东权益比率非常低，这就增强了资本结构的杠杆效应。如果收购成功，并且能够将目标公司溢价出售，其股东权益回报率将非常高；同时，这种杠杆效应的另一个侧面就是高风险，不论是银行贷款，还是"垃圾债券"，其利率明显高于普通债务，如果收购失败，股东权益损失也非常大。

第四，杠杆收购中，主要的融资安排是借债收购，债务资金的利息是在税前开支的，具有优越的"税盾"作用。此外，目标公司被购进前若有亏损，可递延冲抵收购后的盈利，减低应纳所得额基数，从而减少了公司所缴纳的所得税，在企业所得税税率较高或实施累进税率的国家，杠杆收购方式为收购公司提供了税收优惠。

第五，杠杆收购中因为涉及融资安排等问题，收购公司往往难以独立完成，所以一般有投资银行等第三方参与。

（二）杠杆收购的兴起与发展

杠杆收购兴起于20世纪70年代末80年代初，是在第四次并购浪潮中广泛采用的并购方式。其兴起的原因是：（1）20世纪60年代的第三次并购浪潮中许多公司急速扩张，形成了规模大而效益低的公司，杠杆收购规模较小的公司收购大型企业提供了有效途径；（2）20 世纪 70 年代末税制发生变化，美国调高了资本所得税税率，大量资金转向债券市场，为高负债融资的杠杆收购提供了资金保障；（3）20 世纪 70 年代末 80 年代初西方国家经历着较为严重的通货膨胀，举债的实际利率降低，这大大降低了杠杆收购的成本；（4）金融机构竞争加剧，积极参与到这一新业务中来，为杠杆融资提供便利。

1982 年，美国的杠杆收购活动开始进入高潮期。1982 年到 1989 年，年杠杆收购案例从 148 起增加到 371 起，收购金额从 3.4 亿美元增加到了 66.8 亿美元。这一时期杠杆活动兴盛的原因在于：（1）投资银行深度介入，为收购方提供了大量的融资便利和支持。除帮助收购公司设计收购方案外，投资银行为了提高竞争力、扩大市场份额并获取可观收益，开始为收购方提供"桥式贷款"，加快了收购速度，甚至使得目标公司来不及实施反并购策略，加大收购的成功率。（2）杠杆收购的高股权回报率日益引起人们的兴趣，也使得贷款机构加大了对杠杆融资的支持力度。

20 世纪 80 年代杠杆收购的过热，导致过多的资金追逐过少的合格并购目标，收购价格和收购成本上升，债券市场上融资成本加大。另外，杠杆收购致使公司管理层片面重视短期利益和目标，收购后公司业绩恶化的现象时有发生。20 世纪 80 年代末经济形势开始恶化，杠杆收购也暂时告别了它的"黄金时期"。

20 世纪 90 年代中期，第五次收购浪潮开始，杠杆收购开始有抬头的趋势。

二　杠杆收购的具体程序

杠杆收购没有固定的模式可循，但基本上是按照下述流程开展的。

第一阶段：准备阶段

在杠杆收购的实务操作上，收购方先选择投资银行等财务顾问，并注册一家"特殊目的公司"，该公司只有少量自有注册资金，唯一任务是担当收购主体，不从事其他业务，因而也被称为"虚拟公司"或"纸上公司"。收购方以此公司名义举债从目标公司股东手中收购股票，可利用目标公司的资产做担保来贷款从事收购活动。

在此阶段，投资银行对拟收购的企业进行分析和评价。一般情况下，那些拥有坚强管理核心，长期负债不多，市场占有率高，现金流量稳定，而且实际价值远高于账面价值的公司，在遭遇经济萧条股价偏低时，往往成为杠杆收购的理想对象。此外，目前不具备上述条件，但收购方有能力进行重组、整顿，能够大幅度提升市场价值的企业，也可成为杠杆收购的对象。

此外，投资银行进一步对可能成为贷款人的银行进行评估、筛选，并与选出的银行接触，向它们提供详尽的有关资料，对有参加意向的贷款人和投多者进行私下调查，并正式提出财务建议，选定代理银行。

第二阶段：集资阶段

　　首先由杠杆收购者及公司管理阶层组成的集团，自筹10%的收购资金。然后以公司资产为抵押品，向银行借入50%—70%的收购所需资金。银行依据目标公司的财务及经营状况进行信用分析，并决定是否提供融资。杠杆收购的程序是由特殊目的公司向银行借款完成收购后，再将此债务转移到目标公司。此阶段，投资银行为促进杠杆收购交易的迅速达成，常以利率爬升票据等形式向收购者提供投资银行自有资本支持下的过桥贷款。该笔贷款日后由收购者公开发行新的高利风险债券所得款项或收购完成后收购者出售部分资产所得资金偿还。过桥贷款的期限通常是180天。投资银行提供了过桥贷款时先要收取1%左右的承诺费，然后再依过桥贷款的实际支取金额加收1%左右的附加费用。过桥贷款的利率设计多采取攀升形式，如利率爬升票据可能会设定为：第一个季度利率为基准利率加500个基点，以后每一季度加25个基点。此设计方法能有效地鼓励收购者加速还贷。在投资银行提供过桥贷款的情况下，买方只需出极少部分的自有资金，就可买下被收购的目标公司，取得控制权，安排由特殊目的公司或目标公司发行大量债券筹款，来偿还贷款。这种贷款由于公司负债比率过高，所以信用评级降低，因而发行利率一般达15%左右，风险很高，往往被称为“垃圾债券”。过桥贷款具有很高的风险性。投资银行之所以愿提供风险高的过桥贷款，除了利率高外，还可赚取安排融资的高额手续费和吸引那些考虑杠杆收购的客户。最后，向机构投资者推销为收购额20%—40%的高息垃圾债券。

　　第三阶段：购买、拆卖阶段

　　收购者筹得资金后，出价购进市场上流通股份，等于使公司私有化。完成私有化后，开始拍卖公司资产，以偿还负债。

　　第四阶段：重组、上市阶段

　　公司重组是在投资银行的帮助下进行的。这种重组的实质就是对目标公司资本结构进行调整，整顿债权债务，减少债务负担和支出。为加强还债能力，削减开支，降低成本，通常会裁减人员、关闭亏损或盈利前景不佳的附属公司，同时缩减研究费用和搁置扩建计划。一般来说，具体进行时须经过以下三个步骤。

　　首先，确定公司目前的全部资产价值。

　　其次，在估算公司资产价值的基础上调整公司资本结构，削减债务和利息支出，为公司创造一组好的财务比率。为达到此目的，需要将一部分债务转成优先股或普通股，以减少每年付息与偿债费用。考虑到公司在重组后继续经营时还须借入新的债务，所以通常调整后的资本结构具有较低的债务比例。

　　最后，重组后的目标公司公开发行股票并上市。

三　杠杆收购的融资体系

　　杠杆收购中需要大量资金才能完成并购交易，在并购融资的过程当中应当以降低资金成本和今后的债务压力为依据。

（一）融资体系的特征

（1）杠杆收购的融资渠道多样化。主要的筹资工具有银行借款、夹层债券和股权资本等。

（2）杠杆收购的融资体系当中，债务资本所占的比重比较大，而股权资本所占的比重比较小。

（3）融资体系的财务风险较大。由于融资体系中债权资本大，因此财务杠杆系数大，债务压力较大。

（4）创新融资工具的大量使用。在杠杆收购融资中，大量使用创新金融工具比如垃圾债券、桥式贷款、从属债券、延迟支付债券等。

（二）杠杆融资体系的内容及安排

杠杆收购的融资分成三个层次，分别是高级债务、次级债务和股权资本。

1. 高级债务层

高级债务也称一级银行贷款，是杠杆收购融资结构中偿债级别最高的债务，也是所占比例最大的债务，一般来说，高级债务占到收购资金的60%左右。高级债务有着优先受偿权，因为商业银行提供贷款的时候一般比较谨慎，当然所对应的收益率相对也比较低一些，供应资金的商业银行所面临的风险比较小。

2. 次级债务层

次级债务也称从属债务，是指那些以夹层债券为表现形式的债务融资工具。在公司破产清算的情况下，其求偿权位于一级银行贷款之后。在这一层次主要的融资工具有：（1）过桥贷款。过桥贷款是指投资银行以利率爬升票据等形式向收购者提供投资银行自有资本支持下的贷款。过桥贷款由收购者日后发行垃圾债券或收购完成后出售部分资产所得资金偿还。（2）从属债券。从属债券的期限多在8—15年，清偿次序位于一级银行贷款之后。按照它的相对清偿次序，又可以分为高级从属债券和次级从属债券。（3）延迟支付债券。延迟支付债券是指在约定的期限内不支付现金股利或股息，约定期结束后按发行时债务契约中拟定的条件支付现金股息或利息的债务融资工具或优先股融资工具。这种融资工具可以大大减轻收购者的债务压力。最常用的延迟支付债券有零息债券和实物支付债券两种主要形式，前者是折扣发行的无息债券，后者是到期可以转换为其他债券或优先股的债券，这种债券的收益率很高，风险也很大。

3. 股权资本层

股权资本证券是杠杆收购融资体系中居于最下层的融资工具，求偿权位于高级和次级债务之后，一般包括优先股和普通股两种。普通股是整个杠杆收购融资体系当中风险和潜在收益最大的一类证券，供应者一般是杠杆收购股权基金、经理人员、提供一级贷款的银行和夹层债券的投资者等。

四　风险控制

杠杆收购中的财务杠杆是一把双刃剑，当资产收益率大于潜入资金利息率时，增加财务杠杆可以大幅度地提高股份制企业的每股盈余；反之，如果企业经营不善，则会使企业净收益和每股盈余急剧减少。收购方不可忽视杠杆收购的风险性。

具体而言，除了在上一节讲过的一般收购所面临的财务风险、反收购风险、法律风险和经营风险以外，杠杆收购还存在与其融资特点相伴生的如下特殊风险。

（1）还本风险，即不能按规定到期偿还债务本金引起经济损失的可能。

（2）支付成本风险，即不能按规定到期支付利息或股息而引起经济损失的可能。

（3）再筹资风险，即短期债务到期时不能及时再筹集到所需资金，或再筹资成本增加而引起经济损失的可能。

对风险的控制最重要的是，确定企业允许的负债比率水平，而在权益资本既定的前提下，负债比率的高低直接决定于负债额度的大小。有三种负债额度的确定供企业风险控制和财务决策时参考。

（1）破产临界额度，即负债极点额度是企业的净资产额。一旦资不抵债将沦为停业清偿。

（2）盈亏临界点负债额。企业必须以息税前利润抵补负债的利息成本。即息税前利润/负债利息率。

（3）实现企业期望每股盈余相宜的负债额。

$$EPS = (I \times R - D \times i)(1 - T)/N$$

EPS 为期望每股盈余，I 为投资总额，R 为预计息税前投资利润率，D 为负债总额，i 为负债利息率，T 为所得税率，N 为普通股数。

第四节　反收购策略

当被收购方拒绝接受兼并收购时，将采取反收购策略，通常会聘请投资银行担任反收购财务顾问。

国际上常见的反收购措施主要有两类：预防性的（preventative）和主动性的（active）。预防性的措施是为了减少财务上成功的敌意收购的可能性，而主动性的措施在敌意报价后采取。

一　预防性反收购措施

预防性反收购措施主要有"毒丸"计划、修订公司条款和金降落伞。

（一）"毒丸"计划（Poison Pill）

这里的"毒丸"计划是指目标公司发行的用以降低企业在敌意收购方眼中的价值的新证券。"毒丸"计划起源于股份购买权利计划（share purchase rights plans），是美国著名的并购律师马丁·利普顿（Martin Lipton）1982 年为帮助 EI 帕索电气公司防御通用美洲石油的收购而发明的。"毒丸"计划是一种有效的防御措施，任何敌意收购方都会感到棘手。常见的"毒丸"计划有以下几个。

1. 股份购买权利计划

"毒丸"计划最典型的做法是由目标公司向其股东配发这样一种权利，该权利允许权利持有人在目标公司遭恶意收购时，半价认购目标公司或并购公司的股票。前者称为"向内翻转型"毒丸，后者称为"对外翻转型"毒丸。例如，2000 年 7 月搜狐公司宣布，其股东可以按每股 100 美元的价格购买 1 个单位的优先股，如果公司遭并购，每 1 优先股可以兑换成新公司量杯行权价格的普通股（即市值 200 美元的新公司股票），其触发条件是个人或机构收购搜狐公司 20% 以上的股权。如果执行该计划，原股东的股权价值提高数倍，而收购者在新公司中的股权将大大稀释，收购成本大大增加。

2. 票据购买权利计划

票据购买权利计划（Note purchase rights plans）是指当公司面临恶意收购时，其股东有权将他所持有的目标公司的股票按约定转换成一种或一揽子债券，这些债券往往附带一些在令收购者深感棘手的规定，比如，具有优先受偿权利或提前要求清偿权利等。票据购买权利计划会大幅度改变公司的负债结构，并可能增加收购者短期内偿付债务的资金需要，加重其财务负担。

进入 21 世纪后，采用"毒丸"计划的公司越来越少了。有报告认为"毒丸"计划给投资者留下了公司董事会对任何出价的收购均不予考虑的印象，因此有损于股票表现。当一家公司宣布一项新的"毒丸"计划时，其股价往往会下跌。2001 年，雅虎公司（Yahoo Inc。）的股票在公司宣布实行这一计划时就下跌了 11%。

（二）修订公司条款

修订公司条款指出于反收购目的在公司章程中设置一些作为收购障碍的条款。一些常见的反收购修订公司条款的方法有董事会轮选制度、超多数条款和累计投票法。

1. 董事会轮选制度（Staggered Board Election）

董事会轮选制度是指公司章程规定每年次只能改选 1/4 或 1/3 的董事。这意味着收购者即使收购到了足量的股权，也无法对董事会做出实质性改组，即无法很快地入主董事会控制公司。因为董事会的大部分董事还是原来的董事，他们仍掌握着多数表决权，仍然控制着公司，他们可以决定采取增资扩股或其他办法来稀释收购者的股票份额，也可以决定采取其他办法来达到反收购的目的。董事轮换制是一种有效的，对股价影响较小的反收购对策。

2. 超多数条款（Super-majority Provision）

超多数条款是指在公司章程中规定，对于可能影响到控制权变化的重大事项决议必须经过多数人表决权同意通过。特别地，如果要更改公司章程中的反收购条款，必须经过绝对多数股东或董事同意，这就增加了收购者接管、改组目标公司的难度和成本。比如章程中规定：须经全体股东 2/3 或 3/4 以上同意，才允许公司与其他公司合并。这意味着收购者为了实现对目标公司的合并，须购买 2/3 或 3/4 以上的股权或须争取到更多的（2/3 或 3/4 以上）股东投票赞成己方的意见，这在一定程度上增加了收购的成本和收购难度。这种反收购对策对股价可能有一定的影响，但仍然被认为是一种温和的反收购对策。

3. 累计投票法

这是指在公司章程中规定限制大股东投票选举董事会的表决权的条款。该法规定，投票人可投等于候选人人数的票，并可将票全部投于一人，从而保证中小股东能选出自己的董事。这样一来，收购者虽然拥有超半数的股权，但不一定拥有超半数的表决权。

（三）金降落伞

"金降落伞"（Golden Parachutes）是指目标公司董事会通过决议，由公司董事及高层管理者与目标公司签订合同规定：当目标公司被并购接管、其董事及高层管理者被解职的时候，可一次性领到巨额的退休金（解职费）、股票选择权收入或额外津贴。该等收益就像一把降落伞让高层管理者从高高的职位上安全下来，故名"降落伞"计划；又因其收益丰厚如金，故名"金降落伞"。目前全美 500 强中已有一半以上通过了这项议案。

金降落伞的一个变化形式是"银降落伞"（Sliver Parachutes）。"银降落伞"是指规定目标公司一旦落入收购方手中，公司有义务向被解雇的中层管理人员支付较"金降落伞"略微逊色的保证金。

此外，还有"锡降落伞"，"锡降落伞"是指目标公司的员工若在公司被收购后两年内被解雇，则可领取员工遣散费。"锡降落伞"的享受者众多，有时反而比"金降落伞"更能阻止敌意收购。美国的石油业非常流行"锡降落伞"的保护。

从反收购效果的角度来说，"金降落伞""银降落伞"和"锡降落伞"策略，能够加大收购成本或增加目标公司现金支出从而阻碍并购。"金降落伞"法可有助于防止管理者从自己的后顾之忧出发阻碍有利于公司和股东的合理并购，故"金降落伞"引起许多争论和疑问。美国 500 家大公司中有一半以上的董事会采用了"金降落伞"议案。

二　主动性反收购措施

主动性反收购措施主要有如下一些措施。

（一）股份回购（Share Repurchase）与死亡换股股份回购

股份回购是指目标公司或其董事、监事回购目标公司的股份。回购股份在实战中往往是作为辅助战术来实施的。如果单纯通过股份回购来达到反收购的效果，往往会使目标公司库存股票过多，一方面不利于公司筹资，另一方面也会影响公司资金的流动性。目标公司财务状况是制约这一手段的最大因素。死亡换股即目标公司发行公司债券、特别股或其组合以回收其股票。这同样起到减少在外流通股份和提升股票价格的作用。但死亡换股对目标公司的风险很大，因负债比例过高，财务风险增加，即使公司价值不变，但权益比重降低，股价不见得会随在外流通股份的减少而升高。更有甚者，即便股价等比例上涨，但买方收购所需要的股数也相应地减少，最后收购总价款变化不大，目标公司可能收效甚微。

（二）帕克曼（Pac-man）战略

"帕克曼"战略即收购收购者，也是被收购企业可能采取的一种方式，目标企业购买收购者的普通股，以达到保卫自己的目的。但前提是被收购者与收购者的力量对比并不悬殊。该战略是一场非常残酷的收购战，最后的胜利者往往是那些实力雄厚、融资渠道广泛的公司。如果收购战的双方实力相当，其结果很可能是两败俱伤。没有明确的研究结果表明收购双方股东能从中受益。

（三）寻找"白衣骑士"（White Knight）

寻找"白衣骑士"指目标企业为免遭敌意收购而自己寻找善意收购者。公司在遭到收购威胁时，为不使本企业落入恶意收购者手中，可选择与其关系密切的有实力的公司，以更优惠的条件达成善意收购。通常，如果敌意收购者的收购出价不是很高，目标公司被"白衣骑士"拯救的可能性就大；如果敌意收购者提出的收购出价很高，那么"白衣骑士"的成本也会相应提高，目标公司获得拯救的可能性就会减小。

在美国1978年至1984年间的78起成功的反收购案例中，有36起是被"白衣骑士"拯救的。

（四）焦土战术（Scorched Earth Policy）

焦土战术同样是一种两败俱伤的策略。常用做法主要有以下两种。

（1）出售"冠珠"。公司可能将引起收购者兴趣的"皇冠上的珍珠"（Crown Jewels），即那些经营好的子公司或者资产出售，使得收购者的意图无法实现，或者增加大量资产，提高公司负债，最后迫使收购者放弃收购计划。

（2）虚胖战术。公司购置大量与经营无关或盈利能力差的资产，使公司资产质量下降；或者是做一些长时间才能见效的投资，使公司在短时间内资产收益率大减。通过采用这些手段，使公司从精干变得臃肿，收购之后，买方将不堪重负。

采取类似"自残"的方式，降低收购者的收购收益或增加收购者风险也能够达到击退恶意收购的目的。"毒丸计划"和"焦土战术"是其中两个撒手锏。

（五）绿色邮件（Greenmail）

绿色邮件策略是指贿赂外部收购者，以现金流换取管理层的稳定。其基本原理为目标公司以一定的溢价回购被外部敌意收购者先期持有的股票，以直接的经济利益赶走外部的收购者；同时，绿色邮件通常包含一个大宗股票持有人在一定期限（通常是十年）内不准持有目标公司股票的约定（standstill）。

附件：收购与反收购案例

甲骨文对仁科的收购

Oracle（甲骨文）公司是全球最大的信息管理软件及服务供应商，成立于1977年，总部位于美国加州Redwood shore。PeopleSoft（仁科）是全球第二大的企业应用程序软件公司，同时也是最大的中型市场解决方案供应商。2003年6月2日，仁科刚刚宣布以约17亿美元的价格将商业软件公司J. D. Edwards（以下简称JDE）购为己有，6月6日，甲骨文（Oracle）公司董事长兼首席执行官埃里森就表示愿出资51亿美元并购仁科。6月9日，甲骨文公司已正式提出与仁科董事会商讨并购事宜，但仁科管理层表示反对。

一 并购动因

甲骨文首席执行官劳伦斯·埃里森2003年6月30日在旧金山联邦法庭就反垄断指控审理中表示，微软价格战略造成的压力是迫使甲骨文并购仁科的主要原因。微软结盟SAP进入企业应用软件领域，而微软向来以低价格战略著称，甲骨文面临着市场竞争的无法承受之重。甲骨文是世界上最大的数据库软件公司，但在商业应用软件方面却竞争不过仁科等公司。而且，最近甲骨文数据库软件的销售量不断下降。甲骨文迫切需要商用软件业务来补偿数据库业务的损失。而且另一起涉及16亿美元的收购事件成了这一收购案的真正导火线，否则，最先被收购的也许不会是仁科。2003年5月底，仁科公司公开表示愿意以16亿美元的价格收购J. D. Edwards。虽然这是一家规模较小的企业应用软件公司，但如果收购成功却会使企业软件市场的格局发生微妙变化——合并后的公司会超越甲骨文公司成为全球第二大企业应用软件厂商。

甲骨文计划在并购成功后，停止仁科的软件研发，不再销售其商业应用软件，而是在仁科的产品基础上改进，成就甲骨文电子商务套装软件的新版本。这样，甲骨文夺得了仁科的客户，从而节省大量的经营成本，降低了商业风险。

二　仁科的反收购

2003 年 5 月，仁科公司通过了一项以 15 亿美元并购 J. D. Edwards 公司的决议，该项决议如果顺利实施，将帮助仁科成为商业应用软件市场的第二大公司，而原来居第二位的甲骨文将退居第三位。甲骨文的行为显然打乱了仁科并购 J. D. Edwards 公司的战略部署，这尤其让仁科公司总裁兼 CEO 克雷格·康威（Craig Conway）怒火中烧。于是，康威率领仁科的董事会和股东们奋起抵制甲骨文的恶意收购，先后 5 次拒绝了甲骨文的报价，最高的时候，甲骨文开出了最高 94 亿美元"高额支票"，然而依然没有获得仁科董事会的认可。2003 年 6 月 16 日，PeopleSoft 公司又向其客户发出信函，呼吁用户对其的立场表示支持。PeopleSoft 公司同时向客户和美国证券交易委员会寄出了这封信函，该公司首席执行官 Craig Conway 在信中表示，甲骨文公司的收购计划是一次"掠夺"行动。仁科还使用了一项有争议的担保，来保持该公司 2002 年的销售。担保的内容是，如果公司被甲骨文收购，将向顾客返还 5 倍的产品金额。虽然这一举动引起了华尔街一些人的忧虑，认为这无异于为防止甲骨文收购而采取的一个"毒丸"反收购计划，但这一保证最终得到了多个维权股东集团的默许。在最近一个季度，这项担保仍然有效。

三　甲骨文的回应

埃里森曾用激烈的措辞批评了仁科公司的反收购措施，他说，负责运营的管理人员怎么可以像是自己拥有公司那样做出决策，反收购措施在哪里都是非法的，做出决策的应当是大多数股东，只有他们才是企业真正的主人。表面看来，甲骨文和仁科并购一案的关键掌握在政府相关部门或者法官手中，其实不然，甲骨文的最终报价与仁科股东的心理价位之间的差距才是并购能否成功的关键因素。随着纠纷的加剧，仁科股东"待价而沽"的心态越发明显。一旦甲骨文的报价达到了股东们的心理价位，所有的防御措施都成为了"过眼云烟"。

2004 年 12 月 13 日，甲骨文公司正式对外宣布，其以每股 26.53 美元的价格收购了仁科，折合大约 103 亿美元。甲骨文和仁科收购案在漫长的 18 个月后终于定音，软件业最大收购案尘埃落定。就在收购成功消息公布的当天，甲骨文公司的股票就攀升了 9.1%，达到每股 14.49 美元，而仁科股票也相应上涨了 10.3%，达到每股 26.42 美元。

第七章 资产证券化

本章学习重点

- 资产证券化的基本运行机制
- 资产证券化的主要操作环节
- 资产证券化的作用
- 过手证券
- 转付证券

第一节 资产证券化的基本原理

资产证券化（Asset Securitization）是 20 世纪 70 年代以来国际金融领域最重要的创新之一，已经成为金融业务的主要发展趋势。产生的背景是 20 世纪 60 年代末，美国的金融机构面临信用环境恶化等经营困境，主动寻求银行资产的流动性，提高资产的变现能力。

一 资产证券化的含义

资产证券化是指这样一种金融安排技术和过程：将流动性较差，但具有预期稳定现金流入的金融资产（称为"证券化资产"或"基础资产"）进行组合，以这组资产所产生的未来现金流的权益为基础，配以必要的信用担保，在金融市场上发行信用等级较高的债券。

资产证券化从其诞生之时就是为了增大金融机构的流动性和实现信用风险的转移，这也是资产证券化最基本的功能，同时资产证券化也为企业解决资产流动性问题以及解决中小微企业融资难的问题提供了渠道。2020 年 3 月份，首单小微企业知识产权暨疫情防控资产证券化项目（疫情防控 ABS）在上海证券交易所成功发行，该项目为浦东科创知识产权资产支持专项计划，采用储架发行方式，首期优先级发行利率 3.59%，有力缓解了疫情期间小微企业流动性问题，助力疫情防控工作；同月，由山西证券作为计划管理人和独家销售机构的"山证汇通 – 永辉超市供应链 1 期资产支持专项计划（疫情防控 abs）"也成功发行，项目发行规模为 5.40 亿元，期限为 1 年期，这也是全国首单零售商超行业供应链储架资产证券化项目和疫情防控资产证券化项目。

根据 Wind、CNABS 统计，2019 年我国资产证券化市场共发行产品 1439 单，发行规模共计 23294.34 亿元，同比分别增长 51.47% 和 15.65%。

资产证券化操作过程中通常需要组建一家特殊目的公司（Special Purpose Vehicle，SPV）或特设信托机构，资产的原始权益人将自己拥有的特定金融资产（如长期贷款、应收账款等）以"真实出售"的方式转让给特殊目的公司，特殊目的公司获得这些资产的所有权，构成"资产池"。特殊目的公司通过担保、保险、评级等形式对资产池进行信用增强，然后，以自身作为发行主体，以资产池的预期现金收入流为基础，发行证券，并凭借对资产的所有权确保资产池的未来现金收入流首先用于对证券的偿本付息。经过上述安排之后，这些金融资产未来现金流的收益权体现为可以流通转让的证券。

二　资产证券化的基本运行机制

资产证券化的基本运行机制如图 7 – 1 所示。从中可以看出，资产证券化涉及多方当事人，是一项复杂的金融技术。

（一）资产证券化的参与机构

资产证券化业务一般要涉及以下几个方面的当事人。

1. 发起人

资产证券化的发起人，也称原始权益人，是指拟对所拥有的资产进行证券化操作的金融机构。发起人的职能是选择证券化的基础资产，对其进行组合、包装，并出售给 SPV。

2. 发行人

发行人是指在资产证券化过程中购买原始权益人的资产，以此为基础设计并发行证券的实体。一般而言，发行人是一个特殊目的公司（SPV），即为资产证券化业务而专门设立的、独立的公司。它是发行证券的载体，因而是整个交易结构的中心。其作用如下：第一，按照"真实出售"标准从发起人手中购置基础资产；第二，通过对基础资产

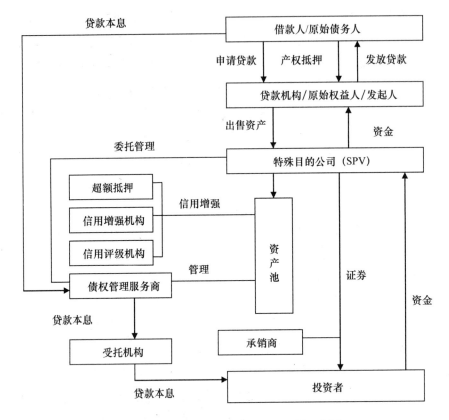

图7-1 资产证券化基本运行机制示意图

进行重组、整合，并采取超额担保、保险等措施进行信用增强；第三，聘请信用评级机构，对信用增强之后的资产进行信用级别的评审；第四，选择债权管理服务商、受托机构等作为交易的中介机构；第五，选择承销商，发行资产支持证券；第六，委托服务商从原始债务人收取偿付资金，委托受托机构向证券持有人按照约定偿付本息。

3. 信用增强机构

信用增强机构包括银行、保险公司和担保公司等机构，通过信贷安排、保险和担保等方式提高证券的信用等级，从而降低证券的利率，减少融资成本。

4. 信用评级机构

信用评级机构对特殊目的公司及其资产池给予审查，进行资信评级，为投资者提供风险评价和投资决策的依据。

5. 债权管理服务商

债权管理服务商是受特殊目的公司委托，对资产池进行管理的机构，通常聘请资产管理公司、专业服务公司或投资银行，也可以由原始权益人担任。它的主要职责是负责收取到期的贷款本金和利息、追收过期的应收账款。服务商还负责向受托机构和投资者提供资产池状况的月份或年份报告，这些报告着重披露现有贷款组合中未偿还的本金余额、贷款抵押物的基本情况、本期内贷款组合产生的现金流量、违约情况等必要信息。服务商在向投资者公告这些信息前，必须接受受托机构的审核，以确保服务商履行了信息充分披露的义务。

6. 受托机构

受托机构是负责接受资产池产生的现金流、进行证券登记、向投资者发放证券本息等工作的机构，一般由银行或信托公司担任。受托机构的职责是将借款人归还的本息或者权益资产的应收款转给投资者（如果没有立即转给投资者，必须负责对款项进行再投资），对服务商提供的报告予以确认并转给投资者。另外，当服务商不能履行其职责时，受托机构还将同时充当服务商。

7. 证券承销商

证券承销商通常是具有丰富发行经验和广泛销售渠道的投资银行。证券承销商在资产证券化过程中扮演着重要的角色，不仅负责向投资者出售证券，还与SPV一起进行策划、组织证券化交易的整个过程，以确保证券化结构符合法律、规章、税收等方面的要求。

8. 投资者

投资者是证券销售对象，包括个人投资者和机构投资者。其中，机构投资者包括投资基金、保险基金、社保基金等，是资产证券化市场的主要参与者。

（二）资产证券化的主要操作程序

资产证券化过程有以下几个主要操作环节。

1. 确定证券化基础资产

发起人（原始权益人）分析自己的融资需求，对自己拥有的能够产生未来现金收入流的金融资产进行清理、估算和考核，根据需求确定证券化标的资产，并将这些资产打包、组合。这里需要强调的是，发起人对每项基础资产都必须拥有完整的所有权；一般情况下，要使基础资产的预期现金收入流大于对资产支持证券的预期还本付息额。

从实践情况来看，并非所有的资产都适合证券化。适合资产证券化的资产要具备如下特征。

（1）具备稳定性、安全性，可以产生稳定的、可预期的现金流收入。一般来讲，住房抵押贷款、汽车贷款、信用卡应收账款等具备这些优良的特性，比较适合进行资产证券化。

（2）具备标准化的合同文件，即基础资产具有较高的同质性，以便进行资产的重新组合绑定。

（3）资产抵押品具备较高的变现能力，保证在必要时能够变现，投资者的资金有一定程度的回收保障。

（4）原始债务人具备大数定律的特征，即人数较多，分布广泛，具备一定的随机特征。

（5）资产的本息偿付必须具有连续性，能够在整个证券化的有效期间内持续支付。

（6）资产的信息披露机制健全，使投资者能够随时了解基础资产所处的财务状态。

（7）原始权益人持有这些资产已经有一定时期，并且原始债务人信用表现记录良好，违约风险不存在或很低。

基础资产具备大众熟悉、还款模式简明、未来现金收入流稳定、资产流动性好、违约率较低、原始债务人分布广泛、非系统风险降低等特征，这些资产可以确定为优良资产，证券化后所衍生的资产支持证券将会同样具备这些特征，因而容易受到投资者的青睐。一般来说，那些现金流不稳定、同质性低、信用质量较差且很难获得财务统计数据的资产，不适于被直接证券化。

2. 组建特殊目的公司（SPV）

SPV 是由发起人专门为资产证券化业务而特别设立的一家独立的公司①，主要功能有四个：一是作为资产证券化的发行主体；二是代表所有投资者拥有基础资产的权益以及相应的担保；三是隔绝发起人与证券化基础资产的关系；四是争取合理的会计与税赋待遇。

SPV 在资产证券化过程中处于核心地位，为了保护证券投资者的利益，SPV 必须成为一个不会破产的公司，即必须实行"破产隔离"（bankruptcy-remoteness）。这里包含两个含义：一是 SPV 本身不易破产；二是它与原始权益人之间基础资产的交易必须是"真实出售"。

为了保证不易破产，需要对 SPV 做出以下规定。

（1）限制其目标和权力。SPV 是以资产证券化为唯一目标的特设机构，不能从事资产证券化交易以外的任何经营业务和投融资活动。

（2）资产负债表简单明晰（见表 7 - 1）。SPV 的资产主要是从发起人手中购买的用于支持发行证券的金融资产组合，以及信用增强中设计的、担保合约中的权利。SPV 的主要负债是资产支持证券，其他负债包括对第三方的负债和从属性负债。

表 7 - 1　　　　　　　　　　　　　　SPV 的资产负债表

资产	负债与所有者权益
支持发债的资产组合 各种担保合约权利	资产支持证券 对第三方的负债 从属性负债 权益资本

① SPV 也可以采取变通模式，由发起人的子公司、承销子公司或信托实体（Special Purpose Trust，SPT）等法人实体承担。

对第三方的负债是指应支付给服务商、受托机构、担保机构的费用，通常这部分负债的优先序列较高。从属性负债（又称次级证券）是发起人或 SPV 的其他设立人向 SPV 提供的一种特殊形式的启动资金，其偿还的优先序列低于其他负债，其性质介于负债和权益之间，实质上起着信用提高的作用。权益资本的规模一般较小，这符合发起人融资的根本目的。

SPV 除了上述规定的负债以外，不能承担其他债务或提供其他担保。

（3）保持独立性。虽然 SPV 与发起人、服务商、受托机构等存在密切的业务关系，但在法律和财务上必须保证严格的分立性要求：①拥有独立的财务记录、财务报表，不得与其他机构和个人联合；②资产产权明晰；③以自己单独的名义从事业务；④不同其他分支机构发生关联交易；⑤不对任何其他机构提供担保或为其承担债务，不用自己的资产或原始权益人的资产为其他机构提供抵押；⑥不与他方合并或转让原始权益。

（4）实行独立董事制度。董事会中必须设有维护证券投资者利益的独立董事。

3. 资产转让

资产转让是指原始权益人将基础资产转移给 SPV 的过程。这种资产转移必须在法律上以及在会计上都被认定为"真实出售"，而不是以所转移资产为担保的融资。资产一旦出售，原始权益人不再承担与资产伴随的风险，与原始权益人有关的破产风险也不再影响已出售资产的信用度，从而实现"破产隔离"。

4. 设计资产支持证券和交易结构

SPV 根据市场的需求、基础资产和融资成本等因素，确定证券的种类、期限、利率、币种、本息支付方式、主要发售对象、发行方式等。根据资产支持证券的设计方案，SPV 与发起人或债权管理服务商签订服务合同，与受托机构签订托管合同、周转协议（规定在必要时由受托机构提供流动性支持），与证券承销商达成证券承销协议，通过这些安排，建立和完善资产证券化的交易结构。

5. 信用增强与信用评级

为吸引投资者，改善发行条件，SPV 需要对拟发行的证券进行信用增强。信用增强的方法很多，从其提供者的角度可以分为以下几点。

（1）发起人提供信用增强。一般来说，发起人提供信用增强的方式包括以下三点。

第一，直接追索权：当原始债务人对贷款或应收款违约拒付时，SPV 拥有向发起人直接追索的权利。一般采取偿付担保或由发起人承担回购违约资产的方式。

第二，资产储备：发起人保有一份证券化数额之外的资产储备，用以补偿基础资产违约给 SPV 造成的损失。

第三，次级证券：SPV 同时发行两类资产支持证券 A 和 B，A 在本息偿付上享有优先权，称为优先级证券，发售给普通投资者；B 的本息偿付滞后于 A，称为次级证券，由发起人认购。

需要注意的是，如果单纯依靠发起人提供信用增强，评级机构对资产支持证券的评级不会高于发起人的信用级别，另外，由于发起人对基础资产还承担着一定的偿付违约责任，法院有可能据此判定基础资产的转让为非真实出售。因此，证券化市场上很少主要依靠发起人提供信用增强。

（2）SPV 提供信用增强。SPV 提供信用增强的方式包括以下两方面。

第一，直接追索权：在资产池产生的现金流不足以按照规定向投资者支付本金和利息时，投资者有权要求 SPV 用自身拥有的其他资产所产生的现金流进行弥补。

第二，超额担保：SPV 确保资产池规模超过预定金额，资产池的未来现金收入流超过资产支持证券未来的应付现金流。

（3）第三方提供信用增强。第三方是指除发起人、SPV、服务商、受托机构以外能提供信用增强的结果，第三方提供信用增强的方式包括以下三点。

第一，不可撤销担保信用证：由银行向 SPV 开出以资产支持证券持有人为受益人的担保信用证。一旦 SPV 未能履行按期支付或足额支付义务时，信用证担保义务开始生效，银行承担代替 SPV 向投资者偿付的责任。

第二，信用保险：SPV 向保险公司投保，在资产池未能产生足够现金流偿付证券本金和利息时，由保险公司向投资者赔偿损失。

第三，次级证券：由第三方购买资产支持证券中偿付权利滞后的次级证券。

采取信用增强措施后，SPV 聘请评级机构对拟发行的资产支持证券进行信用评级，较高的信用等级有利于证券的发行。

6. 证券销售

SPV 聘请投资银行向投资者推销资产支持证券。这一过程与普通债券的发行过程基本相同，既可以采取私募方式，也可以采取公募方式；既可以由投资银行承销（包销），也可以代销。

7. 支付对价

SPV 获得证券发行收入后，向原始权益人支付购买基础资产的价款。

8. 资产管理

债权管理服务商对资产组合进行管理，负责收取、记录由资产池产生的全部收入，并将这些收入款项全部存入受托机构的收款专户。

9. 按期偿付证券本息和中介机构费用

受托机构按照约定，对资产支持证券还本付息，向聘请的各类机构支付专业服务费。由资产池产生的收入在还本付息、支付各种服务费后，如果还有剩余，则全部退还发行人。

第二节　资产证券化的作用与风险

一　资产证券化的特征

资产证券化的实质是将一组金融资产的未来现金流收益权以债券方式出售给投资者，为金融资产的原始权益人融入资金。但是，与传统的融资方式不同，资产证券化具有以下几个特征。

（一）资产证券化是一种结构融资方式

传统的融资方式是企业以其自有产权为清偿基础，企业以自身名义发行债券，对债券本息的偿付以公司全部法定财产为限。资产证券化虽然也采用了债券的形式，但其交易结构与传统的融资方式大不相同。资产证券化的基本交易结构由资产原始权益人、特殊目的公司和投资者三个主体构成，资产原始权益人是资产证券化的发起人（sponsor），但不是发行人（issuer）。债券发行主体是特殊目的公司，债券发行基础是通过购买方式获得的特定资产，这些资产已经与原始权益人的其他资产相互分离，也就是说，即使原始权益人破产，也不会形成对证券化资产的追索，同时，资产证券化发行的债券仅以基础资产作为支撑，偿还其本金利息的资金只能来源于基础资产未来的现金收入流，而不会来自原始权益人的其他资产。

（二）资产证券化表现为资产处置行为

在传统的融资运作过程中，所涉及的金融资产均存在于"资产负债表"中，而资产证券化表现为原始权益人向特殊目的公司出售拟进行证券化的资产，这些资产从原始权益人的资产负债表中剔除。因此，资产证券化可以帮助原始权益人调整资产负债结构，例如，通过证券化，将资产负债表中的资产分离、转让，原始权益人获得资产销售收入，这些资金可以用于偿还负债，从而降低企业的资产负债率；如果这些资金不用于偿还债务，企业的资产规模和资产负债率不变，但是流动性较差的资产转变为现金，可以追求新的投资机会，获取更高的资产收益比率。

（三）资产证券化是一种收入导向型的融资方式

资产支持证券的持有人在证券到期时即可获得本金与利息偿付，偿付资金来源于基础资产所提供的现金流，也就是说，资产池中的资产所产生的现金流量是向投资者支付本息的唯一来源。由于资产证券化是通过基础资产未来收入来融资，所以，债券的信用等级脱离于资产的原始权益人，取决于基础资产的质量，融资成本（体现于债券的价格和利率）取决于对基础资产未来现金收入流的预期，如果预期基础资产未来现金收入流较高并且稳定，则融资成本可以降低；如果预期基础资产未来现金收入流较低或不稳定，则融资成本会提高。

二 资产证券化的作用

资产证券化之所以得到迅速发展，原因在于它具有与传统的融资方式不同的特征，能够为发起人带来特殊益处。

（一）降低资金成本

传统融资方式一般均是以借款方的综合信用为担保，与此不同，资产证券化则是一种收入导向型的融资方式，它一般要求被证券化的基础资产具有稳定的、可预测的现金流，且历史的信用记录良好，通过真实出售和破产隔离的证券化结构设计，再辅以信用增级等手段，使得要发行证券的信用级别大大提高。而信用级别的提高必然带来融资成本的降低。通过资产证券化，非投资级公司可以以投资级利率筹集资金。这一点对于难于直接进入资本市场发行证券筹资而拥有优质资产的中小企业来说，具有更为重要的意义。

（二）改善资本结构

多数证券化采用了表外融资的处理方法，发起人通过真实销售而不是担保融资的形式，将证券化资产和负债转移到资产负债表外，从而达到改善资产负债表结构的目的。证券化的这一优势对于银行等金融机构具有特殊意义。众所周知，自1988年以来，巴塞尔委员会关于银行监管的准则已为越来越多国家的金融管理当局所接受，银行等金融机构的资本充足状况成为各国金融监管的焦点，银行为达到资本充足率要求不得不保有与其所持资产相对应的资本。如果银行开展资产证券化交易，不但可以提前收回现金，从而可相应缩减负债，同时由于将证券化资产移到表外，银行可以释放相应的资本——资产证券化的这种双重释放功能是其越来越受到银行青睐的主要原因。

（三）有利于资产负债管理

金融机构普遍面临的一个问题是资产和负债在期限上的匹配失当，从而给资产—负债管理带来了很大困难。资产证券化则可以有效地减少这种风险，通过资产证券化，金融机构所持有的长期资产提前变现，长期资产和短期负债匹配失当的问题得以化解，另外，原本要由金融机构承担的提前偿付风险也转移给了投资者。事实上，资产证券化在美国兴起的一个主要原因就是储贷协会为减少资产负债的不匹配带来的损失而纷纷将大量的长期住房抵押贷款证券化。

（四）优化财务状况

由于资产在证券化后是以很高的信用级别出售的，所以成本较低，这样在基础资产的收益和资产支撑证券的收益之间就会有一个差额收益，而这个收益一般都是归发起人所得。无疑，既能获得收益，又能留住客户对发起人是一个很大的吸引。这种赚取差额收益的能力常常能够提高发行人在资产上的收益。另外，发起人还可以凭借其在资产管理方面具有的优势充当中介服务商的角色，赚取服务费。此外，资产证券化还可以使公司把未来服务费收入流提前兑现为现期盈利，如果不进行证券化，通常这种收入要在贷款的整个期限内才能逐步实现。总之，利用资产证券化的优势增加收益并最终优化财务状况，是实现股东价值最大化的战略性选择。

三　资产证券化的风险

任何金融活动都具有潜在风险，资产证券化亦不例外。资产证券化风险是指在资产证券化交易中各种不确定因素给各交易主体带来损失的可能性，其主要包括交易结构风险、信用风险、提前偿还风险、利率风险等。

（一）交易结构风险

资产证券化是一种结构融资方式，其融资的成功与否及其效率大小与其交易结构有着密切的关系。从理论上说，只要参与各方遵守所确立的合约，资产证券化的交易结构将是一种完善的、风险分担的融资方式。但是由于不同国家对资产出售有着不同的法律和会计规定，这一方式将面临交易结构风险。如果发起人的资产出售作为"真实销售"处理，证券化资产从发起人的资产负债表中剥离出去，发起人的其他债权人对这些资产没有追索权，那么，即使发起人破产，其被证券化的资产也不会作为清算对象，证券化资产的未来现金流量仍通过发行人转给债券的投资者。如果发起人的资产出售不能判定为"真实销售"，则资产证券化的交易结构存在根本缺陷，当发起人破产时，其他债权人对证券化资产享有追索权，这些资产的现金流量将会转给发起人的其他债权人，资产支持证券的投资者将面临本息损失的风险。

（二）信用风险

信用风险也称为违约风险，它是指基础资产的原始债务人不履行债务责任的风险。资产证券化是以基础资产的未来现金流为支撑，如果原始债务人破产或拒绝偿还债务，则 SPV 缺乏偿付证券本息的现金流收入，违约风险将蔓延至证券投资者。

（三）提前偿还风险

提前偿还风险是指原始债务人提前偿还其债务的行为给资产支持证券价值带来的影响。我们以房地产抵押贷款证券化说明这一问题。房地产抵押贷款通常采取固定利率形式，如果市场利率不发生变化，原始借款人按期偿还贷款本息，形成稳定的现金流，SPV 将这些资金支付给资产支持证券的投资者，则投资者可以预期得到稳定的现金流收入。然而，当市场利率下降时，原始借款人会借取新债，提前偿还原贷款，从而降低利息负担。这种提前偿还贷款的行为将改变 SPV 所收到的现金流，即提前收回贷款本金，减少了未来的利息收入。由于市场利率下降，这些提前偿还的资金无法重新通过再投资而获得原有的高利率收入，总体现金流收入将减少。相应地，资产支持证券的现金流收入必然随之减少。

提前偿付行为使资产支持证券的未来现金流具有不确定性，从而给证券的定价及投资者的决策带来困难，因此要对它做出估计预测。描述提前偿付行为的指标为年固定提前偿付率（Constant Prepayment Rate，CPR），即借款人在某一年度提前清偿全部贷款余额的概率。这一指标可以转换为月提前偿付率（Single-Monthly mortality，SMM），它与 CPR 的关系为：

$$SMM = 1 - (1 - CPR)^{1/12}$$

为了进一步衡量不同贷款的提前偿付行为的差异，美国公共证券协会（Public Security Association，PSA）于 1985 年提出了 PSA 基准。

PSA 对美国历年房地产抵押贷款的提前偿付行为进行了统计分析，30 年期（360 个月）住房抵押贷款的 CPR 平均值为：第一个月的 CPR 为 0.2%，在接下来的 30 个月里，每月增长 2%，到第 30 个月时，CPR 达到 6%，从第 31 个月开始，剩余年份的 CPR 均为 6%。PSA 以上述平均值作为 PSA 基准，定义为 100PSA。将某笔住房抵押贷款（或贷款组合）的现实 CPR 或预期 CPR 与 PSA 基准相比较，用以描述该笔住房抵押贷款（或贷款组合）的提前偿付风险特征。例如，如果某笔住房抵押贷款（或贷款组合）的现实 CPR 或预期 CPR 恰好是 PSA 基准的一半，即第一个月的 CPR 为 0.1%，在接下来的 30 个月里，每月按固定比例增加，到第 30 个月时，CPR 达到 3%，从第 31 个月开始，剩余年份的 CPR 均为 3%，则该笔住房抵押贷款（或贷款组合）的提前偿付风险特征计量为 50PSA。

（四）利率风险

利率风险也称市场风险，是指市场利率变化对资产支持证券价格变化的直接影响。资产支持证券本身是一种固定收益证券，其市场价格与市场利率水平呈反向变动，假定其票面利率固定，市场利率上升（下降）时，资产支持证券的价格就会下跌（上涨），从而给投资者带来资本损失（或资本利得）。在其他条件相同的情况下，资产支持证券的票面利率越高、期限越长，其价格对市场利率的变化就越敏感。

第三节　资产证券化的主要形式

自 20 世纪 70 年代以来，资产证券化在世界各国得到迅猛发展，被证券化的金融资产的种类越来越多，证券化交易的组织结构越来越复杂，按照不同的分类标准，资产证券化可以划分为不同的类型。

一　按照基础资产分类

按照基础资产的不同，可以分为抵押支持证券和资产支持证券。

（一）抵押支持证券（Mortgage-Backed Securities，MBS）

抵押支持证券是资产证券化发展史上最早出现的证券化类型。它是以住房抵押贷款为基础资产，以借款人分期偿还贷款所形成的稳定现金流作为支撑，通过金融市场发行债券的融资安排。

（二）资产支持证券（Asset-Backed Securities，ABS）

资产支持证券是指以住房抵押贷款以外其他金融资产作为基础资产的证券化形式，它实际上是 MBS 技术在其他资产上的推广和应用。资产证券化的基本条件是基础资产能够产生可预期的、稳定的现金流，除住房抵押贷款以外，一些其他资产也具备这种特性，因而也可以证券化。

随着证券化技术的不断发展和证券化市场的不断扩大，ABS 基础资产的种类日益丰富，目前，ABS 主要包括以下几个类型。

1. 汽车贷款支持证券

首例以汽车贷款作为基础资产的 ABS 是 1985 年 5 月由美国 Marine Midland 发行的，其证券的名称为汽车应收款凭证（Certificates for Automobile Receivables，CARs），此后发行的汽车贷款支持证券均被称为 CARs。

发放汽车贷款的金融机构主要是商业银行和财务公司，它们手中沉积着大量的汽车贷款资产，需要进行证券化安排，因此成为汽车贷款支持证券的发起人。例如，在美国，通用汽车票据承兑公司、克莱斯勒财务公司和福特信用公司是汽车贷款支持证券的主要发起人。汽车贷款的比较标准，期限一般为 5 年，采取等额分期偿还方式，即借款者按月等额偿还贷款，因而形成比较稳定的可预期的现金流，易于证券化。

与汽车贷款的特点相适应，目前的 CARs 大多期限为 5 年，平均等额偿付，采用固定利率。

2. 信用卡应收账款支持证券

信用卡应收账款支持证券的基础资产是一组特定账户的信用卡应收账款。持卡人向发卡人偿还应收款时，形成该账户的现金收入流，就整个账户而言，由于持卡人每月的偿付率相对稳定，所以现金收入流相对平稳，可以进行证券化，利用该账户的现金收入流等额分期偿还债券的本金和利息。

信用卡应收账款支持证券的运行特点与 MBS 和 CARs 有所不同。第一，信用卡应收账款支持证券的期限分为周转期和摊销期，周转期是一个特定时期，在此期间不摊销债券的本金，只向投资者支付利息，对应于债券本金部分的资金被发行人保留并用于购买额外的应收款。周转期结束后便进入摊销期，在此期间向投资者按月等额分期偿付本金和利息；第二，发卡人将应收账款出售给特殊目的公司后，不会将这一交易通知持卡人，而是继续负责向持卡人催收应收款项，并保证所收款项直接进入特殊目的公司的账户，发卡人可以向特殊目的公司收取服务费。

3. 工商企业应收账款支持证券

工商企业应收账款主要是指贸易应收款和租赁应收款，贸易应收款一般不付利息，租赁应收款或许有利息收入，但是通常期限很长。随着销售额的提高，应收账款数量迅速增加，对公司资本产生压力，因而需要进行证券化处理。

工商企业应收账款支持证券以企业应收账款作为基础证券，由特殊目的公司发行债券，购买特定的应收账款组合，并向应收账款的债务人收取款项，用以偿还债券的本金和利息。

案例分析 7 - 1：京东白条应收账款债权的资产支持计划[①]

京东商城作为中国第二大电商，而又为中国第一大自营 B2C 电商，在中国自营 B2C 市场份额逐年提升。"京东白条"是 2014 年京东金融推出的一款新兴消费金融借贷产品，主要运作模式是通过京东客户进行注册申请，在京东大数据平台分析之后为符合申请条件的客户确定可申请额度，这样客户在京东电商平台进行消费时，可以借用此额度选择延期或者分期付款的方式，是一种类似应收账款的模式，可以看作是京东给用户的虚拟信用卡，没有信用卡实体，一切借款和信用评估工作都是通过网络平台进行的。

京东白条的出现，显著刺激了京东平台上用户的消费。通过为用户提前垫付货款，提高了用户付款的成功率，促使用户提前消费，从而促进了平台成交量的激增。有数据表明，在京东白条推出之后，京东的成交量几乎翻了一倍。另一方面，白条的分期客户，又可以为京东平台提供可观的手续费收益。因而，京东白条在为平台带来大量客流量的同时，也带来了大量利润。但是，京东金融在享受京东白条业务创新带来的效益之外，也要为之付出一定的成本和代价。京东白条的账单使得京东将获取大量的应收账款，在 30 天免息期内就有很大的资金空缺，这部分垫资再加上平台自身运营的资金借款，会占用大量的平台自有资金。而另一方面，京东白条产生的应收账款本身的逾期风险也不确定，给资金流也带来一定的不确定性。

从本质上来讲，京东是一家依靠自营业务的零售型电商企业，而这样一家自营企业，最重要的就是良好的现金流。如果京东白条转化的应收账款不能及时到账，尽管一方面来说京东可以获取逾期利息收益，但是会降低其资产的流动性，为企业的经营带来危机。所以，为了解决京东白条对自身资金的占用和可能带来的资金流动性问题，京东与华泰推出基于京东白条为基础资产的 ABS 项目，京东白条 ABS 的基础资产具有小额、分散、流动性强等特点，其违约和早偿具有相当显著的统计意义，是用来证券化的典型资产。这样可以达到既获取京东白条带来的利润和效益又抑制和减缓了京东白条发行带来的负面影响，可以达到赚取京东白条手续费、加大零售业务利润、盘活

[①] 本案例参考：供应链金融 2017/12/25 晓雯：《互联网消费金融资产证券化——京东白条案例分析》。

应收账款流动性、减少自有资金的占用和增加资金的来源等各方面共赢的局面，使京东金融可以加快资本周转速度。而另一方面，由于 ABS 产品的利率普遍较低，因而大大降低了融资成本，为京东金融获取低成本资金打开了通道。

从 2015 年京东金融发行第一单 ABS 产品开始，截止到 2019 年 11 月 29 日，京东已经公开发行了 42 其京东白条应收账款债券资产支持专项计划，发行规模为 608 亿，余额为 252.21 亿；发行 6 期京东白条信托资产支持票据，发行规模 65 亿，余额 34.04 亿，大大优化了京东的现金流。这其中大部分通过华泰资管发行，多数在深交所发行，成为京东金融一个稳定融资的一个渠道。

二　按照现金流支付方式分类

按照现金流支付方式不同，可以划分为过手证券和转付证券。

（一）过手证券（Pass-through Securities）

过手证券是资产证券化中的最基本类型，其运作方式是发起人将基础资产出售给 SPV，债权管理服务商收取基础资产所产生的收入（如催收应收账款、收取贷款的本金和利息等），并将全部现金流存入以受托机构名义开设的独立账户，在扣除向各中介服务机构支付的服务费后，SPV 将该账户的资金"过手"移交给资产支持证券的投资者。这样，资产支持证券代表了对基础资产收入的直接所有权，与基础资产的组合具有基本相同的现金流，它的实际期限、利率与基础资产组合的期限、收益基本一致，因此，过手证券具有简单、可操作性强的特点。

过手证券的交易结构不对基础资产产生的现金流进行任何处理，而是将其简单地"过手"给投资者，这就决定了由投资者自行承担基础资产的提前偿付风险。即原始债务人有可能提前偿付债务，导致过手证券的现金流不确定。假设资产池由一组期限为 15 年的房地产抵押贷款组成，如果借款者按月等额偿还贷款，则过手证券的实际期限也是 15 年，每月会等额收到 SPV 移交的现金流。然而，当市场利率下降时，原始借款人会借取新债，提前偿还原贷款，过手证券也会提前收到 SPV 移交的偿本付息现金流，其实际期限将低于 15 年，收益随之降低。在过手证券中，每个投资者面临着相同的风险和同比例的本息支付，这种风险和收益的同质性不利于吸引具有不同偏好的投资者。

（二）转付证券（Pay-through Securities）

转付证券是与过手证券相对应的另一种证券化类型，其特点是 SPV 不是将基础资产组合产生的现金流直接"过手"移交给投资者，而是根据投资者对风险、收益和期限等的不同偏好安排不同的本金与利息的偿付机制，对基础资产组合产生的现金流进行了重新安排和分配。

转付证券本身包含许多种类，比较常见的是附担保抵押债券和剥离式抵押债券。

1. 附担保抵押债券（collateralized mortgage obligation，CMO）

CMO 由若干类别的债券组成，通常包含两个类别以上的附息债券和一种零息债券，每一种类别被称为不同的"档"（Tranches），具有不同的预期期限和偿本付息安排，每一个"档"的附息债券都按期收到利息支付，但每一个"档"的债券依次接受本金偿付，每次只有一个"档"的债券得到本金偿付，即 SPV 用资产池的现金流首先偿付第一档债券的本金，只有当第一档债券的本金得到全部清偿后才会偿付第二档债券的本金，依次类推，直至所有债券清偿完毕。

举例而言，假设一个 CMO 具有四个档，即由 A 档债券、B 档债券、C 档债券和 Z 债券组成，其中 A 档债券、B 档债券、C 档债券分别是预计期限为 3 年、7 年、12 年的附息债券，Z 债券是预计期限为 15 年的零息债券，不过，Z 债券并非没有利息收入，而是指只有在其他债券全部清偿本金和利息之后才开始享有利息和本金收入，并且，其利率水平没有预先承诺，各阶段剩余的现金流全部累计到未清偿余额之上，用于偿付 Z 债券的利息和本金，所以，Z 债券又称为增值债券。预计在第 1—3 年期间，A、B、C 档债券均得到利息支付，但 SPV 只对 A 档债券偿付本金，而 B、C 档债券不偿付本金，剩余的现金流累计至 Z 债券，但暂不偿付；待偿清 A 档债券本金之后，预计在第 4—7 年期间，B、C 档债券均得到利息支付，但 SPV 只对 B 档债券偿付本金，剩余的现金流累计至 Z 债券，但暂不偿付。依次类推，待偿清 B 档债券本金之后，预计在第 8—12 年期间，SPV 对 C 档债券支付利息并偿付本金，待偿清 C 档债券本金之后，预计在第 15 年，SPV 对 Z 债券（零息债券）一次性偿本付息。

与过手证券相比，CMO 改变了现金流的支付方式，它利用长期的、每月支付的资产池现金流去创造短、中、长期不同级别的证券，从而满足了投资者对不同投资期限的偏好。CMO 没有消除提前偿付风险和利率风险，但是，这些风险在不同级别债券上形成不同程度的分布，从而满足了投资者对不同风险程度的偏好。如 CMO 中的短期证券面临利率波动的可能性最小，因而利率风险和提前偿付风险最低，对寻求规避利率风险的投资者具有吸引力，而中、长期债券的利率风险和提前偿付风险相对提高，Z 债券承担了最高级别的利率风险和提前偿付风险。金融市场上，高收益与高风险始终相伴，利率风险和提前偿付风险越高，则预期收益率越高，中、长期债券对愿意承担利率风险、追求高收益的投资者具有吸引力。

2. 剥离式抵押债券（stripped mortgage-backed security，SMBS）

剥离式抵押债券是在 CMO 基础上进一步创新的金融工具，其基本做法是将抵押贷款组合中的收入流拆细，分别对应于不同类别的债券。最极端的做法是分别以贷款的本金收入流和利息收入流为基础发行纯本金债券（principal only，PO）和纯利息债券（interest only，IO）。

PO 债券是一种按贴现方式发行的零息债券，它接收房地产抵押贷款组合中原始借款人偿还贷款本金所产生的现金流，换言之，投资者以一定的价格购买 PO 债券，SPV 将原始借款人偿还贷款本金所产生的收入支付给 PO 债券持有者。PO 债券的特点是投资者的实际收益率取决于提前偿付的速度，提前偿付越快，本金会比预期更快地回到投资者手中，投资者的实际收益率就越高。例如，假设资产池中的资产是 30 年期限的住房抵押贷款组合，本金为 4 亿美元，投资者以 1.75 亿美元购买以此为支持的 PO 债券，预计在未来一段时期内获得 4 亿美元的收入流（包括本金 1.75 亿美元和利息收入 2.25 亿美元），投资者取得这一收入流的速度决定其实际收益率。在极端情形下，如果所有原始借款人决定立即偿还其贷款，则 PO 债券的投资者马上实现了 4 亿美元的收入。在另一种极端情形下，如果所有原始借款人都不提前偿付，则投资者只能在 30 年的时间里逐步得到 4 亿美元的收入，从而投资者的收益率也较低。必须注意的是，PO 债券投资者收到的 4 亿美元总金额是固定不变的，只是收到的时间随提前偿付速度的不同而变化。

IO 债券也是一种按贴现方式发行的零息债券，它接收房地产抵押贷款组合中原始借款人偿还贷款利息所产生的现金流，换言之，投资者以一定的价格购买 IO 债券，SPV 将原始借款人偿还贷款利息所产生的收入支付给 IO 债券持有者。与 PO 债券不同，IO 债券投资者获得收入的数额和时间都随提前偿付速度而变化。这是因为，原始借款人是按未清偿的本金余额支付利息，显然，IO 证券投资者只能按未清偿的本金余额取得应付利息收入，如果提前偿付加快，未清偿本金余额就减少得快，从而利息收入也减少。如果提前偿付速度过快，IO 债券的投资者预期的现金流并未成为现实，那么这一投资的净现值有可能为负数，即最初的投资大于所得到的现金流折现后的现值。

PO 债券和 IO 债券的市场价格等于其未来现金流的贴现值，取决于市场利率和各自的预期收入流，但是，由于存在提前偿付因素，市场利率变化对它们的价格却产生不同的影响。如果市场利率下降，提前偿付将会增多，从而加速对 PO 债券持有者的支付，PO 债券的现金流量会变好，同时，市场利率下降意味着贴现率降低，PO 债券的价格会上升；反之，如果市场利率上升，提前偿付将会减少，PO 债券的现金流量会恶化，同时，市场利率下降意味着贴现率提高，PO 债券的价格会下跌。然而，对于 IO 债券而言，如果市场利率下降，提前偿付会加速，导致 IO 债券现金流量恶化，尽管贴现率同时也降低，但是最后结果通常是 IO 债券的价格降低；反之，如果市场利率上升，IO 债券的现金流量会增长，虽然伴随着较高的贴现率，但 IO 债券的价格通常会上涨。

与 CMO 证券相比，剥离式抵押债券将利率风险、提前偿付风险在不同债券上进行分割，有利于吸引具有不同利率预期和不同风险偏好的投资者。

第四节　资产证券化的发展历程

20 世纪 60 年代末资产证券化起源于美国，80 年代后在欧洲、亚洲等地得到迅速发展。

一　美国资产证券化的产生与发展

美国资产证券化的演进与其社会经济环境有着密切的联系，经济环境的变迁引发了经济上的需求，最终促进了金融创新以满足社会需求。因此，虽然美国的资产证券化起源于 20 世纪 60 年代末，但是，需要从 30 年代至 60 年代末期美国房地产抵押贷款市场的发展状况探究其产生的根源。

1929—1933 年美国爆发了严重的经济危机，失业人口急剧增加，大量居民因无力按期偿还住房贷款，住房贷款的主要发放者——银行和储贷协会——不得不拍卖作为抵押担保品的住房，于是住房价格大规模下跌，最终在大量居民丧失住房的同时，银行和储贷协会也难逃破产倒闭的厄运。为了维护社会稳定、化解银行业风险和住房危机，美国政府一方面增加住房抵押贷款发放机构的资金来源，另一方面以政府信用为居民的住房抵押贷款提供保险。1932 年美国政府成立了联邦住房贷款银行（Federal Home Loan Banks，FHLB），其宗旨在于为住房抵押贷款市场提供资金来源。联邦住宅贷款银行在取得财政部拨款后，向资金需求者（主要是储贷协会等）提供贷款。1934 年美国政府又成立联邦住宅管理局（Federal Housing Administration，FHA），其主要目的是为住房抵押贷款的发放机构提供保险机制，化解信用风险，降低住房抵押贷款机构所面临的因借款人无法偿还本息的冲击。此外，二战后，退伍军人对住宅的需求增加，美国国会在 1944 年通过公职人员重新调整法（Serviceman's Readjustment Act of 1944），也授予美国退伍军人管理局（Veterans Administration，VA）开办抵押贷款保险业务和融资保证业务，帮助退伍军人顺利取得购房贷款。这些政府资助机构只对符合一定条件的住房抵押贷款（期限长、利率固定、一定的首付款比例等）提供保险或担保，因此，大萧条之后美国兴起了标准化的固定利率、固定付款贷款。

这些措施极大促进了美国住房抵押贷款一级市场的发展。以在联邦政府注册的储贷协会为例，1940 年其资产规模为 29.26 亿美元，到 1960 年已达到 674.30 亿美元，贷款期限从过去的短期逐渐延长为 25—30 年，贷款与房产价值比例提高到 80%。

为促进住房抵押贷款市场的进一步发展，美国政府积极推动住房抵押贷款二级市场的成立与发展。1938 年成立了联邦国民抵押贷款协会（Federal National Mortgage Association，缩写为 FNMA 或简读为 Fannie Mae）。联邦国民抵押贷款协会是一家具有公共目标的政府信用企业，70 年代之前，主要负责为联邦住宅管理局和退伍军人管理局担保的抵押贷款提供二级交易市场，具体的交易形式就是购买抵押贷款合同。从二战结束至 60 年代，由于美国经济的稳定发展和世界局势较为平稳，贷款发放机构放款利率与资金来源较为稳定，20 年期与 30 年期房贷利率可以维持在 7%—8% 的低利率水平，贷款发放机构的主要贷款收益——利息收入也较易得到保障，抵押贷款市场平稳发展。

　　然而，从 60 年代末开始，美国的经济形势发生重大变化，越南战争、石油危机等因素致使经济增长速度下降，通货膨胀率上升，金融市场利率不断提高，这给住房抵押贷款发放机构带来极大冲击：一是受限制利率上限影响，住房抵押贷款发放机构的存款吸引力下降，社会大众纷纷将存款取出，转而投资其他金融资产，形成"脱媒现象"，住房抵押贷款发放机构资金来源紧缺，流动性减弱；二是住房抵押贷款发放机构资金来源与运用期限不匹配，利率上升导致存款成本上升，利率风险不断积聚。为了应对危机，美国政府设立了三大专业机构，首先，1968 年开始改组原联邦国民抵押贷款协会，将它分立为两个机构，其中之一沿用联邦国民抵押贷款协会名称，即现今的联邦国民抵押贷款协会，另一个为政府国民抵押贷款协会（Government National Mortgage Association，即 GNMA 或简读为 Ginnie Mae）。其次，1970 年成立联邦房贷抵押贷款公司（Federal Home Loan Mortgage Corporation，即 FHLMC 或简读为 Freddie Mac）。这三大专业机构的主要宗旨为提高联邦住宅管理局、退伍军人管理局以及都市住宅服务处的贷款保险机制，为中低收入居民提供购房服务，并增强抵押贷款二级市场的流动性。它们从住房抵押贷款发放机构购买抵押贷款，将其组合起来，然后运用这些抵押贷款的组合做担保发行证券，此外，它们还为私营住房抵押贷款发放机构发行证券提供担保。这三家机构成为美国住房抵押贷款证券化的重要推动力量，至今，美国的住房抵押贷款支持证券主要是由这三家机构发行的。

　　1968 年 GNMA 首次发行住房抵押贷款支持证券，标志着资产证券化的开端。初期，资产证券化主要采用过手证券方式，实践表明，过手证券有许多缺陷有待进一步改进：（1）期限过长。最初发行的过手证券的期限均为三十年，这种特性大大缩小了投资者的范围。（2）定价问题。由于该证券期限为三十年，但基础资产可能在三十年内的任何时点上提前偿还或违约，这种到期日的不确定性使证券定价问题变得异常困难。（3）资产池变化。基础资产的不确定性不仅使其所支持的证券难以定价，更严重的是它使过手证券的性质变得非常复杂，威胁到投资者的信心，进而影响过手证券的发售。（4）会计上的不便。由于抵押贷款按月支付利息，因而过手证券也是按月支付利息，在会计上给投资者带来诸多不便，甚至也阻碍了资产支持证券市场的进一步扩大。由于存在这些缺陷，投资者范围有限，市场需求很容易达到饱和。

1983 年，FHLMC 首次规划将住房抵押贷款转付证券的现金流切割，发行成多组期限不同的债券，以满足长短期投资者的不同投资需求，这种创新产品——CMO——开始问世。1986 年，CMO 又被施以"剥离手术"，衍生出两种新的金融工具，即纯利息债券（IO）和纯本金债券（PO）

1986 年，美国国会通过了《税收改革法案》，该法案增加了不动产抵押投资载体（real estate mortgage investment conduit，REMIC）条款，该条款为房地产抵押贷款证券提供了合理的税收结构体系，使证券发行者免予纳税，并规定了相应的会计、税收、和法律条件，清除了以前严重影响交易的税收障碍。REMIC 的通过，标志着资产证券化这项新的金融创新技术在美国成熟运作的制度安排趋于完备。

在证券品种创新和税收制度改革推动下，80 年代后住房抵押贷款证券化取得了迅速发展。

80 年代中期，证券化技术开始应用于住房抵押贷款以外的其他领域，从而产生了资产支持证券（ABS）。1985 年 3 月，美国一家佩斯里金融租赁公司（Sperry Lease Finance Corporation，现改称 Unisys）发行了世界上第一只资产支持证券，1985 年 5 月，美国马林·米德兰银行（Marine Midland）紧随其后，发行了全世界第一笔以汽车贷款担保的资产证券。此后，信用卡、汽车贷款、学生贷款以及房屋权益贷款的创始人仿照住房抵押贷款证券化（MBS）的模式，将这些新资产组合起来，发行资产支持证券。

2005 年底，美国的住房抵押贷款支持证券和资产支持证券流通在外的余额分别估计为 5.9 万亿美元和 2 万亿美元，市场规模远远超过美国公债、市政债券和公司债券，是美国最大的固定收益债券市场。

总结美国资产证券化的发展实践，具有以下几方面特点：

第一，具有政府背景的专业化组织是推动资产证券化快速发展的重要力量；

第二，市场竞争和产品创新是美国资产证券化持续发展的重要原动力；

第三，法律地位的确定和税收减免优惠是促进资产证券化快速发展的重要保障。

二　我国的资产证券化实践

我国的资产证券化实践开始于 20 世纪 90 年代初，至今已有多家企业进行了尝试，其中涉及基础设施资产支持证券、地产开发收入支持证券、应收账款支持证券、信贷资产支持证券和房地产抵押贷款支持证券。2004 年，证监会发布了《关于证券公司开展资产证券化业务试点有关问题的通知》，2005 年，人民银行和原银监会联合发布《信贷资产证券化试点管理办法》，为资产证券化的发展提供了法律依据，正式启动了资产证券化试点，资产证券化实践由此启程。

2005 年之前，我国资产证券化的主要历程如下。

（一）三亚地产投资券

1992 年，"三亚市开发建设总公司"为发起人，以三亚丹州小区土地为基础资产，发行 2 亿元地产投资券，以土地销售收入和存款利息作为投资者收入来源，期限为 3 年。这是一个以资产证券化为模式的项目融资案例，是我国资产证券化尝试的首例。

（二）珠海公路收费资产证券化

1996 年，为支持公路建设，珠海市以本地车辆的登记费和向非本地车辆收取的过路费作为支持，在国外发行 2 亿美元债券，并分为优先级债券和次级债券两部分，每半年付息一次。该项目中，在开曼群岛设立了一家特殊目的公司（SPV）——珠海大道公司，由中国建设银行作为境内受托人，美国大通银行作为境外受托人，标准普尔公司作为信用评级机构，美国摩根士丹利公司作为境外承销机构，并设置了严格的现金流控制程序。

该案例完全按照国际惯例设计，是我国第一个标准化资产证券化案例，为此后的海外资产证券化实践积累了经验。

（三）中集集团的应收款证券化

2000 年 3 月，中集集团与荷兰银行达成协议，可以将 3 年有效期内发生的应收款出售给荷兰银行的资产管理公司（TAPCO），该公司以这些应收款为支持发行 ABCP（asset-backed commercial paper）。

（四）华融资产管理公司不良信贷资产证券化

2003 年 6 月，华融资产管理公司推出首例资产处置信托项目，其模式接近真正的资产证券化项目。华融将涉及全国 22 个省市 256 户企业的 132.5 亿元债权资产集合成资产包，以中信信托为受托人建立财产信托，为期三年。华融将信托受益权划分为优先级受益权和次级受益权，并将优先级受益权按 10 亿元出售给投资者。

（五）中国工商银行宁波分行不良资产证券化

2004 年 4 月，中国工商银行宁波分行实施了账面价值 26 亿元的不良资产证券化。该项目由宁波分行作为发起人，由瑞士信贷第一波士顿设计方案，由中诚信托设立特殊目的信托（SPT）作为 SPV，利用现金流分层实现内部信用增级，信托结构分为 A、B、C 三级，其中 A 级受益权产品 2 亿元、1 年期、受益率 5.01%，向投资者出售；B 级受益权产品 4 亿元、3 年期、受益率 5.01%，向投资者出售，银行承诺回购；C 级受益权产品 2.2 亿元、3 年期，银行保留。中信证券公司担任证券承销商。

2005 年资产证券化正式启程以后，我国资产证券化的发展经历了以下三个阶段。

第一阶段：试点阶段（2005—2008 年）

2005 年 3 月，中国人民银行、银监会等十部委组成信贷资产证券化试点工作协调小组，正式启动我国信贷资产证券化试点。2005 年 12 月，国家开发银行和中国建设银行分别发行了我国首只信贷资产支持证券和住房贷款支持证券，成为我国试点发行的首批信贷资产证券化产品。

2005 年 9 月，证监会推出中国联通 CDMA 网络租赁费收益计划，是我国推出的首只企业资产证券化产品。2007 年 9 月，我国启动第二批信贷资产支持证券试点。2008 年国际金融危机期间，我国出于宏观审慎和控制风险的考虑暂停了资产证券化试点。

这期间主要的资产证券化尝试有：

（1）国家开发银行第一期开元信贷资产支持证券

2005 年 12 月国家开发银行发行第一期开元信贷资产支持证券，基础资产涉及 29 户客户的 41 亿元信贷资产，债券分为三档，分别为优先 A 档、优先 B 档和次级档证券。

（2）中国建设银行建元 1 期住房抵押贷款证券化（详见本章附录）

第二阶段：资产证券化业务常态发展阶段（2011—2014 年）

2011 年 9 月，证监会重启对企业资产证券化的审批。2012 年 5 月，中国人民银行、银监会和财政部联合发布《关于进一步扩大信贷资产证券化试点有关事项的通知》，标志着在经历了国际金融危机之后，停滞近 4 年之久的信贷资产证券化重新开闸，我国资产证券化业务重新启动，进入第二轮试点阶段，试点额度 500 亿元。2012 年 8 月银行间交易商协会发布《银行间债券市场非金融企业资产支持票据指引》，资产支持票据（ABN）正式诞生。至此，我国三种主要资产证券化产品类型（企业资产证券化、信贷资产证券化、资产支持票据）全部推出。

2013 年 3 月，证监会发布《证券公司资产证券化业务管理规定》，证券公司资产证券化业务由试点业务开始转为常规业务。2013 年 7 月，国务院发布《关于金融支持经济结构调整和转型升级的指导意见》，明确要逐步推进信贷资产证券化常规化发展，盘活资金支持小微企业发展和经济结构调整。2013 年 8 月，中国人民银行、银监会推动国开行、工商银行等机构开启第三轮试点工作，试点额度达到 4000 亿元，我国资产证券化市场正式进入常态化发展时期。

第三阶段：资产证券化业务快速发展阶段（2014 年至今）

2014 年底，我国资产证券化业务监管发生了重要转折，完成了从过去的逐笔审批制向备案制的转变。通过完善制度、简化程序、加强信息披露和风险管理，促进市场良性快速发展。

信贷资产证券化方面：实施备案制＋注册制。2014 年 11 月 20 日，银监会发布《关于信贷资产证券化备案登记工作流程的通知》，宣布针对信贷资产证券化业务实施备案制；2015 年 1 月 4 日，银监会下发批文公布 27 家商业银行获得开展信贷资产证券化产品的业务资格，标志着信贷资产证券化业务备案制在实操层面落地；3 月 26 日，中国人民银行发布《关于信贷资产支持证券试行注册制的公告》，宣布已经取得监管部门相关业务资格、发行过信贷资产支持证券并且能够按照规定披露信息的受托机构和发起机构可以向央行申请注册，并在注册有效期内自主发行信贷ABS。

企业资产证券化方面：实施备案制＋负面清单管理。2014年12月26日，证监会发布《资产支持专项计划备案管理办法》，开始针对企业资产证券化实施备案制，同时配套《资产证券化业务风险控制指引》和《资产证券化业务基础资产负面清单指引》，提出8类负面清单，大大拓宽了发行人及基础资产的可选范围，促进企业资产证券化在2015年以来的高速发展。

近八年资产支持证券的发行规模如表7－2所示：

表7－2　　　　　　　　　　近八年资产支持证券的发行规模　　　　　　　　单位：亿元

年份	2011	2012	2013	2014	2015	2016	2017	2018
发行量	0	0	109.06	2793.50	3986.71	3561.39	5971.76	7771.85

资料来源：中国债券信息网各年数据汇总整理。

更多资产证券化数据及发展内容，可扫描二维码了解。

附录：

中国建设银行建元1期住房抵押贷款证券化案例[①]

2005年12月15日，作为信贷资产证券化的试点之一，中国建设银行在银行间债券市场成功发行了首期建元个人住房抵押贷款支持证券。建设银行作为发起机构，将其上海、无锡、福州、泉州四家分行符合相关条件的15162笔个人按揭贷款共计37.12亿元，集合成为资产池，委托给受托机构———中信信托投资有限公司，受托机构以

[①]　摘自滕巍《推动我国个人住房抵押贷款支持证券市场发展的若干建议》，《新金融》2006年第4期。

此设立信托，并在银行间市场发行信托收益凭证形式的 MBS，MBS 的持有人取得相应的信托收益权。

一 交易结构

中国建设银行建元 1 期住房抵押贷款证券化的交易结构如图 7-2 所示：

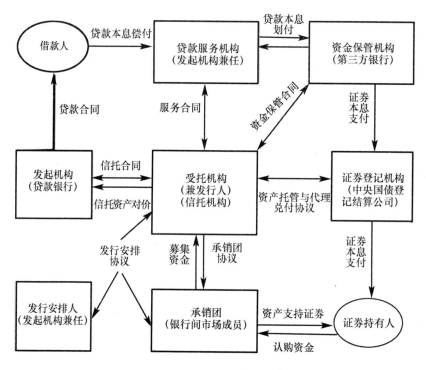

图 7-2 中国建设银行建元/期住房抵押贷款证券化交易结构

二 债券发行规模和债券分类

此次发行的总规模达到 30.16 亿元，根据还款顺序和风险大小划分为优先级（包括 A、B、C 三档）债券和次级债券，如表 7-3 所示。

计算票面利率的基准利率采用中国外汇交易中心每天公布的 7 天回购加权利率 20 个交易日的算术平均值，同时对 A、B、C 档债券的票面利率设置了上限（CAP），分别为资产池加权平均利率减去 1.19%、0.6%、0.3%。债券首次付息还本日为 2006 年 1 月 26 日，按照债券起息日确定的首个计息期基准利率 1.42% 计算，A、B、C 档债券的票面利率分别为 2.52%、3.12%、4.22%。

表7-3

建元分档	发行规模		信用等级	发行方式	发行利率		兑付频率	加权平均期限	基础资产部分特征
	总额	比例			形式	水平			
A档	26.7	88.5%	AAA	簿记建档	浮动	基准利率+1.1%	按月	3.15年	个人房贷，加权平均利率5.31%，加权期限172个月
B档	2.04	6.75%	A	簿记建档	浮动	基准利率+1.7%	按月	10.08年	
C档	0.53	1.75%	BBB	簿记建档		基准利率+2.8%	按月	12.41年	
次级	0.91	3%	未评级	建行自留	—	—	—		
合计	30.17	100%							

　　根据个人住房按揭贷款还款的特性，资产池每月的收入包括贷款余额对应的利息和一部分本金的偿还，如果贷款人提前还款，这部分本金也会进入资产池。MBS持有者每月收到债券利息外，其持有债券的余额由于本金的偿还和提前偿还而相应减少。本金的偿还顺序为A档、B档、C档、次级债券，在前一档债券本金未被清偿前，后一档债券的本金余额不会减少，即投资A档债券的投资者最先承受提前还款的风险。由于A档债券的本金最先被偿还，该档投资者的持有期也最短。

　　此次MBS发行后，依照相关法规，A档和B档证券将在发行后2个月内在银行间债券市场上市交易流通，C档证券可通过协议转让交易流通，次级债券定向向建设银行发行。

　　首期建元MBS的发行开创了我国个人住房抵押贷款支持证券市场的先河，对我国债券市场的金融创新有着重要意义。

第八章 项目融资

本章学习重点

- 项目融资的基本特征
- 项目融资的基本原理
- 项目融资的基本结构
- "产品购买协议"模式的项目融资
- BOT 模式的项目融资

第一节 项目融资含义和参与者

一 项目融资的定义和特征

项目融资是一种为特定项目借取贷款并完全以项目自身现金流作为偿债基础的融资模式。在这种融资模式下，项目发起人通常为某一特定项目的筹资和经营而成立一家项目公司，由项目公司承担贷款，以项目的资产或权益作抵（质）押，以项目公司的现金流量和收益作为还款来源，贷款银行对项目发起人无追索权或取得有限追索权。

2009 年 7 月，中国银监会发布了《项目融资业务指引》（银监发〔2009〕71 号），其中第 3 条解释了项目融资："本指引所称项目融资，是指符合以下特征的贷款：（一）贷款用途通常是用于建造一个或一组大型生产装置、基础设施、房地产项目或其他项目，包括对在建或已建项目的再融资；（二）借款人通常是为建设、经营该项目或为该项目融资而专门组建的企事业法人，包括主要从事该项目建设、经营或融资的既有企事业法人；（三）还款资金来源主要依赖该项目产生的销售收入、补贴收入或其他收入，一般不具备其他还款来源。"

与传统融资方式相比，项目融资具有以下特征。

（一）项目融资是项目导向性融资方式

项目融资的承债实体不是项目的发起人，而是专门为经营该项目而成立的项目公司，融资主要依赖项目的资产和现金流量，而不是依赖于项目发起人的财力与信誉。项目融资的这一特点被称为"项目导向特征"。项目导向特征使得项目融资在以下几个方面有别于传统贷款。

（1）贷款风险与项目发起人相隔绝，即贷款风险程度取决于项目的经济价值，而与项目发起人的信用状况无关。因此，一些不具备贷款条件的公司也可以通过项目融资实现对新项目的融资、投资、建设和经营。

（2）贷款规模和期限取决于项目投资资金需求和项目未来现金流收入水平。如果项目的预期现金流收入较高，采用项目融资可以获得较高的贷款比例。贷款期限可以根据项目的具体需要和项目的经济生命期来安排，比普通商业贷款期限长，有些项目融资贷款的期限长达 20 年。

（二）贷款人无追索权或拥有有限追索权

贷款人对项目借款人的追索形式和程度是区别项目融资与传统贷款的重要标志之一。传统贷款中，借款主体是项目的发起人，贷款人提供贷款主要依赖于借款人的资信状况，并需要以借款人现已拥有的资产做抵押，如果贷款的投资项目失败，贷款人可以向借款人拥有的其他资产的产权及收益进行追索。然而，项目融资以项目公司作为承债主体，以项目本身的现金流量和收益作为偿还贷款的资金来源，而不是依赖于项目发起人的资产，即贷款方对项目发起人没有追索权，或有限追索权（即追索发起人对该项目的有限担保或承诺），项目融资追索对象只限于项目的现金流量和项目本身的资产，而不能追索到项目发起人的其他任何形式的财产。

（三）项目融资是表外融资

对于项目发起人而言，如果直接借取贷款，投资于某一项目，其负债率会提高，从而恶化其资产负债状况，然而，通过设立项目公司，项目融资隔离于发起人的资产负债表之外，不会影响其自身的资产负债状况。这种贷款安排使得发起人有可能以有限的财力从事更多的项目投资。

（四）项目融资是高比率负债融资

传统贷款中，一般要求借款者的自有资金比率不低于30%，而项目融资的债务比率一般为75%—80%，有些甚至高达90%以上。贷款人希望项目发起人向项目公司投入一定数量的股本，但其主要目的不是降低项目的整体负债水平，而是适度增加贷款人以及其他参与者的信心，因此，项目公司的股本金比率很低，项目投资资金主要来自债务融资。

（五）项目融资的组织结构复杂，成本较高

由于一般项目所涉及资金规模较大，投资风险高，技术复杂，因而与其他融资方式不同，项目融资将涉及众多数量的参与方，组织结构极为复杂。一般而言，项目融资所涉及的参与方可能包括：项目发起人、项目公司、贷款商业银行、贷款安排行、管理行、代理行、工程公司、担保人、受托人、财务顾问、法律顾问、国际金融机构、所在国政府、保险公司、租赁公司、信用评级机构以及各种专家组等。由于各参与方参加这一融资活动的利益着眼点各不相同，接受风险的愿望与能力也完全不同，为了合理分担投融资风险，各方相互之间须签订极为具体严密的担保、保证以及保险协议。

项目融资模式中，贷款人因承担项目风险而要求较高的资金回报，技术专家和律师需要较长时间来评估项目，并拟定复杂的项目融资文件，通常要求附加保险（尤其针对重大损失和政治风险），在项目执行中，需要监控技术进展、运营以及贷款使用，因此，项目融资的成本较高。

二 适于进行项目融资的项目

项目融资主要用于需要巨额资金、投资风险大、传统融资方式难以满足但现金流量稳定的工程项目，即一次性融资金额大、项目建设期和回收期长，不确定因素多，但具有良好的经济效益和社会效益的项目，如天然气、煤炭、石油等自然资源的开发，以及港口、电力、农林、电子、公用事业等大型工程建设项目。

三 项目融资的参与者

项目融资的交易结构比较复杂，因而参与者比较多，他们承担不同的责任，分享各自利益。项目融资的参与者一般包括以下几种。

（一）项目发起人

项目发起人是实际拥有项目开发权并启动和控制项目建设的经济实体，因而也是项目的实际投资者以及项目融资的实际借款人。它通常拥有特定项目的特许经营权，主要责任包括：（1）出资设立项目公司；（2）发起项目融资，负责前期组织工作，设计交易结构，与其他参与者谈判，达成合作协议；（3）对项目融资提供股权投资和适当担保；（4）监控投资资金的使用和工程进展状况。

项目发起人可以是一家单独的公司，也可以是由多家公司组成的投资财团；可以是私人公司，也可以是政府机构或者公私混合体。

（二）项目公司

项目公司是项目发起人出资设立的直接承担项目债务和风险、直接负责项目投资和管理的法人实体。它的一般特征在于：（1）它仅为特定项目建设而设立，仅对该项目投资，并仅拥有该项目的资产、负债和经营权；（2）它通常为有限责任公司；（3）组建项目公司的主要目的是承担项目债务和风险，同时控制拟建设项目的资产负债状况、损益状况和现金流量状况，而不是担任项目的经营管理人。但是，在某些项目中，根据项目的安排，它可能同时担当借款人和拟建项目的经营管理人。

（三）贷款人

项目融资的贷款人是指为拟建设项目提供协议贷款的金融机构，如商业银行、非银行金融机构和一些国家政府的出口信贷机构。贷款人可以是一两家银行，也可以是几十家金融机构组成的国际银团，其数量取决于贷款的规模和项目的风险程度。

（四）项目产品购买者或设施使用者

项目产品购买者或设施使用者是指根据项目产品购买合同或使用合同，将长期购买项目产品或长期使用项目设施的商业当事人，可以是具有批售能力和资金实力的批发商，也可以是政府部门。项目出产的产品或建造的设施很少实行完全市场化销售，而是由项目产品购买者或设施使用者与项目公司签订长期购买合同或长期使用合同，其中有些合同具有"无论提货与否均需付款"或"提货与付款"的性质。这些合同属于预定承诺，保证了项目的市场和现金流，从而对项目贷款提供了重要的信用保障。由于项目产品购买是项目融资信用保障结构的重要组成部分，故购买者实际上在项目融资谈判阶段即已介入项目。

（五）工程承包公司

工程承包公司是指依据工程承包合同负责以约定价格、约定期限和约定工程质量全面完成项目建设的工程公司。工程承包人通常以竞标方式确定，依其责任，它可分为负责项目管理和工程全面竣工的总承包商与接受分包的各分包商。工程承包公司是工程技术成败的关键，其资金实力、技术水平、工程建设能力以及经营历史记录可以在很大程度上影响贷款银行对项目建设期风险的判断，成为能否取得贷款的重要影响因素。因此，项目公司通常与工程承包公司签订一系列复杂的合同文件，其基本作用在于锁定工程造价、完工期限与工程质量标准，以实现"交钥匙项目"的目标，从而限定工程完工风险。工程承包合同的违约控制与索赔条款规定极为严格。

（六）项目设备、能源和原材料供应商

项目融资中的供应商是指根据项目设备和原材料供应合同，向拟投资项目定期或长期提供项目设备、能源或原材料的销售商。

供应商在项目融资中发挥着重要作用：首先，通过延期付款或低息优惠出口信贷等方式，设备供应商可以向项目公司提供资金融通；其次，通过签订供应合同，可以锁定设备、能源和原材料的价格，从而使项目公司回避建设期的风险；再次，设备、能源和原材料的长期、稳定供应有助于保障工程项目按时竣工。因此，贷款银行很关心供应商的资信以及供应合同的约定内容，甚至把它作为贷款决策的重要参考因素。

（七）信托受托人

项目融资中的受托人是指与项目公司签订信托文件，负责管理设为担保的项目资产、项目收入和现金流量的独立金融机构。根据信托文件，信托受托人一方面负责对设为担保的项目资产进行直接管理或监督管理，另一方面将负责以独立账户托管项目现金流量并保证其按规定次序支付使用，通常的支出顺序为：生产成本支出、折旧还贷支出、管理费用支出、财务费用或贷款利息支出、税收支出、偿还贷款本金、利润分配。

（八）项目融资保证人与保险人

在项目融资中，贷款人除要求以项目资产和项目现金流量为担保外，通常还要求保险公司提供工程保险和项目财产保险，要求项目发起人或专业性担保机构提供信用性有限担保，以便回避各种潜在的政治风险、经济风险和灾害风险。因此，保证人、保险人通常是项目融资中不可或缺的参与者。

（九）有关政府机构

政府机构能够在项目融资中发挥多方面作用，在国际性项目融资中，政府机构甚至发挥关键作用。第一，可以向项目发起人或项目公司提供某种形式的经营特许权，保证建设项目的排他性和市场份额的稳定性；第二，可以为项目开发提供充足的土地资源、良好的基础设施和长期稳定的能源供应，减少项目的建设风险和经营风险；第三，可以为项目提供优惠的出口信贷、贷款担保以及其他形式的金融支持，可以提供税收优惠特许、外汇汇兑特许、产品购买承诺和担保性承诺，从而提高项目的信用保障。

（十）项目融资顾问

项目融资的结构具有复杂性和多样性，其设计、组织、安排工作需要具有专门技能的人来完成，绝大多数项目投资者缺乏相关经验，需要聘请专业融资顾问。融资顾问在项目融资中担当着极其重要的角色，在某种程度上决定了项目融资能否成功。

项目融资顾问通常由投资银行担任。

项目融资顾问的主要任务：第一，设计项目融资的交易结构，包括项目的投资结构、融资结构、资金结构以及信用保证结构等；第二，代表项目发起人与各方参与者沟通、磋商和谈判；第三，起草相关文件，约定各方参与者的责任和权益。

除投资银行以外，项目发起人或贷款人还会聘请一些专业类顾问机构，其中最重要的是工程咨询顾问、财务税务顾问和法律顾问。工程咨询顾问通常负责协助项目贷款人或主办人进行项目可行性分析和项目风险预测；财务税务顾问除负责财务审计工作外，还将协助贷款人对拟投资项目进行财务税务分析和现金流量预测；法律顾问除对拟投资项目和环境进行法律分析外，主要协助项目贷款人和项目主办人确定项目融资结构，起草有关的法律文件，出具法律意见等。

项目融资各方当事人之间的关系可以用图 8 - 1 体现。

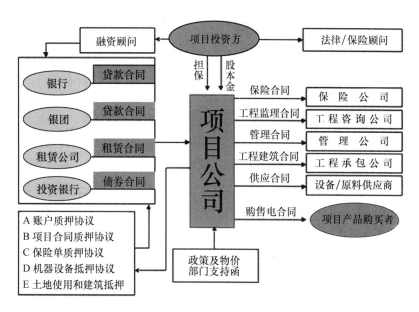

图 8 - 1 项目融资当事人之间的合同关系

第二节 项目融资的基本结构

项目融资由四个基本模块组成：项目的投资结构、项目的融资结构、项目的资金结构和项目的信用保障结构。

一 项目的投资结构

项目的投资结构即项目的所有权结构，是指项目投资者对项目资产权益的法律拥有形式。此外，大型项目的开发有可能超出了一个公司的财务、管理等方面的承受能力，常常由多家投资者共同发起，使用合资结构，项目的风险可以由所有的项目投资者共同承担，项目的投资结构还要正确体现投资者之间的合作关系。

采用不同的投资结构，投资者对项目资产的拥有形式、对项目产品和项目现金流的控制程度、承担的债务责任、享有的收益分配权以及涉及的税务结构等都有较大的差异，这些差异会对项目融资的整体结构设计产生很大影响。

目前，国际上项目融资投资结构主要有公司制和非公司制两类形式。

（一）公司制投资结构

公司制投资结构是指项目发起人出资设立一家项目公司，以公司实体从事项目的建设和经营，拥有项目资产，控制项目的产品和现金流。项目公司可以是有限责任公司，也可以是股份有限公司。

公司制投资结构有以下特点。

（1）债务责任主要被限制在项目公司中，投资者的风险只包括已投入的股本资金以及一些承诺的债务责任，有利于实现对项目发起人的有限追索。

（2）项目的管理以项目公司作为主体，各家投资者组成股东大会，选举董事会，决策机制完全按公司模式运作，责任、权利清晰，有利于提高效率。

（3）项目公司统一控制项目的建设、生产和市场，可以整体地使用资产作为融资的抵押和信用保证，同时，项目公司整体控制项目产品和现金流，可以根据公司的总体资金构成和对融资安排的考虑，选择符合投资目标的现金流分配方式，即依照优先级别按次序偿付债务。这些特点有利于得到贷款银行的认可。

（4）公司制投资结构以项目公司作为纳税实体，税务结构简单，缺乏灵活性，不利于合理避税。

（二）非公司制投资结构

非公司制投资结构又分为契约型结构和信托基金结构。契约型结构并非一种法人实体，而是投资者之间所建立的契约性质的合作关系，投资各方依据契约共同管理项目，承担一定比例债务责任并享有相应利益；信托基金机构则是各方发起人将项目资产组建为信托资产，交由信托机构进行托管，并通过发行信托凭证筹集资金。

非公司制结构与公司制结构有以下不同。

（1）在这种模式中，每一个投资者按约定的投资比例投入相应资金，直接拥有全部项目资产的一个不可分割的部分，直接拥有并有权处理其投资比例所代表的项目产品，每一个投资者的责任都是独立的，对其他投资者的负债不负共同的和连带的责任。

（2）通常成立项目管理委员会，对项目实施管理决策。

（3）以项目投资者作为纳税实体，税务结构灵活，有利于合理避税。

投资银行应该根据项目投资者的发展战略、利益追求、融资方式以及其他先决条件，考虑公司制结构和非公司制结构的特点，设计合理的投资结构，最大限度地满足各方对投资目标的要求。相对而言，公司制投资结构比较普遍，但是，如果投资者强调对项目资产保留独立的法律所有权，强调对项目产品和现金流的某种程度的控制，则倾向于采用非公司制投资结构。

二　项目的融资结构

项目的融资结构是指筹集项目资金的模式，是项目融资的核心部分。

（一）设计融资结构的基本原则

（1）实现有限追索。实现对项目投资者的有限追索，是设计项目融资结构的最基本的原则。实现有限追索需要两个条件：①在正常情况下，项目的现金流足以支持项目融资的债务偿还；②具有来自投资者之外的强有力的信用支持。

（2）合理分担项目风险。保证投资者不承担项目的全部风险是设计融资结构的第二个基本原则，这就需要在投资者、贷款银行以及其他参与者之间有效地划分项目的风险。

（3）利用项目的税务亏损来降低投资成本和融资成本。因为大型工程项目的投资大，建设周期长，世界上多数国家都制定一些鼓励政策，其中包括对企业税务亏损的结转问题给予优惠条件。投资银行应该熟练掌握相关政策，从投资结构和融资结构两个方面，利用税务亏损来降低投资成本和融资成本。

（4）处理项目融资与市场安排之间的关系。项目融资中的市场安排涉及两方面利益：第一，长期的市场安排是实现有限追索项目融资的一个信用保证基础；第二，从投资项目中获取产品是很大一部分投资者从事投资活动的主要动机。投资者获取项目产品的价格和支付方式成为影响这两方面利益的主要因素，如果高于合理的市场价格，对投资者而言就失去了项目融资的意义；如果低于合理的市场价格，则减少了项目现金流，贷款银行会承担更大的风险。因此，融资结构应该正确处理项目融资与市场安排之间的关系，制定合理的项目产品价格及其付款方式。

（二）融资结构的几种典型模式

1. "产品支付法"或"产品购买协议"模式

"产品支付法"是一种以产品所有权为基础的融资模式：在无追索权或有限追索权的前提下，项目公司定期向贷款银行提供一个特定份额的产品量，这部分产品的收益成为项目公司偿还债务的资金来源。

"产品购买协议"融资模式可以说是"产品支付法"融资模式的演变形式：项目公司与项目产品的购买者预先签订长期"产品购买协议"，如果所开发的项目不是生产某种产品，而是建造某种基础设施（如港口、铁路、石油或天然气输送管道等），"产品购买协议"则表现为"设施使用协议"，即项目公司与客户签订协议，由客户长期使用所建造设施并按照协议确定的时间和金额支付设施使用费。依据"产品购买协议"或"设施使用协议"，项目公司形成长期、稳定的预期现金流，以此为基础安排融资。

2. 资产证券化模式

资产证券化模式是一种以资产为基础的融资模式，它将项目资产与项目发起人的其他资产完全剥离，过户给特殊目的公司（SPV），SPV通过金融担保、保险及超额抵押等方式取得较高的信用评级，然后以项目的预期现金流作为支持，向资本市场的投资者发售债券，筹集项目建设所需资金，并以项目的未来收入作为债券收益的保证。

3. 杠杆租赁模式

杠杆租赁模式是一种以杠杆租赁合同为基础的融资模式，其过程一般为：希望获得工厂或大型专用设备的一方（即承租人）成立一家特设项目公司（有限责任公司或股份有限公司），以该公司作为租赁公司，由承租人与租赁公司签订租赁工厂或设备的合同，租金由一家或几家银行做担保，租赁公司负责建造或购买工厂或设备，交由使用方使用。租赁合同期满，租赁公司将该工厂或设备出售给承租人。特设项目公司（即租赁公司）以租赁合同为基础向银行借取贷款，筹集建设工厂或设备所需要的项目资金。

4. BOT 模式

BOT（Build-Operate-Transfer），即建设—经营—转让，在我国又被称作"特许权投融资方式"。一般由东道国政府或地方政府通过特许权协议，将项目授予项目发起人为此专设的项目公司，由项目公司负责基础设施（或基础产业）项目的投资、建造、经营和维护。在规定的特许期内，项目公司对该设施拥有非完整意义上的所有权，对设施使用者收取费用，并以此回收项目投融资、建造、经营和维护的成本费用。特许期满后，项目公司将设施无偿移交给东道国政府。这种方式一般用于大型电厂、高等级高速公路、桥梁、隧道、铁路以及城市供排水、污水处理等能源、交通、城市市政设施建设。BOT 模式中，项目公司以特许建设权和经营收费权为基础，向银行借取贷款，筹集项目资金，并以经营收费作为偿还贷款的唯一资金来源。

项目的融资结构是项目融资的核心部分，因此，随后的几节中将进行详细介绍。

三　项目的资金结构

项目的资金结构是指项目总投资中股本资金和债务资金的形式选择及其比例构成。在项目的投资结构和融资模式初步确定的基础上，如何安排项目资金的来源及其构成比例就成为项目融资结构整体设计工作中的另一个关键环节。

（一）项目融资的资金来源

项目融资的资金可以由三个部分构成：股本资金、准股本资金和债务资金。

1. 股本资金

股本资金是指项目公司的股本金，包括普通股和优先股，是项目发起人以股本方式投入项目的资金。

在项目融资中，贷款银行通常要求发起人投入一定比例的股本资金，其作用可以归纳为以下三个方面。

（1）提高项目的风险承受能力。项目预期的现金流量（在偿还债务之前）在某种意义上讲是固定的，它们将用于支付项目的生产成本、管理费用、资本支出，并按计划偿还债务。毫无疑问，项目中股本资金投入比例提高，则债务资金比例相对降低，偿还债务所需要的现金流量减少，贷款银行面临的潜在风险降低；反之，项目中股本资金投入比例降低，则贷款银行面临的潜在风险提高。

（2）将项目发起人的利益与项目前景密切联系。投资者对项目管理和前途的关心程度与其在项目中投入资金的多少是成正比的，而项目的现金流是偿还银行贷款的主要资金来源。贷款银行希望项目发起人能够尽最大努力管理项目，因而要求发起人投入一定比例的股本资金。

（3）投资者在项目中的股本资金代表着投资者对项目的承诺和对项目未来发展前景的信心，可以对组织融资起到很好的心理鼓励作用。

2. 准股本资金

准股本资金是指项目发起人或者与项目利益有关的第三方所提供的从属性债务（或称次级债务）。

准股本资金的常见形式有无担保贷款、次级债券和可转换债券等。

（1）无担保贷款是最简单的一种信用贷款，在形式上与商业贷款相似，但它没有任何项目资产作为抵押和担保，本息的偿还次序列于其他贷款之后或带有一定附加限制条件。

（2）次级债券，或称从属性债券，这类债券没有资产抵押或担保，其本息的偿还次序列于其他债券（或称高级债券）之后或带有一定附加限制条件。在项目出现违约时，项目资产和抵押、担保权益的分割将严格按照债务序列进行，只有在高级债券获得清偿后，从属性债权人才有权获得补偿。

（3）可转换债券是从属性债券的一种形式，其持有人有权在一段特定时期内按照规定的价格转换为项目公司的普通股。

准股本资金可以采取与股本资金和债务资金平行的形式进入项目，也可以采取承诺的准备金形式，用于支付项目建设成本超支、生产费用超支或用于按期偿付其他债务的本息。由于其本息的偿还次序列于其他债务之后或带有一定附加限制条件，所以形成了对其他债务的保护。

3. 债务资金

债务资金是项目投资最主要的资金来源，如何安排债务资金是解决项目资金结构问题的核心。

从资金渠道来看，债务资金可以来源于境内资金市场和境外资金市场，其中，境外资金市场又可以分为外国资金市场、离岸资金市场以及外国政府的出口信贷银行、国际性金融组织（世界银行、亚洲开发银行等）；从金融工具来看，债务资金可以包括商业银行贷款、辛迪加银团贷款、中长期高级债券、商业票据等；从期限结构来看，债务资金包括中长期债务和短期债务，通常以中长期债务为主，短期债务（流动资金贷款、商业票据等）应该设计合理展期；从利率结构来看，债务资金可以采取固定利率、浮动利率和浮动与固定利率相结合方式，其中比较普遍的是浮动利率方式，即以LIBOR 为基础，根据项目风险程度和市场资金供求状况等因素，加上一定的百分点。

(二) 项目资金结构的决定因素

项目的资金结构影响项目参与方分担风险、享有权利以及对权利的保障程度，因此，它对项目发起人和贷款银行都具有十分重要的意义。设计合理的项目资金结构一般需要考虑以下因素。

1. 项目的总资金需求量

准确地制订项目的资金使用计划，确保满足项目的总资金需求量，这是一切项目融资工作的目标。新建项目的资金预算应由三个部分组成：项目资本投资（包括土地、基础设施、厂房、机器设备、工程设计和工程建设等费用）；投资费用超支准备金，即不可预见费用（一般为项目总投资的 10%—30%）；项目流动资金。

2. 项目的预期现金流收入

项目的预期现金流是偿付项目投资资金的唯一来源，各种类型的资金会对项目预期现金流的分配时间、分配数量和分配次序产生不同的要求，因此，项目融资安排必须以项目的预期现金流为基础。项目资金结构的设计者不仅要准确预测未来现金流的总量，而且要预测现金流在各个阶段的分布状况。

3. 资金使用期限

设计项目资金结构的核心问题是使项目预期收入现金流与债务偿付支出相互匹配，这就需要把握各类资金的使用期限、偿付方式。原则上，股本资金是项目中使用期限最长的资金，其回收只能依靠项目的投资收益，而债务资金都具有固定期限，形成特定的偿债压力。如果能针对具体项目的现金流量的特点，根据不同项目阶段的资金需求采用不同的融资手段，安排不同期限的贷款，就可以起到优化项目债务结构，降低项目债务风险的作用。例如，利用短期贷款为项目安排长期资金的做法是不经济的，应该根据项目的经济生命周期和项目现金流状况安排必要的长期贷款，然而，如果采用票据发行便利等措施，则可以通过票据的循环发行实现长期债务的短期化。同样，对流动资金的安排也可以采取银行贷款承诺、银行循环信贷额度、银行透支等方式，使贷款的借取和偿还比较灵活。

4. 资金成本

股本资金成本是一种相对意义上的成本概念，也被称为"机会成本"，债务资金成本则是一种绝对的成本，这就是项目贷款的利息成本。项目债务资金的利率风险是项目融资的主要风险之一。项目融资可以选用固定利率、浮动利率或者两种结合，各有利弊。

5. 利息预提税

预提税（Withholding Tax）是一个主权国家对外国资金的一种管理方式，可分为红利预提税（Dividend Withholding）和利息预提税（Interest Withholding Tax），其中，利息预提税的应用最为广泛。利息预提税通常为贷款利息的 10%—30%，一般由借款人缴纳，在借款人向境外贷款银行支付利息时，从所付利息总额中扣减，但是，境外贷款人一般要求所获取的利息收入不受或尽可能少地受到利息预提税的影响，利息预提税成本最终将以不同形式转嫁到借款人身上。因此，项目的资金结构应注意回避利息预提税。

国际金融界存在一些比较成熟和常用的合法减免利息预提税的做法：（1）根据两国之间避免双重征税条约选择贷款银行。有些国家之间签订了避免双重征税条约，借款人向缔约国的金融机构借款，可以避免征收利息预提税。（2）采用不需要支付利息预提税的融资方法，或将境外融资转化为境内融资。例如，按照一些国家的法律，如果外汇债务不是来自境外的银行或其他金融机构，而是来自"公众"（如通过发行欧洲债券、欧洲期票、美国商业票据等），则其利息可以不缴纳利息预提税。此外，有些国家的法律规定，本国银行向外国银行支付利息时也不需要缴纳利息预提税，在这种情况下，借款人可以通过本国银行安排境外贷款，就可以将境外融资转化为境内融资，降低融资成本。

四　项目的信用保障结构

（一）项目融资的潜在风险

项目融资包含着众多潜在风险，按其表现形式可以划分为信用风险、完工风险、生产风险、市场风险、金融风险、政治风险、环境保护风险。

（1）信用风险：有限追索的项目融资是依靠有效的信用保证结构支持的，各个保证结构的参与者能否按照法律条文在需要时履行其职责，提供其应承担的信用保证，就是项目的信用风险。这一风险贯穿于整个项目过程。

（2）完工风险：这是项目融资的核心风险之一，主要是指项目建设延期、项目建设成本超支、项目迟迟达不到规定的技术经济指标，极端情况下，项目迫于停工、放弃。

（3）生产风险：项目的生产风险是在项目试生产阶段和生产运行阶段存在的技术、资源储量、能源和原材料供应、生产经营、劳动力状况等风险因素的总称，是项目融资的另一个核心风险。生产风险可以进一步分解为技术风险、资源风险、能源和原材料供应风险、经营管理风险。其中，技术风险是指生产技术不完善给项目建设带来损失的可能性。贷款银行为避免技术风险，通常选择经市场检验成熟的生产技术项目；资源风险是指因依赖某种自然资源而给生产项目带来损失的可能性；能源和原材料供应风险是指由于能源和原材料供应可靠性和价格波动给项目带来损失的可能性；经营管理风险主要来自投资者对于所开发项目的经营管理能力，而这种能力是决定项目的质量控制、成本控制和生产效率的一个重要因素。

（4）市场风险：项目产品的价格和市场销售量是影响项目预期现金流的两个要素，

项目产品的价格和市场销售量变动给项目带来的影响成为市场风险。

（5）金融风险：主要表现为利率风险和汇率风险两个主要方面，换言之，金融风险是指利率和汇率波动给项目融资带来的影响。

（6）政治风险：投资者与所投项目不在同一个国家或贷款银行与贷款项目不在同一国家都有可能面临着由于项目所在国家的政治条件发生变化而导致项目失败、项目信用结构改变、项目债务偿还能力改变等风险，这类风险统称为项目的政治风险。可分成两类：①国家风险。即项目所在国政府由于某种政治原因或外交政策上的原因，对项目实行征用、没收，或者对项目产品实行禁运、联合抵制，中止债务偿还的潜在可能性；②国家政治经济法律稳定性风险。即项目所在国在外汇管理、法律制度、税收、劳资制度、劳资关系、环境保护、资源主权等与项目有关的敏感性问题方面的立法是否健全，管理是否完善，是否经常变动。

（7）环境保护风险：鉴于在项目融资中，投资者对项目的技术条件和生产条件比贷款银行更了解，所以一般环境保护风险由投资者承担。环境保护费用包括对所造成的环境污染的罚款、改正错误所需的资本投入、环境评价费用、保护费用以及其他的一些成本。

（二）项目融资的信用保障

风险是客观存在的，为了筹建债务资金，项目发起人必须提供信用保障，尽力提高债务资金的安全性。

对贷款银行和其他债权人而言，项目融资安全性来自两个方面：项目自身的现金流和各种直接或间接的担保。这些担保可以由项目发起人提供，也可以由第三方提供；可以是直接的财务保证（如完工担保、成本超支担保、不可预见费用担保等），也可以是间接的或非财务担保（如技术服务协议、能源长期供应协议、原材料长期供应协议、项目产品长期购买协议等）。项目的信用保障结构是指各种担保形式的总和。

1. 项目担保人

项目担保人包括项目投资者、与项目利益有关的第三方参与者和商业担保人。

（1）项目发起人

项目发起人作为担保人是项目融资结构中最常见的一种形式。

（2）与项目利益有关的第三方参与者

第三方参与者指在项目发起人之外与项目开发有直接或间接利益关系的机构，大致分为以下几种类型。

第一类是政府机构。政府机构为项目融资提供担保极为普遍，尤其是在发展中国家的大型项目建设中，政府的介入可以减少政治风险和经济政策风险，因而具有重要意义。

第二类是与政策开发有直接利益关系的商业机构。这些机构主要是指工程公司、项目设备或主要原材料的供应商、项目产品（设施）的用户，它们通过为项目融资提供担保而换取自己的长期商业利益。

第三类是世界银行、地区开发银行等国际性金融机构。这类机构虽然与项目开发并没有直接的利益关系，但是它们承担着促进发展中国家经济建设的职能，对于一些重要的项目，可以寻求到这类机构的贷款担保。

（3）商业担保人

商业担保人是以提供担保作为一种赢利的手段，承担项目的风险并收取担保服务费用的机构，这种担保人一般为各种类型的保险公司。

2. 项目担保的类型

项目担保可以分为物权担保和信用担保。物权担保的常见方式是担保人将动产或不动产抵押给债权人；信用担保则是担保人以法律协议的形式做出的承诺，依据这种承诺向债权人承担一定的义务。信用担保又分为直接担保、间接担保、或有担保、意向性担保。

（1）直接担保

直接担保是最普通的担保方式。项目融资中的直接担保通常承担有限责任，即对担保金额或有效时间加以限制。例如，用于担保支付项目成本超支的资金缺额担保通常事先规定最大担保金额，当项目建设成本超支时，担保人的最大经济责任以担保金额为限；完工担保则在时间上有所限制，即在一定的时间范围内，项目完工担保人对贷款银行承担全面追索的经济责任。

（2）间接担保

项目融资中的间接担保指担保人以商业合同和政府特许权协议等形式为项目提供的财务支持。最常见的间接担保是以"无论提货与否均需付款"概念为基础发展起来的一系列合同形式，包括"提货与付款"合同、"供货与付款"合同、"无论使用服务与否均需付款"合同等。这类合同为项目产品提供了稳定市场，保证了项目的稳定收入，从而保证了贷款银行的基本利益。

（3）或有担保

或有担保是针对一些不可抗拒或不可预测因素所造成项目损失的风险所提供的担保。按其担保的风险的性质，可以划分成三种基本类型：第一类主要针对由于不可抗拒因素造成的风险，如地震、火灾等；第二类主要针对项目的政治风险；第三类主要针对与项目融资结构特性有关的项目环境风险，例如，在以税务结构为基础建立起来的杠杆租赁融资模式中，贷款银行很大一部分收益来自项目的税务优惠，如果政府对税收政策做出不利于杠杆租赁结构的调整，将会损害贷款银行的利益，甚至损害项目融资结构的基础。

（4）意向性担保

严格地说，意向性担保不是一种真正的担保，因其不具备法律意义上的约束力，仅仅表现出担保人有可能对项目提供一定支持的意愿。经常采用的形式是支持信。支持信也称安慰函，通常由项目公司的控股公司或项目所在地政府机构写给贷款银行，表达它对项目公司以及项目融资的支持。它起到的担保作用在本质上是由提供该信的机构向贷款银行做出的一种承诺，保证向项目公司施加影响以确保后者承担其对于贷款银行的债务责任。

第三节 "产品支付法"或"产品购买协议"模式

一 "产品支付法"融资模式

产品支付法是一种以产品所有权为基础的融资模式：在无追索权或有限追索权的前提下，项目公司定期向贷款银行提供一个特定份额的产品量，这部分产品的收益成为项目公司偿还债务的资金来源。产品支付法的特点是完全以特定份额产品及其销售收益的所有权作为偿债保证，而不是采用整体产品及其销售收益所有权的抵押、转让方式。

产品支付法广泛运用于已经探明资源储藏量的石油、天然气和矿产品等项目。这类项目产品具有广阔的市场，其价格具有明确的国际市场标准，特定份额的产品量是决定偿债现金流的主要因素，能够采用产品支付法的项目必须拥有这一特征。此外，采用"产品支付法"模式安排项目融资通常要求项目发起人提供最低生产量和最低产品质量标准等方面的担保。

二 "产品购买协议"融资模式

"产品购买协议"融资模式可以说是"产品支付法"融资模式的演变形式。当项目产品没有广泛市场（项目产品一般销售给特定客户）或产品价格不确定时，"产品支付法"模式会面临局限。项目公司与项目产品的购买者预先签订长期"产品购买协议"，如果所开发的项目不是生产某种产品，而是建造某种基础设施（如港口、铁路、石油或天然气输送管道等），"产品购买协议"则表现为"设施使用协议"，即项目公司与客户签订协议，由客户长期使用所建造设施并按照协议确定的时间和金额支付设施使用费。依据"产品购买协议"或"设施使用协议"，项目公司形成长期、稳定的预期现金流，以此为基础安排融资，这种模式称为"产品购买协议"融资模式。

（一）协议的性质和内容

"产品购买协议"融资模式的基础是产品购买协议或设施使用协议，为了保证项目公司具有充足的现金流，足以偿还银行贷款的本金和利息，降低贷款银行的风险，产品购买协议或设施使用协议通常签订为"无论提货与否均需付款合同"。

"无论提货与否均需付款合同"又称"绝对付款合同""无货亦付款合同""或取或付合同"，与传统的贸易合同相比，它的最大特点就是绝对性和无条件性。传统贸易合同是以买卖双方的对等交换为基础，即所谓的"一手交钱，一手交货"，如果卖方不能提供产品或服务，买方可以提出同时履行抗辩，解除其付款义务。但是，在"无论提货与否均需付款合同"中，买方在合同项下的支付义务是不可撤销的，即使卖方未能按时间、数量和质量提供合同项下的产品，买方仍要履行其支付义务。即使出现项目毁灭、爆发战争、项目财产被没收或征用等与协议双方无关的绝对事件而导致项目公司完全不能履约，只要在协议中没有做出相应的规定，项目产品的购买者仍须按合同规定的时间和金额支付款项。"无论提货与否均需付款合同"的订立，实际上是购买人保证在合同规定的期限内，向项目公司提供一笔确定金额的资金，使项目公司有足够的资金按期偿还贷款，其本质上是一种间接担保。

"无论提货与否均需付款合同"的基本结构与传统的长期销售合同基本相同，但需注意以下方面的内容。

（1）减免责任条款和禁止抵消条款。为了保证"无论提货与否均需付款合同"的合法有效，防止购买人援引某项法律原则排除其绝对付款的义务，合同中必须具备排除项目公司实际交货责任的条款，并且具有很多尽量避免或减少项目公司责任的条款。例如：①在合同中尽量减少加在项目公司身上的明示义务，即规定购买人支付货款的对价不是取得现实的货物或服务，而是拥有取得货物或服务的期望，而项目公司并不保证购买人的这种期望一定能够实现，购买人支付货款也非以这种期望的实现——实际取得货物或者服务为条件，因此，即使该期望最终未能实现，也不影响购买人支付约定金额的货款的义务。②合同条款中一般有排除默示义务的条款，如排除所交付的货物符合某种质量标准的默示义务，因为这些义务若不以明示的方式排除，则日后可能就因为没有明示排除而推定为默示的义务。③在合同中一般有排除项目公司根本违约的责任。传统的贸易合同中，一方的根本违约往往成为另一方解约的理由，卖方未能按期交货，通常被认为根本违约，并成为购买人解除合同、免除付款义务的理由。"无论提货与否均需付款合同"一般会把"未能交货"排除在根本违约之外。④基于担保作用的出发点，合同条款一般会有关于抵消的特殊约定，即合同项下的付款义务不能被抵消，购买人不得以其对项目公司的债权来抵消其依合同所应承担的付款义务。这样就保证了项目公司能够获得稳定的现金流来偿还贷款。

（2）合同期限。要与项目融资的贷款期限一致。

（3）合同数量。合同中购买产品的数量一般依据项目达到设计生产指标时的产量，具体数量的确定可以采取两种方式：一是在合同期限内采用固定的总数量，这部分固定数量产品的收入将足以支付生产成本和偿还债务，对于剩余产品，项目公司可以另行出售；二是包括100%的项目公司产品，而不论其生产数量在贷款期间是否发生变化。

（4）合同产品的质量规定。一般采用本国标准或国际标准，因为这种产品要在本国市场或国际市场上具有竞争力。需要注意的是，合同产品的质量规定不是买方付款的先决条件。

（5）交货地点与交货期。通常的交货地点是在项目所属范围之外的距离较近的场所；交货期的原则是要求根据协议所得收入具有稳定的周期性。

（6）价格的确定和调整。价格的确定和调整有三种方式：一是完全按照国际市场价格制定价格公式，并随着国际市场价格的变化而变化。该方式以公认的定价方式，可以减少合同履行中的争议，但仅适合于具有统一国际市场定价标准的产品，如铜、石油、铝等。二是采用固定价格的定价公式，其基本意义在于保证项目公司具有足够的现金流支付生产成本和偿还贷款。三是采用实际生产成本加一个固定投资收益的定价公式。这种形式中，成本是变化的，而收益是固定的。第二种和第三种的方式是贷款银行比较乐意接受的，因为它们大大降低了银行所承担的市场风险。

（7）购买方。合同的卖方是项目公司，买方可以是项目发起人，也可以是其他与项目有关的第三方担保人。但是，在项目产品的购买者中，应至少有一个是项目发起人。出于对购买方的保护，项目文件经常赋予购买方一定的权利来防范项目失败的风险，比如，合同可能规定，如果项目公司没能维持令人满意的生产水平，购买方有权接管项目。

（8）合同权益的转让。由于此类合同是项目融资结构中的一种重要担保措施，所以贷款银行对于合同权益的可转让性以及有效连续性均要求有明确的规定和严格的限制。一是合同权益应该能够以抵押、担保等法律形式转让给贷款银行或贷款银行指定的受益人；二是合同权益的转让需要贷款银行事先批准；三是在合同权益转让时，贷款银行对合同权益的优先请求权应该不受到任何挑战，具有有效连续性。

（二）"产品购买协议"融资模式的操作环节

假定某煤炭产区的产量和海外销售量急剧增加，但海外运输能力有限，为此，几家大型煤矿公司拟联合兴建一个煤炭运输专用港口，并希望通过"产品购买协议"模式安排项目融资。其主要操作环节如下。

第一步，各家大型煤矿公司（项目发起人）共同出资组建一家煤炭运输港口公司（项目公司），由该公司负责拥有、建设、经营整个煤炭运输港口系统。煤炭运输港口公司也可以吸收其他投资者，条件成熟时，还可以公开发行股票并上市，广泛吸收结构投资者和公众的资金，扩大资本金规模。

第二步，煤炭运输港口公司与各家发起人、主要的煤炭客户签订港口设施长期使用协议。该协议属于"无论提货与否均需付款"性质，即在港口建设开工后的一个特定时期内，各家发起人、主要的煤炭客户向煤炭运输港口公司支付规定数量的港口使用费。如有必要，可以要求各家发起人、主要的煤炭客户取得银行备用信用证，用以作为它们执行本协议的信用担保。

第三步，采用招标方式选择工程承包商，签订工程承包合同。中标的公司必须具备规定的技术和资信，并且由银行提供履约担保或与专业担保机构签订完工担保合同。

第四步，完善其他内容的保险或担保。例如，与项目发起人签订资金缺额担保（当建设、生产资金出现缺口时，项目发起人以追加资本或股东贷款方式补充资金）、与原材料供应商签订长期原材料供应合同，与保险公司签订项目资产保险合同等。

第五步，以港口设施长期使用协议、工程承包合同、完工担保合同、资金缺额担保、长期原材料供应合同等文件为基础，与银行协议安排贷款融资。贷款融资由一揽子贷款计划组成，其特点为：（1）贷款总规模既要保证项目的完成，又要实现本金和利息的正常偿付。因此，贷款总规模应综合考虑港口建设的投资资金需求和预期的现金流状况。（2）贷款计划由短期、中期、长期贷款组合而成，形式多样化，根据港口的建设投资进度安排短期贷款，根据港口的经济生命周期安排中、长期贷款。（3）偿还贷款本息的唯一来源是港口的预期使用费，偿还贷款本息的现金支付流应该与港口使用费的现金收入流相互匹配。

第四节　BOT 模式

一　BOT 模式的基本概念

BOT，即建设—经营—转让，在我国又被称作"特许权投融资方式"。一般由东道国政府或地方政府将项目特许权授予专门设立的项目公司，由项目公司负责基础设施（或基础产业）项目的投资、建造、经营和维护。在规定的特许期内，项目公司对该设施拥有非完整意义上的所有权，对设施使用者收取费用，并以此回收项目投融资、建造、经营和维护的成本费用。特许期满后，项目公司将设施无偿移交给东道国政府。这种方式一般用于大型电厂、高等级高速公路、桥梁、隧道、铁路以及城市供排水、污水处理等能源、交通、城市市政设施建设。BOT 模式中，项目公司以特许建设权和经营收费权为基础，向银行借取贷款，筹集项目资金，并以经营收费作为偿还贷款的唯一资金来源。

实践中，BOT 模式有许多变化形式，其中比较重要的有 TOT 模式和 PPP 模式。

TOT（Transfer-Operate-Transfer），即转让—经营—转让，是指政府部门或国有企业将建设好的项目的一定期限的产权和经营权，有偿转让给项目公司，由其进行运营管理；项目公司在一个约定的时期内通过经营收回全部投资和得到合理的回报，并在合约期满之后，再无偿交回给政府部门或原单位。TOT 也是企业进行收购与兼并所采取的一种特殊形式。项目公司以产权和经营权转让合同为基础，在无追索权或有限追索权的条件下，通过银行贷款以及其他方式筹集资金，实现项目的转让和经营，形成一种特殊的项目融资模式。与委托经营和承包经营不同，TOT 的特点是在一定时期内实现了产权和经营权同时转让，而委托经营和承包经营只转让经营权，不转让产权。

PPP（Private-Public-Project），即公私合建项目，是指政府公共部门和私人部门合作完成基础设施的投资和建设，满足城市对基础设施的需求。项目主要由私人部门投资、经营、管理，可以赚取正常利润；政府公共部门提供一定数量的投资，只取得很低的投资回报率甚至不要求投资回报，但负责制定项目使用对象、适应方式和产品价格（或收费标准）等政策，以保证所建设的基础设施具有公益性。PPP 模式广泛应用于公益性基础设施建设（如学校、体育场馆、监狱、城市供水、城市铁路等），如果不进行整合，这些公益性基础设施不具有投资价值，很难利用私人资本建设。PPP 方式将这些不具有商业投资价值的项目商业化，在项目运营过程中，政府付出最小的代价。

二 BOT 的运作程序

按照惯例，BOT 项目的运作程序主要包括确定项目方案（项目立项）阶段、招标阶段、融资安排阶段、项目实施阶段（包括建设、运营和移交）。

（一）确定项目方案阶段

这一阶段的主要目标是研究并提出项目建设的必要性、确定项目需要达到的目标。项目的发起人（例如城市地铁项目的发起人可以是市政局或其下属的市政建设公司，电厂项目的发起人可以是电力局或其下属的电力开发公司）应完成《项目建议书》或《项目可行性研究报告》，向政府部门申请立项，取得立项批复。就我国目前而言，外资 BOT 项目需要得到国家计委的批复，内资 BOT 项目中，大型项目需要得到国家计委的批复，中小型可以由地方政府批复。

项目是否具备合理的投资收益，或者说，政府准备允许投资人获得多少投资回报，是在这一阶段必须确定的原则性问题之一。只有允许投资人获得合理的回报，项目采用 BOT 方式才可能取得成功。不可能盈利的项目，只能由政府或者公共机构进行投资建设，除非政府能够采取财政补贴等方式保证项目投资人获得合理的回报。

（二）招标阶段

项目的具体建设开发者通常采用招标方式来确定。项目立项工作完成后，即可成立招标委员会和招标办公室，发布项目招标信息，邀请具备资格的国内外公司参加竞标。

愿意参与项目建设的投资者可以按照规定的时间、地点和程序递交竞标书，竞标书一般应详细地说明所有关键性事宜，如：（1）设施的类型及所提供的产品或服务的性能、质量；（2）建设进度安排及目标竣工日期、工程造价；（3）产品的价格或服务费用；（4）价格调整公式或调整原则；（5）履约标准（产品的数量和质量、资产寿命等）；（6）投资回报预测、融资结构（投资、贷款比例）和资本偿还计划；（7）外汇安排（如果是外资 BOT）；（8）不可抗力事件的规定；（9）维修计划（这对于 BOT 项目尤其重要，因为项目的所有权必须在寿命中期移交给政府）；（10）风险分析与分配。

招标委员会对招标书进行评议，确定中标的投资者。

（三）融资安排阶段

1. 组建项目公司，取得项目特许权

中标的投资者应该为该项目的投资、建设和经营组建专门的项目公司，由项目公司与政府部门签订协议，取得项目特许权。

特许权协议是 BOT 项目中最重要的环节，政府和私营部门的权利义务都要在合同中明确规定，包括：（1）签约各方的法定名称、住所，项目的建设地址、内容、规格标准及建设期；（2）项目的特许权内容及期限；（3）项目的总投资额、资金构成、境内外融资额及融资方式与条件；（4）成本构成与费用支付安排计划；（5）收费标准与方式；（6）工程设计、施工、采购、经营、维修标准和程序；（7）项目的组织实施计划与安排；（8）签约各方风险的分担；（9）签约各方的权利、义务与责任；（10）转让、抵押、征收、终止及不可抗力条款；（11）特许权期满时项目移交内容、标准及程序；（12）罚责与仲裁。

特许权协议重点强调：第一，批准项目公司建设开发和经营项目，政府给予使用土地、获得原材料等方面的便利条件；第二，在特许期满后，政府无偿收回（或以协议约定的价格购买）整体项目，项目公司必须保证政府所获得的是一个运转正常并且保养良好的项目；第三，政府可以按照协议约定的价格购买项目产品。

2. 其他信用保证文件

在取得特许权协议的同时，项目公司还需要签署其他许多协议，以保证项目公司有能力按计划开发项目。通常情况下，项目公司必须签署的相关协议有以下方面：

（1）与贷款银行或银团的信贷协议草案；

（2）与建筑承包商的建设合同及其完工担保；

（3）与供应商的设备和材料供应合同；

（4）与保险公司的保险合同；

（5）与项目产品用户或政府机构的"无论提货与否均需付款"性质的产品购买协议（或设施使用协议）。

3. 融资安排

以特许权协议和其他信用保证文件为基础，项目公司与贷款银行或银团正式签订信贷协议。

4. 风险分担原则

项目公司自行承担项目的融资、建造、运营和维护等商业性风险。对项目公司不能预测而带来的风险采取以下承担原则。

（1）由于国家政策、法律法规的变化致使项目公司受到实质性的影响，政府部门可以通过调整收费价格，延长特许期限或采取其他相应措施予以补偿。

（2）自然不可抗力因素由项目公司通过保险方式承担。

（3）政治不可抗力，可通过协议协商加以解决。

（四）项目实施阶段

1. 项目建设

项目公司在签订所有合同之后，开始进入项目的实施阶段，即按照合同规定，聘请设计单位开始工程设计，聘请总承包商开始工程施工。项目公司负责项目建设的资金使用和工程进度监督，并进行项目竣工验收。

2. 项目营运

项目公司根据特许权协议负责所建设设施的运行、保养和维修，收取项目产品的销售收入或设施使用费，支付项目贷款本息，并为项目的投资者取得投资收益。

3. 项目移交

项目公司保证在特许期满时，项目运行情况符合协议约定的移交标准，并按照约定程序将项目所有权和经营权移交给政府机构。

第五节　PPP 项目融资模式

一　PPP 模式概念

PPP，又称 PPP 模式，即政府和社会资本合作，是公共基础设施中的一种项目运作模式。在该模式下，鼓励私营企业、民营资本与政府进行合作，参与公共基础设施的建设。

按照这个广义概念，PPP 是指政府公共部门与私营部门合作过程中，让非公共部门所掌握的资源参与提供公共产品和服务，从而实现合作各方达到比预期单独行动更为有利的结果。在公共服务领域，政府采取竞争性方式选择具有投资、运营管理能力的社会资本，双方按照平等协商原则订立合同，由社会资本提供公共服务，政府依据公共服务绩效评价结果向社会资本支付对价。

PPP 是以市场竞争的方式提供服务，主要集中在纯公共领域、准公共领域。PPP 不仅是一种融资手段，而且是一次体制机制变革，涉及行政体制改革、财政体制改革、投融资体制改革。

我国首次运用 PPP 模式是北京地铁 4 号线，此后大理市生活垃圾处置城乡一体化系统工程、江西峡江水利枢纽工程项目、深圳大运中心项目、天津市北水业公司部分股权转让项目等都采用了 PPP 模式，2008 年奥运会所修建的"鸟巢"也采用了 PPP 模式。2018 年 9 月 14 日，财政部公布的最新统计数据显示，截至 2018 年 7 月底，全国 PPP（政府和社会资本合作）综合信息平台项目库累计入库项目 7867 个、投资额 11.8 万亿元。已签约落地项目 3812 个、投资额 6.1 万亿元，已开工项目 1762 个、投资额 2.5 万亿元。

二　PPP 项目融资的运作程序

与 BOT 模式相比，PPP 模式中政府对项目中后期建设管理运营过程参与更深，企业对项目前期科研、立项等阶段参与更深。政府和企业都是全程参与，双方合作的时间更长，信息也更对称。

PPP 项目操作的具体流程如图 8 - 2 所示。

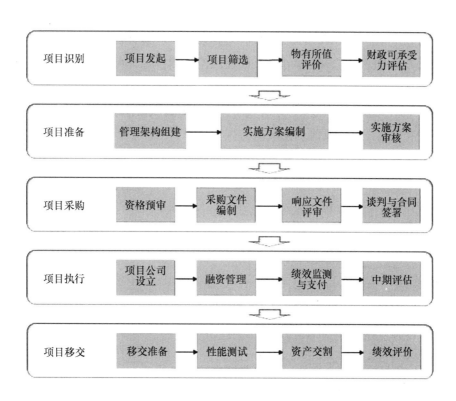

图 8 - 2　PPP 项目操作流程图

三　PPP 模式较传统项目融资的优势

PPP 模式的最大优点在于能充分发挥政府部门和民营企业各自的优势。具体来说，有以下几个方面。

（1）消除费用的超支。公共部门和私人企业在初始阶段私人企业与政府共同参与项目的识别、可行性研究、设施和融资等项目建设过程，保证了项目在技术和经济上的可行性，缩短前期工作周期，使项目费用降低。PPP 模式只有当项目已经完成并得到政府批准使用后，私营部门才开始获得收益，因此 PPP 模式有利于提高效率和降低工程造价，能够消除项目完工风险和资金风险。

（2）有利于转换政府职能，减轻财政负担。政府可以从繁重的事务中脱身出来，从过去的基础设施公共服务的提供者变成一个监管的角色，从而保证质量，也可以在财政预算方面减轻政府压力。

（3）促进了投资主体的多元化。利用私营部门来提供资产和服务能为政府部门提供更多的资金和技能，促进了投融资体制改革。同时，私营部门参与项目还能推动在项目设计、施工、设施管理过程等方面的革新，提高办事效率，传播最佳管理理念和经验。

（4）政府部门和民间部门可以取长补短，发挥政府公共机构和民营机构各自的优势，弥补对方身上的不足。双方可以形成互利的长期目标，可以以最有效的成本为公众提供高质量的服务。

（5）风险分配合理。与 BOT 等模式不同，PPP 在项目初期就可以实现风险分配，同时由于政府分担一部分风险，使风险分配更合理，减少了承建商与投资商风险，从而降低了融资难度，提高了项目融资成功的可能性。政府在分担风险的同时也拥有一定的控制权。

（7）应用范围广泛，该模式突破了引入私人企业参与公共基础设施项目组织机构的多种限制，可适用于城市供热等各类市政公用事业及道路、铁路、机场、医院、学校等非营利性的项目。

案例 8-1：北京地铁 4 号线 PPP 项目融资[①]

一　项目概况

北京地铁 4 号线是北京市轨道交通路网中的主干线之一，南起丰台区南四环公益西桥，途经西城区，北至海淀区安河桥北，线路全长 28.2 公里，车站总数 24 座。4 号线工程概算总投资 153 亿元，于 2004 年 8 月正式开工，2009 年 9 月 28 日通车试运营，目前日均客流量已超过 100 万人次。北京地铁 4 号线是我国城市轨道交通领域的首个 PPP 项目，该项目由北京市基础设施投资有限公司（简称"京投公司"）具体实施。北京地铁 4 号线项目顺应国家投资体制改革方向，在我国城市轨道交通领域首次探索和

[①]　本案例基本素材来源于"诺宝财讯"。

实施市场化 PPP 融资模式，有效缓解了当时北京市政府投资压力，实现了北京市轨道交通行业投资和运营主体多元化突破，形成同业激励的格局，促进了技术进步和管理水平、服务水平提升。

二 运作模式

（一）具体模式

4 号线工程投资建设分为 A、B 两个相对独立的部分：A 部分为洞体、车站等土建工程，投资额约为 107 亿元，约占项目总投资的 70%，由北京市政府国有独资企业京投公司成立的全资子公司 4 号线公司负责；B 部分为车辆、信号等设备部分，投资额约为 46 亿元，约占项目总投资的 30%，由 PPP 项目公司北京京港地铁有限公司（简称"京港地铁"）负责。京港地铁是由京投公司、香港地铁公司和首创集团按 2∶49∶49 的出资比例组建的。北京地铁 4 号线 PPP 模式如图 8-3 所示。

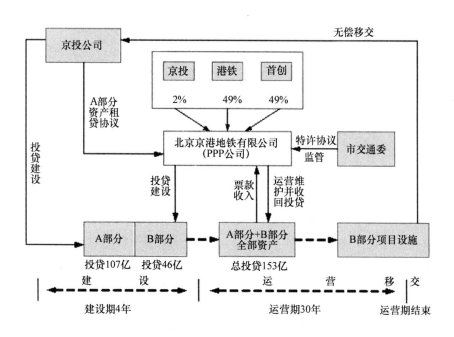

图 8-3 北京地铁 4 号线的 PPP 模式

4 号线项目竣工验收后，京港地铁通过租赁取得 4 号线公司的 A 部分资产的使用权。京港地铁负责 4 号线的运营管理、全部设施（包括 A 和 B 两部分）的维护和除洞体外的资产更新以及站内的商业经营，通过地铁票款收入及站内商业经营收入回收投资并获得合理投资收益。30 年特许经营期结束后，京港地铁将 B 部分项目设施完好、无偿地移交给市政府指定部门，将 A 部分项目设施归还给 4 号线公司。

（二）实施流程

4 号线 PPP 项目实施过程大致可分为两个阶段，第一阶段为由北京市发改委主导的实施方案编制和审批阶段；第二阶段为由北京市交通委主导的投资人竞争性谈判比选阶段。

经市政府批准，北京市交通委与京港地铁于 2006 年 4 月 12 日正式签署了《特许经营协议》。

（三）协议体系

4 号线 PPP 项目的参与方较多，项目合同结构如图 8 - 4 所示。

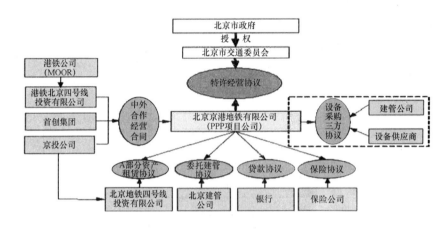

图 8 - 4　4 号线 PPP 项目合同结构

特许经营协议是 PPP 项目的核心，为 PPP 项目投资建设和运营管理提供了明确的依据和坚实的法律保障。4 号线项目特许经营协议由主协议、16 个附件协议以及后续的补充协议共同构成，涵盖了投资、建设、试运营、运营、移交各个阶段，形成了一个完整的合同体系。

（四）主要权利义务的约定

1. 北京市政府

北京市政府及其职能部门的权利义务主要包括：建设阶段：负责项目 A 部分的建设和 B 部分质量的监管，主要包括制定项目建设标准（包括设计、施工和验收标准），对工程的建设进度、质量进行监督和检查，以及项目的试运行和竣工验收，审批竣工验收报告等。

运营阶段：负责对项目进行监管，包括制定运营和票价标准并监督京港地铁执行，在发生紧急事件时，统一调度或临时接管项目设施；协调京港地铁和其他线路的运营商建立相应的收入分配分账机制及相关配套办法。

此外，因政府要求或法律变更导致京港地铁建设或运营成本增加时，政府方负责给予其合理补偿。

2. 京港地铁

京港地铁公司作为项目 B 部分的投资建设责任主体，负责项目资金筹措、建设管理和运营。为方便 A、B 两部分的施工衔接，协议要求京港地铁将 B 部分的建设管理任务委托给 A 部分的建设管理单位。

运营阶段：京港地铁在特许经营期内利用 4 号线项目设施自主经营，提供客运服务并获得票款收入。协议要求，京港地铁公司须保持充分的客运服务能力和高效的客运服务质量，同时，须遵照《北京市城市轨道交通安全运营管理办法》的规定，建立安全管理系统，制订和实施安全演习计划以及应急处理预案等措施，保证项目安全运营。

在遵守相关法律法规，特别是运营安全规定的前提下，京港地铁公司可以利用项目设施从事广告、通信等商业经营并取得相关收益。

附录：项目融资案例

广东省沙角火力发电厂项目①

O 项目背景：广东省沙角火力发电厂 1984 年签署合资协议，1986 年完成融资安排并动工兴建，1988 年投入使用。总装机容量 70 万千瓦，总投资为 42 亿港币。被认为是中国最早的一个有限追索的项目融资案例，也是事实上在中国第一次使用 BOT 融资概念兴建的基础设施项目。

O 项目融资结构：

投资结构：采用中外合作经营方式兴建。合资中方为深圳特区电力开发公司（A方），合资外方是一家在香港注册专门为该项目成立的公司——合和电力（中国）有限公司（B 方）。合作期 10 年。合作期间，B 方负责安排提供项目全部的外汇资金，组织项目建设，并且负责经营电厂 10 年（合作期）。作为回报，B 方获得在扣除项目经营成本、煤炭成本和支付给 A 方的管理费后百分之百的项目收益。合作期满时，B 方将深圳沙角 B 电厂的资产所有权和控制权无偿转让给 A 方，退出该项目。

融资模式：深圳沙角 B 电厂的资金结构包括股本资金、从属性贷款和项目贷款三种形式。

股本资金：

股本资金/股东从属性贷款（3.0 亿港币）	3850 万美元
人民币延期贷款（5334 万人民币）	1670 万美元

---

① 引自中国能源网（www.china5e.com）。

债务资金：

A 方的人民币贷款（从属性项目贷款）	9240 万美元
（2.95 亿人民币）	
固定利率日元出口信贷（4.96 兆亿日元）	26140 万美元
———日本进出口银行：	
欧洲日元贷款（105.61 亿日元）	5560 万美元
欧洲贷款（5.86 亿港币）	7500 万美元
资金总计	53960 万美元

根据合作协议安排，在深圳沙角 B 电厂项目中，除以上人民币资金之外的全部外汇资金安排由 B 方负责，项目合资 B 方——合和电力（中国）有限公司利用项目合资 A 方提供的信用保证，为项目安排了一个有限追索的项目融资结构。

融资模式中的信用保证结构：

（1）A 方的电力购买协议。这是一个具有"提货与付款"性质的协议，规定 A 方在项目生产期间按照实现规定的价格从项目中购买一个确定的最低数量的发电量，从而排除了项目的主要市场风险。

（2）A 方的煤炭供应协议。这是一个具有"供货或付款"性质的合同，规定 A 方负责按照一个固定的价格提供项目发电所需要的全部煤炭，这个安排实际上排除了项目的能源价格及供应风险以及大部分的生产成本超支风险。

（3）广东省国际信托投资公司为 A 方的电力购买协议和煤炭供应协议所提供的担保。

（4）广东省政府为上述三项安排所出具的支持信；虽然支持信并不具备法律的约束力，但可作为一种意向性担保，在项目融资安排中依然具有相当的分量。

（5）设备供应及工程承包财团所提供的"交钥匙"工程建设合约，以及为其提供担保的银行所安排的履约担保，构成了项目的完工担保，排除了项目融资贷款银团对项目完工风险的顾虑。

（6）中国人民保险公司安排的项目保险；项目保险是电站项目融资中不可缺少的一个组成部分，这种保险通常包括对出现资产损害、机械设备故障以及相应发生的损失的保险，在有些情况下也包括对项目不能按期投产情况的保险。

融资结构简评：

（1）作为 BOT 模式中的建设、经营一方（在我国现阶段有较大一部分为国外投资者），必须具有一定资金力量，并且能够被银行金融界接受的公司。

（2）项目必须有一个具有法律保障的电力购买合约作为支持，这个协议需要具有"提货与付款"或者"无论提货与否均需付款"的性质，按照严格事先规定的价格从项目中购买一个最低量的发电量，以保证项目可以创造出足够的现金流量来满足项目贷款银行的要求。

（3）项目必须有一个长期的燃料供应协议，从项目贷款银行的角度，如果燃料是进口的，通常会要求有关当局对外汇支付做出相应安排，如果燃料是由项目所在地政府部门或商业机构负责供应或安排，则通常会要求政府对燃料供应做出具有"供货或付款"性质的承诺。

（4）根据提供电力购买协议和燃料供应协议的机构的财务状况和背景，有时项目贷款银行会要求更高一级机构某种形式的财务担保或者意向性担保。

（5）与项目有关的基础设施的安排，包括土地、与土地相连接的公路、燃料传输及贮存系统、水资源供应、电网系统的联结等一系列与项目开发密切相关的问题的出现及其责任，必须在项目文件中做出明确的规定。

（6）与项目有关的政府批准，包括有关外汇资金、外汇利润汇出、汇率风险等问题，必须在动工前，得到批准和做出相应的安排，否则很难吸引到银行加入项目融资的贷款银团行列中。有时，在 BOT 融资期间贷款银团还可能要求对项目现金流量和外部资金的直接控制。

第九章 风险投资

本章学习重点

- 风险投资的基本特征
- 风险投资的运行机制

第一节 风险投资的产生与发展

风险投资，在我国也叫创业投资，作为金融体系中私募股权市场的一部分，已经成为机构投资者组合投资的一个重要投资类别，促进创业企业，尤其是高新技术企业发展的重要力量。

一 风险投资的基本概念

风险投资（Venture Capital，VC），也叫"创业投资"，是一个约定俗成的具有特定内涵的概念，但人们对它的表述方式却不尽相同。

全美风险投资协会的定义：风险投资是指由职业金融家出资，对新兴的、迅速发展的、有巨大竞争力的中小企业提供权益资本的投资形式。

经济合作发展组织的定义：风险投资是对以高科技为基础，生产和经营技术密集型创新产品或服务的企业进行的股权投资。

中华人民共和国《关于设立外商产业投资企业的暂行规定》中的定义：风险投资主要是指向未上市的高新技术企业进行股权投资，并且为之提供创业管理服务，以期获得资本增值收益的投资方式。

综合上述概念，我们认为，风险投资是指以承担创业风险为前提，以获取企业或项目成长价值为目标，向处于起步阶段或发展初期、具有良好市场发展前景的新兴科技企业或项目进行股权投资的一种投资形式。

风险投资具有以下特点。

（一）高风险、高收益

风险投资最显著的特征是风险很高。第一，一项高新技术的产业化（或一个新兴行业中的企业发展）通常经历五个阶段，即种子期、创业期、成长期（或称扩张期）、成熟期和衰退期，风险投资的投资对象一般是新兴科技行业中处于种子期、创业期或成长前期的中小企业，没有成熟的产品或技术（甚至只有一种新型的构想创意），近期资金投入需求较大，但缺乏（甚至没有）稳定收入，没有足够的资产作为抵押。风险投资采取股权投资形式，与创业者一起"分担风险、共享收益"。第二，风险投资的目标往往是研发一项高新技术，或实现高新技术产业化，或创造、推广一项新产品等，在技术纯熟的可能性、市场的接纳程度、经营者的管理经验或市场营销模式的可行性等方面都存在较大的不确定性。因此，风险投资必然面临着技术风险、市场接纳风险、管理风险和财务风险等。美国的实践表明，风险投资有20%—30%完全失败，60%以上受到挫折（即部分失败），只有5%—10%可以获得成功。

市场经济的基本定律是高风险必然伴随着高收益。与普通类型的投资相比，风险投资要高几十倍，甚至几百倍。风险投资通常进行组合投资，同时投资于众多项目，通过分散投资来降低风险，利用成功项目所取得的高回报抵偿失败项目的损失并获得收益——虽然每个项目的失败概率远远大于成功概率，但是，只要有一个或少数几个项目成功，由于此时市场上鲜有竞争对手，便可以获得超额垄断利润，从而弥补其他项目失败所造成的损失。因此，风险投资必须具有足够的资金规模，能够遵循"大数定律"实现投资项目的分散化。

据国外风险投资公司测算，20世纪70年代，投资开发10个项目中，有1个成功即可盈利；20世纪80—90年代，投资开发10个项目中，有2个成功即可盈利（这一现象被风险投资界称为"二八法则"或"二八定律"）。

（二）主要投资于高科技领域

传统产业由于技术已经成熟，资本大量积聚，产品和市场相对稳定，其风险相对较小，收益也相对稳定。风险投资以承担高风险为代价追求高收益，传统产业通常难以提供相应的机遇，而高科技产业由于风险大，产品附加值高，因而收益也高，自然地成为风险投资追逐的对象。

20世纪80年代以来，国外风险投资青睐的行业包括以下几类。

计算机行业：包括设备制造、软件开发、软件服务；

通信行业：包括设备制造、软件开发、通信服务；

医疗与制药：包括制药开发、医疗设备、医疗服务；

其他新兴行业：包括生物技术、新能源开发、新型销售与配送模式等。

我国目前风险投资重点支持的是移动互联网、人工智能、IT 产业和生命科学产业，此外，环保技术、海洋技术和航天技术也颇受关注。

（三）通常采取股权投资方式

风险投资一般为股权投资，而不是借贷资金，风险投资者与创业者分担风险，共享收益。这种股权投资有以下特点。

第一，不以控股为目的，股权比例一般为 10%—20%。

第二，投资期限一般为 3—5 年，最长可超过 10 年。风险投资不追求分红取息，而是获得企业特定发展时期的资本价值增长的收益，因而，风险投资具有对企业进行阶段性投资的特点，旨在帮助企业完成某一发展阶段的跨越，这个目标一经实现，企业资本价值增长就会得到体现，风险投资者便出售股权，收回投资，并取得收益。因此，投资期限取决于实现投资目标所预计需要的时间。例如，对种子其项目的投资期限取决于从不成熟的技术现状到新产品研发成功所需要的时间。

第三，收回投资的方式不依赖于从企业取得现金流收入（如分红派息），而是股权转让。当被投资企业增值后，风险投资者会通过上市、收购兼并或其他股权转让方式撤出资本，实现其投资的超额回报，在成功的项目中，退出投资时至少能够获得原始投资额 5—7 倍的利润和资本升值。因此，风险投资的决策依据不是企业未来一段时间的预期现金流，而是企业（或其技术）成功跨越特定发展阶段的可能性及其资本价值的增长空间。

（四）参与被投资企业的经营管理

风险投资不仅向创业者提供资金，而且提供增值服务，例如，提供企业管理经验、市场开发经验以及广泛的社会关系等。通常，风险投资者积极参与被投资企业的经营管理，虽然股权比例仅占 10%—20%，但风险投资者会要求向被投资企业的董事会派出一定数量的董事成员，甚至要求选派企业的市场总监、财务总监。这种做法可以把资本、技术和管理有机结合，一方面弥补被投资企业在创业管理经验上的不足，另一方面主动控制创业投资的高风险。

二　美国风险投资的发展

美国是风险投资的发源地，也是当今世界上风险投资最为发达、相关法律制度最为完备的国家。美国风险投资的发展历程大体如下。

（一）第二次世界大战后至 60 年代末：风险投资的萌芽与早期发展阶段

对风险投资的起源时间，不同学者有不同的看法。有的学者认为，早在 19 世纪末

20 世纪初，美国的财团就将资金投向于铁路、钢铁、石油以及玻璃工业等领域，成为风险投资的雏形。1924 年 IBM 公司的成立，是风险投资促进企业发展的典型案例；也有的学者认为，美国风险投资的起源可追溯到 20 世纪 20—30 年代，当时某些富裕的家族和个人投资者向他们认为较有发展前途的一些新办公司提供启动资金。如美国东方航空公司、施乐公司和 IBM 公司等，都是当时富有投资者投资过的企业。尽管如此，风险投资界和学界却普遍认为，1946 年在马萨诸塞州波士顿成立的美国研究发展公司（American Research and Development Corp.，AR&D）是现代意义上专业化与制度化的风险投资开始的标志，是风险投资发展史上的一个重要里程碑。

AR&D 是一家新型的投资公司，其宗旨是募集资金，支持和促进该地区的科研成果向消费者所能接受的市场产品的尽快转化。不言而喻，其投资对象是那些科技型的新兴企业。它最成功的案例是对 DEC 公司的风险投资。1957 年它对 DEC 公司投入了 7 万美元的风险投资，又贷款了 3 万美元（后来看到 DEC 公司发展得不错就追加了 30 万美元的风险投资）。至 1997 年该公司已成为美国 500 强企业中排名第 65 位，产值达到 100 亿美元。这是风险投资的典型案例。AR&D 成为美国风险投资机构的示范和鼻祖，它的成功开启了美国风险投资业的大门，面向新兴高科技企业的投资从此成为广大投资者关注的焦点之一。此后，美国的一些富裕家族也开始创设私人基金，向有增长潜力的中小新兴企业投资。

1958 年美国国会通过了《小企业投资公司法》（Small Business Investment Companies Act），创立了小企业投资公司这种新的风险投资组织形式。该法授权联邦政府设立小企业管理局，经小企业管理局审查和核准许可的小企业投资公司（Small Business Investment Companies，SBICs）可以享受税收优惠和政府优惠贷款，如 SBIC 的发起人每投入 1 美元便可以从政府得到 4 美元的低息贷款。但 SBIC 只能为小型的职工人数不超过 500 人的独立企业提供资本，在投资的企业规模、投资行业、投资时间以及对所投企业拥有的控制权等方面要受到一定的限制，如它们不能永久地控制任何小企业，也不能与其他的小企业投资公司联合起来控制一家企业。由于《小企业投资公司法》规定了多项优惠条件，小企业投资公司在该法颁行之后就纷纷设立起来。据美国小企业管理局的统计，在 1958 年到 1963 年之间，有 692 家小企业投资公司成立，它们管理着 4.64 亿美元的资金。但是，许多的小企业投资公司在设立后运营不久就破产倒闭了。在 1966 年至 1967 年期间就有 232 家小企业投资公司宣布破产。其原因在于小企业投资公司的设置存在着一些制度上的缺陷，许多小企业投资公司对高风险、多困难的小企业的投资缺少心理上和管理行为上的准备。小企业投资公司受挫的具体原因有：第一，整个经济形势和市场状况不景气；第二，它们缺乏经验丰富的职业金融家和高质量的投资管理者；第三，它们吸引的资本主要来自个人投资者而非机构投资者，个人投资者往往存在对股市的涨跌过于敏感、投资期限不愿太长等弱点；第四，许多小企业投资公司得到政府的优惠待遇后没有将资本投向新兴的高科技企业，而是投向成熟的低风险企业，违背了立法的宗旨和目的；第五，政府提供的贷款期限较短，不能满足风险投资的长期股权性质要求。

（二）20 世纪 70 年代至今：调整、振兴与发展阶段

20 世纪 70 年代风险投资机构进行了对有限合伙制这一组织形式有益的探索和尝试。与公开上市的风险投资公司相比，有限合伙制不受《1940 年美国投资法》的约束，可以向普通合伙人提供与业绩挂钩的薪酬激励，从而吸引了大量有企业管理经验和投融资经验的精英投身于风险投资业，同时也吸引了大量的资本进入风险投资行业。从 1969 年到 1973 年，有 29 家有限合伙风险投资公司成立，总融资额达 3.76 亿美元，平均每个有限合伙公司管理的风险资本达到近 1300 万美元。这与小企业投资公司平均不足 100 万美元的风险资本相比，在资本规模上已经有了长足的进步。

1978 年美国劳工部对《雇员退休收入保障法》（*Employment Retirement Income Security Act*，ERISA）中"谨慎人"（prudent man）规则做出变更解释的决定，对风险投资业产生了重大影响。所谓"谨慎人"规则，是指以养老基金投资时必须基于一个谨慎人的判断，即投资的风险必须控制在相当的范围内。根据以前对此规则的解释，养老基金不能投资于新兴小企业或风险投资公司。1978 年 9 月劳工部对"谨慎人"规则的重新解释是，只要不危及整个养老基金的投资组合，养老基金可以投资于风险资本市场。1979 年 6 月劳工部的这个决定开始生效，小企业股票和新股发行市场立即活跃起来，养老基金为风险投资机构提供了巨大的资本来源。自此，养老基金成为风险资本的最大的提供者。

进入 80 年代后，美国进一步采取了鼓励风险投资的政策。

（1）税收方面。1981 年资本收益税率从 28%下调到 20%，1986 年美国国会颁发了《税收改革法》，规定满足条件的风险投资机构投资额的 60%免征收益税，其余 40%减半课税。1981 年的《股票期权鼓励法》允许采用以股票期权作为酬金的做法，并规定在实行股票期权时不征税，只有在股票卖出后实行了价差收益时才征税。

（2）1980 年《小企业投资促进法》。1980 年的《小企业投资促进法》针对风险投资的特点，将符合有关规定要求的风险投资公司视为"企业发展公司"，这种做法突破了原有的投资者人数超过 14 人就必须按投资顾问注册并运作的法律限制。风险投资家纷纷加入投资者人数较多的大型风险投资公司，从而保证了风险投资业的人才资源。

（3）1982 年《小企业发展法》。该法规定，年研究开发经费超过 1 亿美元的联邦机构都要实施"小企业创新研究计划"，每年得拨出其研究经费的 1.25%用于支持新兴小企业的创新活动。

上述立法及相关政策的变化，以及计算机、生物技术、医疗卫生、电子和数据通信等行业的迅猛发展，使得美国的风险投资业在 20 世纪 80 年代有了巨大的发展。在

20 世纪 70 年代中期，美国每年的风险资本流入量只有 5000 万美元，到 1980 年为 10 亿美元，1982 年为 20 亿美元，1983 年超过了 40 亿美元，到 1989 年美国的风险资本总额达 334 亿美元。

风险资本的大幅增长使美国风险投资业发生了一些变化：第一，风险投资的重心发生了偏移，投资的主要对象从创业期企业转向发展型的企业。第二，风险资本的提供者发生了很大的变化。在 1978 年美国劳工部对"谨慎人"规则的解释生效后，以养老基金为主流的机构投资者成为风险资本的主要供应者。1978 年个人投资者提供的风险资本占整个风险资本总额的 32%，到 1988 年萎缩到只占 8%，而机构投资者从 1978 年的 15% 上升到 1988 年的 46%。第三，风险投资机构的专业化程度加深。以前的风险投资机构一般都规模偏小，其投资理念、投资对象、投资规模大体相似，80 年代以后，风险投资机构在投资方向、投资理念等方面走向专业化，不同类型的风险投资机构开始形成。

进入 20 世纪 90 年代，又有三个因素对风险投资的发展产生了刺激作用：第一个是 Nasdaq 的新发展。1992 年 Nasdaq 导入国际服务网络系统，使得全球的投资者可以参与泛太平洋 Nasdaq 交易网络。同样在 1992 年，Nasdaq 小型资本市场（也称小盘股市场）设立，其上市标准和业绩要求更低，并启用了即时交易报价。Nasdaq 为风险资本的退出提供了更为便捷的通道。第二个是 1992 年《小企业股权投资促进法》。美国 1958 年的《小企业投资公司法》对风险投资的发展起过巨大的推动作用，但由于前述的种种原因，许多小企业投资公司在快速发展一段时间后即陷入困境。美国国会在总结了《小企业投资公司法》的不足，特别是政府短期贷款支持的缺陷的经验教训后，于 1992 年通过了《小企业股权投资促进法》，对小企业投资公司以"参与证券计划"的方式给予金融支持。该法实施后的四年多内，新设立的小企业投资公司达 138 家，初始注册资本达 18 亿美元，平均每个小企业投资公司的注册资本达 1300 多万美元，较 1958 年《小企业投资公司法》实施后的小企业投资公司的规模扩大了十多倍。第三个是税法的新规定。1997 年美国通过了《投资收益税降低法案》，对减税额和适用范围做出了进一步明确规定，并进一步降低了投资收益税税率，《国内收入法》第 1224 条允许向新兴创业企业投资达 2.5 万美元的投资者从其一般收入中冲销由此项投资带来的任何资本损失。此外，所得税法允许资本盈利和资本亏损相互冲抵，对于经核准的风险投资公司，可以冲抵 8 年内的一切资本收益。

在政府的强力推动下，美国的风险投资遥遥领先于其他各国，成为经济整体的一个重要组成部分，对科技成果的转化、高新技术产业的发展具有不可替代的重要作用。英国前首相撒切尔夫人曾经说过："欧洲在高科技及其产业方面落后于美国，并不是由于欧洲的科技水平低下，而是由于欧洲在风险投资方面落后于美国 10 年。"美国许多著名的高科技企业如微软、英特尔、苹果、数字设备、雅虎、亚马逊等公司发展的初期都有着风险资本的扶持，风险投资为这些企业的超常规发展提供了巨大的推动力，从而也为美国经济的发展提供了巨大的推动力。

三 我国风险投资的发展

1985 年中共中央发布《关于科学技术体制改革的决定》，标志着我国风险投资业的开端。该文件提出，"对于变化迅速、风险较大的高技术开发工作，可以设立创业投资给以支持"，从而给风险投资的发展提供了政策依据和保障。9 月，国务院正式批准成立了"中国新技术创业投资公司"，这是中国第一家专营风险投资业的全国性金融机构。

1986 年开始实施的"863 计划"和 1988 年开始实施的"火炬计划"可以看作政府风险投资规划。通过"火炬计划"，我国创立了 96 家创业中心、近 30 家大学科技园和海外留学人员科技园。

1991 年国务院颁布《国家高新技术产业开发区若干政策的暂行规定》，提出："有关部门可以在高新技术产业开发区建立风险投资基金，用于风险较大的高新技术产品开发。条件成熟的高新技术产业开发区可创办风险投资公司。"在这一精神指导下，我国的风险投资公司迅速发展起来。至 1992 年底，全国范围内创建的各类科技风险投资公司和科技信托公司达到 80 余家，风险资本达到 35 亿元。

1996 年 5 月 15 日，我国正式通过并颁布了《中华人民共和国促进科技成果转化法》，1996 年 10 月 1 起实施。该法第 21 条规定：科技成果转化的国家财政经费，主要用于科技成果转化的引导资金、贷款贴息、补助资金和风险投资以及其他促进科技成果转化基金或者风险基金。该法的实施将进一步推动中国风险投资发展。

2002 年我国制定了《中华人民共和国中小企业促进法》，对创业企业的发展产生推动作用。

2005 年 11 月国家发展改革委、科技部、财政部、商务部、中国人民银行、国家税务总局、国家工商行政管理总局、中国银监会、中国证监会、国家外汇管理局等部门联合制定并审议通过了《创业投资企业管理暂行办法》，经国务院批准，正式实施，首次就创业投资公司的组建设立和投资运行进行了明确规定，同时允许政府设立创业投资引导基金，用以引导创业投资公司的投资行为，对创业投资公司发展形成示范效应。

2006 年 2 月，国务院颁布《实施〈国家中长期科学和技术发展规划纲要（2006—2020 年）〉的若干配套政策》，将"加快发展创业风险投资事业"和"建立支持自主创新的多层次资本市场"纳入国家科技发展战略，为创业投资事业提供了政策保障。同年，中国证监会出台相关文件，允许中关村科技园区试点试行非上市公司股份代办转让系统，拓宽了创业投资资本的交易和退出渠道。

2009 年 9 月，孕育十年的创业板市场在深交所正式推出，以及可 2019 年科创板的推出，为创业企业发展和创业投资资本增值退出开辟了新路径。应该说，这是中国创业投资发展史上的里程碑，对激励中国创业投资公司和创业企业发展具有重大意义。

在政策和法规的推动下，我国的风险投资业得到了迅速发展。2006 年总部设于中国的企业共获得 214 笔风险投资，投资额达 18.9 亿美元。据统计，从 2005 年到 2011 年，中国创业投资公司的数量由 319 家上升至 882 家，所管理的投资资本总额由 631.6 亿元扩大至 3198 亿元，2011 年创投募集资金突破历史新高达到 282 亿美元，是创投市场非常火爆的一年。近几年，伴随国家供给侧改革和持续推动创新、创业的"双创"政策，以及对于引导利用金融资本的重视，创投在其中将发挥更为重要的作用，募集资金仍将保持增长。

第二节　风险投资的主体

一般而言，风险投资的主体包括风险资本提供者、风险投资机构、风险企业和政府。其中，风险资本提供者、风险投资机构和风险企业是风险投资活动的直接参与者，政府是风险投资制度环境的创造者，发挥着重要的推动作用。

一　风险资本提供者

资金来源是风险投资发展的基础保障。从国外情况来看，风险投资的资金来源呈现出日益多样化的趋势，主要来源有以下几个方面。

（一）富有家庭和个人

富有家庭和个人是最早的风险资本提供者。与其他类型投资者相比，富有家庭和个人所要求的回报期通常比较长，因此，他们可以为风险投资提供稳定的私人资本。

富有家庭和个人曾经是风险资本的主要来源，在私人资本市场上投入了大量的资金。但是，20 世纪 80 年代以后，由于养老基金等机构投资者迅速增加，这一投资群体在市场上的重要性已经大大降低。据市场的参与者估计，富有家庭的每个协议的投资额在 5 万到 100 万美元之间，远远小于机构投资者。

（二）银行控股公司

银行控股公司是银行业提供风险投资资金的渠道。在美、英等长期实行金融机构分业经营制度的国家，商业银行不能直接持有公司债券和股票，为了回避对权益投资的限制，大型商业银行便成立银行控股公司，并通过银行控股公司设立的附属机构投资于私人资本市场。银行控股公司提供风险资本的方式有两种：一是设立小型企业投资公司，直接从事风险投资业务；二是与大型风险投资机构合作，购买大型风险投资机构发行的风险投资基金。

银行控股公司也是风险资本市场的早期投资者，而且还是私人资本市场的最大的直接投资者。自 20 世纪 80 年代以来，银行控股公司一直活跃在风险资本市场上。

（三）保险公司

保险公司在私人资本市场上的业务是从公司的私募业务中衍生出来的。作为一种传统业务，保险公司通过购买具有资产特性的债务为高风险的公司客户提供资金。20 世纪 80 年代以后，保险公司与大型风险投资机构合作，大量购买大型风险投资机构发行的风险投资基金，成为风险资本的重要提供者。

（四）投资银行

投资银行一直是风险投资的重要参与者，它以两种方式参与风险投资，一是担任投资者或被投资企业的财务顾问，帮助投资者筛选项目、评估项目、设计投资方案、参与谈判、签订合同，并通过公开上市、兼并收购、清算等途径实现风险资本的退出，或者帮助被投资企业选择风险投资机构，设计投资方案，确定股权投资比例和投资价格，参与谈判，签订合同；二是担任投资主体，发起设立风险投资公司或风险投资基金，直接从事投资活动。

（五）养老基金

养老基金包括公共养老基金和企业年金。养老基金的宗旨是为人们退休后的老年生活提供基本保障，因而，美国的《雇员退休收入保障法》规定了"谨慎人"原则，要求养老基金的管理以"谨慎人"为评判指导，注重安全性，禁止从事风险投资。但是，1978 年美国劳工部对《雇员退休收入保障法》中"谨慎人"规则做出变更解释的决定，并允许它们将总资产的 5% 用于高风险项目。这个比例看起来不高，但由于养老基金基数庞大，其绝对数极为惊人，而且来源相当稳定，因此，迅速成为最大的风险资本提供者。

（六）政府机构

政府的主要作用是为风险投资制定鼓励政策，建立合理的制度环境，此外，在风险投资发展初期，政府通常投入一定数量的启动资金。政府投入的方式有两种：一是设立中小企业投资公司，直接对特定行业的风险企业提供股权投资；二是为私营风险投资机构提供低利率资金，通过私营机构间接实现风险投资，同时，帮助私营机构降低资金成本，降低经营风险。

事实上，风险资本来源的具体结构取决于国情和风险投资的组织模式，因此，不同国家中风险资本来源的具体结构存在较大差异，在同一国家的不同时期内，风险资本来源的具体结构也有可能发生较大变化。1978 年美国风险资本的来源中个人和家庭资金占 32%，国外资金占 18%，保险公司资金占 16%，养老基金占 15%；到 1998 年，养老基金成为最主要的资金提供者，占 60%，个人和家庭资金比例下降至 10%。与美国不同，欧洲国家的风险资本主要来源于银行、保险公司和年金，分别占全部风险资本的31%、14%和13%，其中，银行是欧洲风险资本最主要的来源，而个人和家庭资金只占到2%。在日本，风险资本主要来源于金融机构和大公司资金，分别占36%和37%，其次是国外资金和证券公司资金，各占10%，而个人与家庭资金只占7%。

为了推动我国大众创业、万众创新，2014年保监会发布《关于保险资金投资创业投资基金有关事项的通知》，明确了保险资金可以投资创业投资基金。

2016年9月国务院颁布了《关于促进创业投资持续健康发展的若干意见》，对多渠道拓宽创业投资资金来源，大力培育和发展合格投资者提出了创新性建议。意见鼓励各类机构投资者和个人依法设立公司型、合伙型创业投资企业。鼓励行业骨干企业、创业孵化器、产业（技术）创新中心、创业服务中心、保险资产管理机构等创业创新资源丰富的相关机构参与创业投资；鼓励具有资本实力和管理经验的个人通过依法设立一人公司从事创业投资活动。鼓励和规范发展市场化运作、专业化管理的创业投资母基金。鼓励成立公益性天使投资人联盟等各类平台组织，培育和壮大天使投资人群体，促进天使投资人与创业企业及创业投资企业的信息交流与合作，营造良好的天使投资氛围，推动天使投资事业发展。规范发展互联网股权融资平台，为各类个人直接投资创业企业提供信息和技术服务。

国务院倡导在风险可控、安全流动的前提下，支持中央企业、地方国有企业、保险公司、大学基金等各类机构投资者投资创业投资企业和创业投资母基金。鼓励信托公司遵循价值投资和长期投资理念，充分发挥既能进行创业投资又能发放贷款的优势，积极探索新产品、新模式，为创业企业提供综合化、个性化金融和投融资服务。培育合格个人投资者，支持具有风险识别和风险承受能力的个人参与投资创业投资企业。

建立股权债权等联动机制。按照依法合规、风险可控、商业可持续的原则，建立创业投资企业与各类金融机构长期性、市场化合作机制，进一步降低商业保险资金进入创业投资领域的门槛，推动发展投贷联动、投保联动、投债联动等新模式，不断加大对创业投资企业的投融资支持。加强"防火墙"相关制度建设，有效防范道德风险。支持银行业金融机构积极稳妥开展并购贷款业务，提高对创业企业兼并重组的金融服务水平。完善银行业金融机构投贷联动机制，稳妥有序推进投贷联动业务试点，推动投贷联动金融服务模式创新。支持创业投资企业及其股东依法依规发行企业债券和其他债务融资工具融资，增强投资能力。

二 风险投资机构

风险投资机构是指将风险资本集中起来进行投资运作的经营机构，是资金来源与资金运用的中介，它们是风险投资的实际操作者，直接承受风险和分享收益，因而是整个风险投资体系的核心。

由于资金来源和投资环境不同，各国风险投资机构的主要组织形式也不尽相同。

总体而言，有以下几种模式。

（一）风险投资基金

风险投资基金是一种"专家理财、集合投资、风险分散"的现代投资模式，它以发行基金份额的方式集中风险资本，委托基金管理公司进行投资管理，并按照风险分担、收益共享的原则将投资收益分配给基金份额持有人。

风险投资基金通常不采用公募形式，而是以私募型为主，即面向少数（一般不超过100名）特定机构投资者和富有个人定向募集资金。

私募型风险投资基金是美国风险投资机构的主流模式，并且，美国的私募型风险投资基金在机构设置上通常采取有限合伙制形式。有限合伙制中有两种合伙人，即普通合伙人和有限合伙人。普通合伙人是风险投资机构的专业管理人员，由富有经验的企业家或财务、销售、专业技术、产品设计等方面的专家组成，他们组建风险投资机构，负责筛选项目、投资决策和项目管理，邀请有限合伙人投入资金。他们对经营承担无限责任，并投入一定量的资金，不过，其出资比例很低，通常为总投资的1%。有限合伙人由机构投资者（包括养老基金、银行控股公司、保险公司等）和个体投资者（富有家庭和个人）提供风险投资所需要的主要资金，但不负责具体经营，而是用合同条款对普通合伙人进行约束，并进入投资决策委员会对重大决策施加影响。有限合伙人以其出资额对经营负有限责任。合伙人的集资有两种形式，一种是基金制，即各合伙人将资金集中到一起，形成一个基金；另一种是承诺制，即有限合伙人承诺提供一定数量的资金，但起初并不注入全部资金，只提供必要的机构运营经费，待有了合适的项目，再按普通合伙人的要求提供必要资金，并直接将资金汇到指定银行。承诺制对有限合伙人和普通合伙人都十分有益：对有限合伙人来讲，可以降低风险；对普通合伙人来讲，避免了日常确保基金保值增值的压力，所以，承诺制已被越来越多的有限合伙制风险投资机构所采用。普通合伙人收取管理费（通常为实际投资资金规模的2%，与投资资金是否取得收益无关），并按一定比例分享投资收益（通常为收益的20%），其余收益按出资额的比例分配给有限合伙人。

有限合伙制之所以成为美国风险投资机构的主流模式与美国风险资本来源和风险投资制度环境有关，具体而言，有以下三个因素。

第一，资金来源的广泛性与风险投资的专业化问题。

美国的风险资本由养老基金、保险公司、银行控股公司等多种机构提供，来源非常广泛，而风险投资需要专业化的经营管理，管理者必须具有广泛的社会网络、行业知识、管理技能和分析判断能力，必须长期专注于某个行业、领域甚至某个特定阶段，积累丰富的投资经验。有限合伙制中有限合伙人与普通合伙人之间责、权、利的关系有助于实现资金来源广泛性与风险投资专业化的有效结合。

第二，代理与激励机制问题。

私人权益资本市场和处于创业阶段的高科技企业都具有高度的信息不对称性和不确定性，因此，风险投资更容易引发出代理问题。通过有限合伙人与普通合伙人之间责、权、利的基础制度安排和一系列激励与约束的契约，有限合伙制能有效地降低代理风险，保障投资者的利益。

第三，税收成本问题。

与公司制的风险投资公司相比，有限合伙制的经营成本更低，因为合伙关系投资收益属个人纳税范畴，无须缴纳公司税。而有限合伙人和普通合伙人接受证券作为个人收入时，不必立刻缴纳所得税，是否纳税要看该证券最终出售时的盈亏情况而定。

（二）金融机构或大型企业集团附属的风险投资公司

在欧洲国家，风险投资机构的主流模式是金融机构或大型企业集团附属的风险投资公司。金融机构是欧洲风险资本的最大供应者，通常以控股公司、分支机构方式组建风险投资公司，甚至设立专门的管理部直接管理风险投资。这种模式的优点是可以保证资金运用的可控性，并且金融机构资金实力雄厚，在进行风险投资之后，还可以为一些未达到贷款要求的高风险企业提供补充性融资，有助于风险企业的成长。此外，大企业联合甚至跨国联合创办风险投资公司相当普遍，成为欧洲的一大特色，如德国西门子、荷兰菲利浦和意大利佛蒂三家大电子公司联合组建了技术风险管理公司；菲亚特、菲利浦等20家欧洲最大的公司联合建立了欧洲风险投资组织。这种"大企业联合"组织模式，其目的不在于近期取得直接高额利润，而是大企业整个研究与发展计划的一个组成部分，以便更好地为大企业发展战略服务。

与美国的有限合伙制相比，欧洲的附属风险投资公司模式的优点是容易得到母公司的资金支持，但是，其弊端也恰恰来源于与母公司的密切联系。母公司对风险投资项目运作的控制权和影响力较大，附属风险投资公司在人事、管理等多方面受到母公司的制约。公司的投资经理大多来自母公司，一般只有财务方面的经验，擅长于信贷分析，对技术、产业、管理的认识判断不够熟练，或者只具有技术和产业方面的经验，缺少金融投资技巧。另外，因母公司的种种制约，其激励机制无法与有限合伙公司相比。这些弊端在一定程度上制约了欧洲风险投资业的迅速发展。

（三）小企业投资公司

小企业投资公司（SBICs）是根据美国1958年《小企业投资法》创建的一种风险投资机构。它由私人拥有和管理，经政府小企业管理局审查和许可后注册成立，对职工人数不超过500人的小型企业进行股权投资。小企业投资公司可以享受税收优惠和政府优惠贷款，小企业管理局按4:1比例为它提供低成本资金，即小企业投资公司的发起人每投入1美元便可以从政府得到4美元的低息贷款。此外，小企业管理局还为它提供融资担保。这类投资机构明显带有政府对风险投资事业的扶持色彩。

（四）个人投资者

个人投资者以其本人作为风险投资主体，其资金规模可以从不足几千美元到超过百万美元，投资对象可能只限于一个企业，也可能同时涉及几个不同的企业。

个体投资者中以天使投资者最为典型。所谓天使投资（Angel Investment），是指自由投资者或非正式风险投资者对原创项目或小型初创企业进行的一次性前期投资。天使投资的金额一般较小，而且是一次性投入，投资方不参与管理，但是，天使投资一般提供给种子期企业甚至仅仅具有创业构想的项目，成为创业者的起步资金，往往可以解创业者的燃眉之急，起到"雪中送炭"的作用。天使投资者可能是百万富翁、成功的企业家，也可能是创业者的邻居、家庭成员、朋友、公司伙伴、供货商或任何愿意投资的人士。

三　风险企业

风险企业是风险投资的对象，是风险资本收益的创造者，因而，风险企业的素质是决定风险投资的关键因素。

风险企业通常是高科技企业。一项高新技术的产业化，通常划分为四个阶段：技术酝酿与发明阶段、技术创新阶段、技术扩散阶段和工业化大生产阶段，每一阶段的完成和向后一阶段的过渡，都需要资金的配合。与技术产业化过程相适应，风险企业也经历不同的发展阶段，即种子期、初创期、成长期和成熟期，在各个阶段中，企业的发展目标、财务状况、风险特征不尽相同，所需资金的性质和规模也存在差异。

（一）种子期（Seed Stage）企业

种子期企业是指技术酝酿与发明阶段的企业。

种子期企业的主要任务是研究开发。当然，这里的研究开发并非指基础研究，而是指新产品的发明者或创新企业的经营者验证其发明创造及创意的可行性，运用基础研究、应用研究的成果，为实用化而进行的产品、工艺、设备的研究，研究开发的成果是样品、样机，或者是较为完整的生产工艺和工业生产方案。

种子期企业的组织结构比较简单，甚至比较松散，通常体现为一个齐心协力、共同开发新技术的团队，其成员包括一位具有管理、技术经验的领导式人物，几位在工程技术开发或产品设计方面具有专业知识的人士和少数财务人员。从财务情况看，种子期企业尚无收入来源，只有费用支出，处于亏损状态。企业取得的风险资金主要用来维持日常运作，一部分资金作为工资提供给团队成员，另一部分则用来购买开发实验所需要的原材料。

风险投资机构根据创业者所拥有的技术上的新发明、新设想以及对未来企业所勾画的"蓝图"来提供种子资金，与创业者共同面临技术风险和资金风险。技术风险是指技术研发的不确定性和技术完善的不确定性，最终体现为是否能够在预定的时间内成功地开发出样品、样机；资金风险是指企业因得不到资金支持而无法生存下去的风险。风险投资机构通常根据技术开发的进展，分期分批地投入风险资金，倘若技术开发遇到严重障碍，无法取得突破性进展，风险投资将会停止，企业无法继续生存，风险投资机构所提供的前期投资也将全部遭受损失。可见，资金风险与技术风险紧密相连，在一定程度上从属于技术风险。

（二）初创期（Start-up Stage）企业

初创期企业是指产品试销和技术、工艺完善阶段的企业。

初创期企业已掌握了新产品的样品、样机或初步具备了生产工艺路线和工业生产方案，但还需要在许多方面进行改进。初创期的主要工作是产品中试。所谓中试就是在放大生产的基础上，通过技术试验、生产试验和市场营销试验，对产品进行反复设计、试验、评估的过程。中试结果成功的标志包括：第一，完善技术，消除应用新技术在生产和市场方面的不确定性；第二，完善产品设计，根据市场信息反馈，改进产品性能和外观，使产品得到消费者的认可，满足市场的需要；第三，完善产品制造方法，稳定生产工艺，提高产品的生产效率，为大规模生产和销售奠定基础。

从组织结构来看，初创期企业已具有研究开发部、生产部和市场营销部，但各部门仍围绕同一产品合作运转。从财务状况来看，产品销售量不大，由于尚不具备批量生产的条件，制造成本较高，并且需要大量投入中试费用、广告费用，企业处于亏损状况。不过，初创期企业的重要财务目标是尽快缩小企业亏损额，产品销售量的扩大和制造成本的降低是企业成功度过初创期的财务标志。

大量的风险资本选择初创期企业作为投资对象，对初创期企业的投资也常常被认为是风险投资的精髓。初创期企业面临着多重风险，主要包括以下方面。

第一，技术风险。初创期的技术风险与种子期有所不同，主要表现为新产品生产技术的不确定性，新产品的生产往往会受到工艺能力、材料供应、零部件配套及设备供应能力的影响，一旦它们达不到生产的要求，风险企业的生产计划、市场开拓就会因此而受阻。

第二，市场风险。初创期企业虽然掌握了新产品的样品、样机，但其性能尚未得到市场认可，市场风险表现为新产品性能在市场上是否能够被认知和接受，被认知和接受的程度是否能够快速扩展，新产品是否具有排他性竞争能力（是否容易被模仿）。

第三，管理风险。创业团队领导者的最重要素质在种子期表现为研发能力，而在初创期则表现为市场把握能力，这种能力尚未得到证实。

第四，资金风险。初创期的资金风险从属于技术风险、市场风险和管理风险，如果在技术、市场、管理方面遇到无法逾越的障碍，初创期企业将会失败，风险投资随之遭受损失。

（三）成长期（Expansion Stage）企业

成长期企业是指技术发展和生产扩大阶段的企业。

经受了初创期的考验后，风险企业在生产、销售、服务方面基本有了成功的把握，新产品的设计和制造方法已定型，风险企业具备了批量生产的能力。但比较完善的销售渠道还未建立，企业的品牌形象也需进一步巩固。成长期企业的主要工作是市场开拓，包括商品市场和资金市场的开拓，其中，商品市场开拓是资金市场开拓的基础，是成长期企业的首要任务。另外，由于高新技术产品更新换代的速度快，企业应在提高产品质量、降低成本的同时，着手研究开发第二代产品，以保证风险企业的持续发展。

从财务状况来看，成长期企业仍需要大量投资，主要用于扩大生产能力和建立完善的销售体系。不过，企业已开始批量生产，制造成本和分摊到每件产品上的广告费用均已降低，随着销售额的迅速上升，企业利润也随之增长。企业由损益平衡点转向现金流平衡点，是成长期企业成功发展的财务标志。

成长期企业也是风险资本的主要投资对象。成长期企业的主要风险已不是技术风险，因为技术风险在前两阶段应当已基本解决，但市场风险和管理风险会变得日益突出。由于技术已经成熟，竞争者开始仿效，这是成长期市场风险的主要因素。企业规模扩大，会对原有组织结构和管理方式提出挑战，而企业领导多是技术背景出身，对公司治理不甚熟悉，这是成长期管理风险的主要因素。

（四）成熟期（Mature Stage）企业

成熟期企业是指技术成熟和产品进入大工业生产阶段的企业。

成熟期企业已经不再是风险资本的投资对象。企业通过产品销售已能产生相当大的现金流入，此外，由于技术成熟、市场稳定，企业已有足够的资信能力去吸引银行借款、发行债券或发行股票，更重要的是，随着各种风险的大幅降低，企业的利润率降至正常水平，对风险投资不再具有足够的吸引力。

成熟期是风险投资的收获季节，风险投资通过将企业公开上市、股权转让等方式实现资本退出。

严格地说，种子期企业、初创期企业和成长期企业是风险资本的投资对象，换言之，种子期、初创期和成长期是风险投资介入的三个阶段，介入得越早，风险越大，其投资回报期望值越高；介入得越晚，风险越小，其回报期望值也就越低。风险投资机构选择哪一类企业作为重点投资对象取决于投资机构本身对风险与收益的权衡。

四 政府

在风险投资活动中政府可以提供一定数量的启动资金，但是，其最重要的作用是为风险投资行业制定相关的法律、法规和政策，履行宏观指导和调控的职能。

政府应该从以下几个方面对风险投资行业的发展提供扶持。

第一，税收优惠。按照税收中性、税收公平原则和税制改革方向与要求，统筹研究鼓励创业投资企业和天使投资人投资种子期、初创期等科技型企业的税收支持政策，进一步完善创业投资企业投资抵扣税收优惠政策，研究开展天使投资人个人所得税政策试点工作。从美国的经历可以清楚地看到，税收制度对风险投资有重大影响。1969年美国国会把资本收益税率从28%提高至49%，风险资本来源大幅度下降，风险投资遭受挫折；1978年美国将资本收益税率从49%下调至28%，1981年又进一步降至20%，风险资本随之大大增加。

第二，信用担保。当风险投资机构需要扩大资金来源，向银行等金融机构申请贷款时，政府为其提供担保。

第三，完善风险投资的退出渠道。充分发挥主板、创业板、全国中小企业股份转让系统以及区域性股权市场功能，畅通创业投资市场化退出渠道。完善全国中小企业股份转让系统交易机制，改善市场流动性。支持机构间私募产品报价与服务系统、证券公司柜台市场开展直接融资业务。鼓励创业投资以并购重组等方式实现市场化退出，规范发展专业化并购基金。此外，政府应该完善高科技企业兼并政策，保护资本的协议转让。

第四，建立创业投资与政府项目对接机制。在全面创新改革试验区域、双创示范基地、国家高新区、国家自主创新示范区、产业（技术）创新中心、科技企业孵化器、众创空间等，开放项目（企业）资源，充分利用政府项目资源优势，搭建创业投资与企业信息共享平台，打通创业资本和项目之间的通道，引导创业投资企业投资于国家科技计划（专项、基金等）形成科技成果的转化。挖掘农业领域创业投资潜力，依托农村产业融合发展园区、农业产业化示范基地、农民工返乡创业园等，通过发展第二、三产业，改造提升第一产业。有关方面要配合做好项目对接和服务。

第五，研究鼓励长期投资的政策措施。倡导长期投资和价值投资理念，研究对专注于长期投资和价值投资的创业投资企业在企业债券发行、引导基金扶持、政府项目对接、市场化退出等方面给予必要的政策支持。研究建立所投资企业上市解禁期与上市前投资期限长短反向挂钩的制度安排。

第六，构建符合创业投资行业特点的法制环境。进一步完善促进创业投资发展相关法律法规，研究推动相关立法工作，推动完善公司法和合伙企业法。完善创业投资相关管理制度，推动私募投资基金管理暂行条例尽快出台，对创业投资企业和创业投资管理企业实行差异化监管和行业自律。完善外商投资创业投资企业管理制度。

第七，优化监管环境。实施更多的普惠性支持政策措施，营造公平竞争的发展环境，深化简政放权、放管结合、优化服务改革，搞好服务，激发活力。坚持适度监管、差异监管和统一功能监管，创新监管方式，有效防范系统性区域性风险。

第八，其他措施。这包括发挥政府资金的引导作用，对知识产权和专利产品的保护政策、对风险投资机构组织形式及其激励制度放松管制等。此外，为了促进风险投资的发展，对于符合产业政策但风险程度过高的行业，当风险投资机构投入资本时，政府可以提供政府补贴或低成本资金，或者通过签订产品购买合同的方式予以保护。

第三节　风险投资的运行机制

典型的风险投资过程一般包含四个步骤：项目筛选、投资谈判、投资管理和投资退出。

一　项目筛选

项目筛选是至关重要的基础工作，直接决定着风险投资的成败。与普通的投资项目相比，风险投资项目在技术、市场、管理等方面信息不对称的特点更为突出，因此，风险投资机构通常需要花费大量时间和精力，广泛搜集信息。

（一）筛选依据

风险投资机构面临众多投资机会，在项目筛选过程中主要考虑以下因素。

1. 投资政策

投资政策主要涉及对行业投资取向和投资阶段选择。从行业投资取向来看，风险投资机构一般只选取与自身熟悉的技术、产品及市场相关的项目；从投资阶段选择来看，虽然种子期、初创期、成长期均可作为风险投资的介入阶段，但是，各家风险投资机构通常根据自己的风险偏好，选择其中一个阶段作为投资重点，有的机构甚至只投资于种子期企业（或初创期企业、成长期企业），而对其他发展阶段的企业一律排斥。

2. 投资规模

投资规模的选择是一个规模效益与风险分散的平衡问题。投资规模过小会出现不经济，而投资规模过大则导致过高风险，各家风险投资机构通常确定合适的投资规模。当然，对于一个较大的项目，可以由多家机构合作，采取联合投资的策略。

3. 项目可行性

对于符合投资政策和投资规模的项目，风险投资机构需要判断项目的可行性。在这一过程中，往往依次分析人、市场、技术、管理四项因素。

首先，分析"人"，即创业者的素质。创业者或创业者团队的素质在整个风险投资过程中都是不容忽视的因素，风险投资机构需要从各个不同角度对该创业者或创业者队伍进行考察，如：技术能力、市场开拓能力、融资能力、综合管理能力等。创业者或创业者团队必须具备的基本素质包括：（1）正直、忠诚，值得信赖；（2）自强不息，百折不挠；（3）非常了解所在行业的技术状况、市场状况；（4）懂得现金流的重要性，了解本公司财务状况；（5）具有将技术转化为产品并开拓市场的能力，团队成员的结构包括：该项技术的领军人物（保证技术的领先性和技术开发的可行性）、市场营销专家（保证市场开拓能力强）和公司管理专家（善于沟通，保证团队的向心力）；（6）敢于承担风险并重视现实。

其次，分析市场。任何一项技术或产品如果没有广阔的市场前景，其潜在的增值能力就是有限的，就不可能达到风险投资家追求的成长目标，风险投资获利的能力也就极为有限，甚至会造成失败。

再次，分析技术。风险投资机构需要准确地判断风险企业（项目）中技术是否首创、未经试用或未产业化，并准确判断其市场前景或产业化的可能性。例如，对于种子期企业，风险投资机构需要判断：第一，研究开发的成果是否具有完整的自主知识产权，能够获得专利，以便通过知识产权的保护使产品顺利进入市场；第二，与竞争对手相比，所开发产品的技术是否具有较高水平，竞争对手难以很快模仿、追随，从而使企业在一定时期内获得垄断利润；第三，研究开发的成果是否具有核心竞争力；第四，研发的技术、产品是否具有广泛的用途，可以生产一系列的产品。

最后，分析管理。管理问题与创业者团队有相关性，即创业者团队应该具备将技术转化为产品并开拓市场的能力。此外，风险企业应该建立健全公司管理制度，建立合理的激励与约束机制。

（二）审慎调查

为了完成项目可行性分析，风险投资机构除了仔细研究风险企业提供的《商业计划书》或《项目建议书》以外，还需要进行审慎调查。

审慎调查的方式主要有：（1）走访风险企业，与企业管理层会谈，对企业进行问卷调查；（2）征求专家意见或组织专家委员会进行评议；（3）走访企业的客户、供应商、销售商、技术服务商以及其他合作机构。

审慎调查的内容主要涉及以下方面。

1. 市场与竞争

它包括现有市场与竞争及潜在市场与竞争两个方面。这一类目标评估的目的在于判断是否具有可观的市场增长前景。具体调查内容包括：（1）现有主要客户的描述，包括客户名单、所属行业、行业分布、行业地位、产品或服务在各主要客户的销售明细、产品或服务对客户的渗透程度；（2）主要客户对产品服务的依赖和需要程度、需求目的、最终消费者、市场发展的动力、产品需求弹性；（3）收入来源构成、经常性收入的构成、经常性收入占总收入的比重；（4）现有市场规模、已占有的市场份额及市场定位与细分；（5）市场潜力和增长空间分析预测、估算在一定时期内可以占到的市场份额；（6）竞争对手名单、产品及其份额估计；（7）公司在生产、技术、价格、营销及其他方面与竞争对手的比较；（8）营销，包括营销策略、营销机构、营销队伍及营销渠道与过程的描述、评价；（9）产品的季节性和周期性；（10）现行营销策略及实现的问题、风险与机会。

2. 产品与技术

包括现有技术及签字技术的空间延伸和创新开发能力，着重考察产品和技术的独特性、技术含量、边际利润、竞争保护及持续创新的可能性。具体内容包括：（1）主要产品的清单、技术特征、技术水平、竞争优势、技术壁垒；（2）产品技术的来源、研发过程、专利及商标情况、知识产权保护情况；（3）产品更新周期、技术发展的方向、研究发展的重点和正在进行的新技术产品研发情况；（4）收购新产品新技术的机会判断；（5）研究开发能力，包括研发的人类资源情况、经费的来源渠道、金额、研发工作的组织、规划管理与控制描述；（6）产品生产能力、设施、过程控制、工艺技术要求、各种支撑条件。

3. 管理团队与管理水平

管理团队与管理水平的调查重点是：（1）企业家自身是否具有支撑其持续奋斗的禀赋；（2）企业家及核心管理层对目标市场、行业是否非常熟悉；（3）管理团队对产品的了解、核心技术的掌握、融资与财务能力、领导管理能力等要素是否具备；（4）员工队伍的结构和素质及企业文化；（5）分配和用人机制及公司结构是否符合规范运作的要求等。

4. 财务状况

财务状况调查包括历史财务报表考察和未来财务预测。

历史财务报表考察主要分析企业近期的资产负债表、利润表和现金流量表。

利润表的分析重点是：（1）了解营业收入的构成、确认、部门与地区分布情况；（2）利润构成；（3）成本构成；（4）管理费用、财务费用、销售费用及间接费用分配政策、公司主要会计政策及计提说明。

现金流量表分析的重点是：（1）现金收入与构成；（2）现金支出与构成；（3）折旧与摊销；（4）资本支出与营运资金支出；（5）自有现金流量及融资。

资产负债表的分析重点是：（1）现金及现金等价物余额及本期变动情况；（2）存活明细及存货管理；（3）应收账款明细及管理；（4）固定资产、长期投资的明细及管理政策与方法；（5）银行借款与应付债券明细和其他负债说明；（6）资产负债表外的资产与负债说明。

未来财务预测的主要内容是：（1）根据业务计划预测资产负债表内容的变化；（2）从销售出发预测利润表内容的变化；（3）预测现金流量表，重点考察投资资本需求、资本支出维持水平、几乎资本支出、计划折旧与摊销时间表、账面资产和课税资产寿命、融资需求、净现金产生能力。

（三）收益与风险分析

在审慎调查的基础上，风险投资机构对项目的潜在收益与风险做出判断。

项目的风险包括产品开发风险、生产制造风险、市场风险、财务与融资风险、管理风险、法律风险、道德风险、宏观经济环境风险、政治风险等，风险投资机构需要逐一进行分析。

项目收益的分析方法包括回收期分析法、内部收益率分析法、现金流贴现法（或称净现值分析法）等，其具体内容在前面的章节中已经介绍，这里不再赘述。需要指出的是，在选择具体分析方法时，应注意它对企业发展阶段的适用性和科学性。

二　投资谈判

通过审慎调查和收益与风险分析，如果风险投资机构对风险企业的商业计划书和前景预测做出肯定的技术评价、经济评价，双方就具备了谈判的基础。谈判要解决的主要问题有：投资总量、融资方式、出资额与股权分配、企业商标和专利的使用、企业组织结构和职务安排、双方权利与义务的界定、投资者退出权利的行使、利润分配等。这里重点介绍出资额与股权分配。

出资额与股权分配实际上涉及三个问题：一是风险投资的金额，二是金融工具选择，三是股权价格。

（一）投资金额

风险投资机构本身的投资管理应遵循组合投资原则，将风险资金分散投资于不同行业、不同企业，或与其他机构进行联合投资，这样可以分散、降低风险，或借助其他投资者的经验，提高投资效益。

对于一个特定风险企业，单一风险投资机构的投资金额一般控制在企业股本金总额的10%—20%的范围。通常，这些资金并非一次性投入，而是分期提供，每一期投资都设定明确的投资效果指标，例如，对于一家成长期风险企业，规定该期投资结束时预期的销售机构设置数量、销售额增长率等，每一期投资是否到达预期效果成为风险投资机构继续提供下一期投资资金的条件。

（二）金融工具

从风险投资机构的角度来说，选择投资工具需要考虑三个因素：一是对投资的保护，即应有利于降低投资风险；二是投资变现，即应有利于未来的转让；三是对企业的控制，即应有利于投资后参与企业管理。

笼统地说，风险投资采取股权投资方式。具体实践中，可选择普通股、优先股、混合证券（如可转换优先股、可转换债券、附认股权债券）等，对于金额较大的投资，可以对上述金融工具进行有效组合。此外，风险投资机构通常要求设置股票期权或优先投资权，当风险企业完成阶段性发展目标时，风险投资机构拥有按较低价格行使期权的权利或在同等条件下优先投资的权利。

（三）股权价格

确定价格永远是经济活动的核心问题。然而，风险投资中股权价格的确定还没有一个成熟的、普遍认可的模式，这也正是风险投资活动的难点所在。

1. 风险企业价值评估的特点

企业每股股权的价格等于企业的整体价值除以公司股本总量，因此，确定股权价格需要评估企业的整体价值。风险企业具有特殊性，其价值评估难度较大。

第一，大部分风险企业以前乃至目前没有盈利，或者盈利甚微。这意味着无法利用现在的盈利替代预期的盈利水平；同时也无法采用基本公式计算增长率：期望的增长率＝资本回报率×再投资率，因为公式中的资本回报率与再投资率通常也是根据目前盈利计算出来的，对于亏损公司则无法得到这两个变量。

第二，大部分风险企业缺乏历史数据。这类企业往往创立时间短，甚至尚未成立，缺乏一定数量的经营信息，因而，对未来预测和推断缺乏有说服力的依据。

第三，风险企业中无形资产占有很大比例，有时甚至完全是无形资产。无形资产价值评估和认定成为风险企业价值评估关注的焦点。

第四，目前缺乏可比公司。风险企业的特征就在于其创新性，一般很难找到行业、技术、规模、环境及市场都相当类似的可比公司。

2. 常用的评估方法

目前，风险企业价值评估的常用方法包括净现金流折现法、期末价值折现法和期权定价法。

A. 净现金流折现法

现金流贴现法为目前国际上比较通行的方法。该方法的基石是"现值"规律，即任何资产的价值等于其预期未来全部现金流的现值的总和。

$$V = \sum_{t=1}^{n} \frac{CF_t}{(1+r)^t}$$

其中：V——风险企业价值；

n——风险企业寿命；

CF——在 t 时刻产生的现金流；

r——反映预期风险的贴现率。

B. 期末价值折现法

期末价值折现法实际上是可比公司法的变化形式。可比公司法的关键因素是根据可比公司的市盈率确定评估过程中被评估企业的市盈率，对于种子期、创业期的风险企业而言，可比公司难以寻找，但是，可以将目前上市公司中的同行业高科技企业视为被评估企业若干年后的可比公司，根据目前上市公司中同行业高科技企业的平均市盈率测算若干年后被评估企业的市场价值，再将该市场价值按照合理的折现率折算为现值，即被评估企业目前的价值。

$$v_0 = \frac{v_t}{(1+r)^t}$$

其中：v_0——投资期初风险企业价值；

t——风险投资的投资时间；

r——反映预期风险的贴现率；

v_t——投资期末风险企业价值。

计算投资期末风险企业价值时，首先预测在投资期末企业的收益，其次根据目前上市公司中同行业高科技企业的平均市盈率测算投资期末风险企业适用的市盈率，计算公式为：

$$v_t = c_t \times \text{PER}$$

其中，c_t 为投资期末风险企业的净收益，PER 为同类企业的平均市盈率。

C. 期权定价法

期权定价法的思路是把风险企业的未来收益机会看成一个买方期权，风险企业未来收益的现值即为风险企业的现价，未来的投资额即为期权的约定价格，投资时间即为期权的到期期限。然后运用期权定价公式求出风险企业未来收益机会这个买方期权的价值。计算公式为：

$$V_t = \begin{cases} s_t - x & \text{如果 } s_t > x \\ 0 & \text{如果 } s_t \leqslant x \end{cases}$$

其中：

V_t——投资期末风险企业股权的价值；

s_t——投资期末风险企业的价值；

x——投资期末风险企业的债务。

对于在近期不产生或者产生较小的收益，在远期可能产生极大或有收益的投资项目，符合欧式期权的特征。因此，可以尝试通过运用 Black-Scholes 定价公式进行计算：

$$V = SN(d_1) - Xe^{-r(T-t)}N(d_2)$$

其中：

$$d_1 = \frac{\ln\left(\frac{s}{x}\right) + (r + \sigma^2)t}{\sigma\sqrt{t}};$$

V——看涨期权的价值；

S——标的资产的当期价值；

X——看涨期权的执行价格；

T——距期权到期日的时间；

r——期权有效期间的无风险利率；

σ^2——标的资产价格的自然对数的方差。

上述三种方法均对确定风险企业的股权价格具有指导意义。需要指出的是：

第一，与成熟企业相比，风险企业具有特殊性，未来现金流和未来收益的预测是以风险企业与风险投资机构提供认可的商业计划书作为基础，即它本身建立于对技术研发前景和市场开发前景的基础之上，因而，具有更大的不确定性，这也是风险企业与风险投资机构之间对股权价格产生很多争议的根源。

第二，采用的折现率必须充分反映风险投资过程的预期风险。

投资谈判结束后，风险投资机构完成内部投资决策程序，并与风险企业签订投资协议。

三 投资管理

签订投资协议并提供投资资金后，风险投资机构通常积极参与风险企业的管理，对其实施监督并提供增值服务。

（一）风险投资管理的方式

风险投资管理的方式通常包括：

（1）参加风险企业董事会；

（2）审查风险企业财务报告；

（3）与风险企业高层管理人员通话或会晤。

（二）风险投资管理的内容

风险投资管理的内容通常包括：

（1）帮助寻找和选择重要管理人员；

（2）参与制订战略与经营计划；

（3）帮助企业筹集后续资金；

（4）帮助寻找重要的客户和供应商；

（5）帮助聘请外部专家；

（6）帮助实现并购或公开上市。

四 投资退出

风险投资的最后阶段就是将已经运作成功的风险企业的股权变现，收回投资，并获得高额回报。

（一）风险投资退出的意义

风险投资的退出是整个风险投资运作过程中一个重要的组成部分，其意义主要体现在以下几点。

（1）实现收益。风险资本的退出过程也是其实现收益的过程。与普通投资不同，风险投资不以取得企业分红派息为目的，而以股权增值作为报酬，通过股权转让实现收益。

（2）实现资本的良性循环。投资活动取得成功后，风险资本可以带着高额利润全身而退，进行新一轮投资。

（3）为风险投资活动提供了一种客观的评价方法。风险投资的对象是极具发展潜力的新兴企业，这些企业是新思想、新技术、新产品和新市场的综合集成，其价值不可能通过简单的财务核算来确定，只能通过市场评价来发现和实现，评价其投资价值最好的标准就是看风险投资退出时能否得到大幅度的增值。

（二）风险投资退出的方式

风险投资的退出方式主要有三大类，即公开上市、出售以及资产清算或破产。

1. 公开上市

公开上市即首次公开发行（IPO），是指风险企业公开发行股票，成为上市公司，风险投资机构可以将其股权在二级市场上转让。公开上市通常能为风险投资带来很高收益，是风险投资的最佳退出方式。但是，这种退出方式要求风险企业达到上市条件，并且具有良好的市场环境。

由于主板市场的上市标准较高，监管严格，而风险企业一般是中、小高科技企业，在连续经营历史、净资产、利润额等方面均难以达到要求，因此，在主板市场上市通常比较困难。为解决这一问题，许多国家设立了二板市场，如美国的 NASDAQ 市场、加拿大温哥华股票交易所的创业板市场、比利时的 EASDAQ 市场、英国的 AIM 市场等。与主板市场相比，二板市场上市条件宽松，上市公司规模偏小，主要为具备成长性的高科技企业提供服务，从而为风险投资的退出创造了良好的机会。

2. 出售

出售包含对外出售和股权回购两种形式，其中，对外出售又分一般收购和第二期收购两种。

一般收购主要指公司间的收购与兼并。当风险企业被大公司收购、兼并时，风险投资机构收回现金或将风险企业股权转换为收购者发行的可流通证券。

第二期收购是指风险投资机构将其所持有的风险企业的股权转让给另一家风险投资机构，由后者接手第二期投资。

股权回购是指风险企业以现金形式向风险投资机构回购本公司股权。股权回购也可以由企业管理层完成，对企业管理层而言，股权回购是一次管理层收购（MBO）过程。

3. 清算或破产

很多风险投资项目完全失败或部分失败，风险投资的巨大风险体现在高比例的投资失败上。一旦确认风险企业失去了发展的可能或者发展前景恶化，不能提供预期的高回报，风险投资机构就会采取清算措施。以清算方式退出是非常痛苦的，通常只能收回原投资额的 60% 左右，但在必要的情况下必须果断实施，否则，企业的经营状况可能继续恶化，那样只能带来更大的损失。而且，投入不良企业中的资金存在着一定的机会成本，与其沉淀其中不能发挥作用，不如及时收回资金投入到更加有希望的项目中去。

第四节　投资银行与风险投资

一　投资银行参与风险投资的目的

投资银行积极参与风险投资业务，其目的一般有以下几个方面。

（一）协助投资银行传统业务的发展

风险投资是投资银行的新型业务，对投资银行的传统业务的发展大有益处。投资银行在参与风险投资的运作中，需要与更为广泛的客户发生关系，需要做出更为详细的调查。这既可以扩大投资银行的知名度和影响力，同时也能促进投资银行传统业务的扩展。

（二）拓展业务网络

在进行风险投资的过程中，投资银行会得到更多的机会去接触进而获得客户，同时，随着人们越来越关注风险投资，投资银行也会被更多的人包括投资银行的签字客户了解，从而为投资银行拓展自身业务提供很多便利。

（三）赚取高额利润

风险投资蕴含很大风险，但同时也蕴含很高利润。如果一项风险投资项目成功，将会给投资者带来数倍、数十倍乃至数百倍的利润，这无疑会对投资银行产生吸引力。

二　投资银行参与风险投资的方式

在风险投资过程中，投资银行可以以不同的身份参与风险投资的不同阶段，发挥举足轻重的作用。

（一）风险投资的融资中介

风险企业由于规模小、资信差以及它的高风险性，很难从银行、证券市场等传统渠道获得必要的创业资金，因此，主要从私人权益资本市场通过私募的方式筹集资金。但是，私人权益资本市场存在着严重的信息不对称和信息流转慢的制度性缺陷。风险企业和投资机构为处理其业务所需的信息和交易成本远远超出了其自身能力，它们既缺乏必要的人力和信息，也缺乏必要的经验。投资银行凭借其人力资源和信息优势，为市场双方担任财务顾问，提供必要的咨询服务。

1. 投资机构的财务顾问

作为投资机构的财务顾问，投资银行可以提供以下服务。

（1）推荐前景良好的投资对象或帮助投资机构筛选投资对象

首先，投资银行可以帮助投资机构审阅风险企业的《商业计划书》。通过仔细分析《商业计划书》，投资银行从中判断创业者和经理层的素质，鉴别他们是否具有强烈的敬业精神，是否具备产品开发、研究、生产、销售、财务和管理方面的才能。

其次，投资银行可以帮助投资机构进行实地调查。在实地调查中，投资银行调查人员不但要考虑公司的设备和资产实力，还要与相关各方人士进行会谈，以便全面了解风险企业及其管理层的实际情况。除了与企业管理层进行频繁接触以外，投资银行调查人员还要与企业的客户、供应商、开户银行、债权人会晤，甚至从政府部门获得信息，以完善审慎调查。

（2）帮助投资机构估计成功率和收益率。在完成实地调查后，投资银行的专业人员从技术水平、产品种类、盈利模式、市场营销、后续资金的要求、管理层的素质等方面来估计风险企业的成功率和收益率。

（3）帮助投资机构进行投资合同谈判。风险投资谈判的具体内容有：投资金额、投资形式、股权比例、控制权的分割与确立、注资和撤资的方式和时间等。

2. 风险企业的融资顾问

作为风险企业的融资顾问，投资银行可以提供以下服务。

第一，帮助风险企业设计公司结构，对企业进行包装，用最好的方法将企业向投资人介绍，并帮助企业选择风险投资机构。

第二，帮助风险企业设计融资方案，并代表企业参加投资合同谈判。

（二）风险投资的退出中介

当新产品的市场认同度、企业的经营业绩、经营规模达到一定水平时，风险企业的价值明显上升，风险投资将进入退出阶段，实现收益。在风险投资退出过程中需要投资银行提供相应的上市推荐、证券承销或企业并购服务。

公开上市是风险投资退出的最佳方式，投资银行是风险企业公开上市成功的关键。其关键作用主要体现在以下几个方面。

第一，确定上市时机。选择错误的上市时机会导致证券价格下跌或者根本售不出去，这不仅影响风险企业的顺利上市及风险投资的成功退出，而且也会给投资银行带来损失。一般认为，发售成功必须有稳定和强劲的市场条件，但是，即使在股市萧条时，创意独特的公司仍可以找到市场。这就取决于投资银行的经验与把握市场时机的能力。

第二，确定股票发行价格。在首次公开发行过程中，股票定价是一个至关重要的问题。如果定价太高，虽然发行人可能获取较大的利益，却会给发行带来困难，而且使投资银行面临较大的风险；如果定价过低，虽然使股票易于发行，而且投资银行可能获得较高的差价收入，但是发行人的利益就会受到损失。此外，各国证券法规一般都规定，股票公开发行时，企业发起人（包括风险投资机构）只能售出部分股票，在一定时间后，才解除对出售其余股票的限制。如果由于定价过高而使股票在二级市场上表现不佳，则会给风险投资的退出带来困难。因此，一般在确定股票发行价时，投资银行将以略低于公司价值计算结果的价格为股票定价，使股票价格在发行后仍可预期有10%—15%的上升空间，保证风险投资公司能够顺利出售剩余股票，从而实现成功的退出。

第三，稳定股票价格。风险企业首次公开发行股票最重要的一环是稳定股票在市场中的价格，以免发行后股票价格下跌，影响上市公司的声誉，致使潜在的投资者失去兴趣，风险投资机构出售其余股票变得困难。因此投资银行要使用"稳定价格技巧"，维持股价稳定。

当采用出售方式退出时，一般情况下风险投资机构自行完成出售工作，但是，如果涉及规模较大，风险投资机构则聘用投资银行作为出售代理人，以投资银行的人力、信息优势和丰富经验来实现最大的投资收益。投资银行主要负责寻找收购公司、准备出售书、代理谈判等，有时也提供一定数量资金帮助并购活动的顺利进行。

（三）风险投资的投资主体

除了充当财务顾问或融资顾问以外，投资银行还直接从事风险投资。国外的大型投资银行，如美林、摩根士丹利等，都拥有规模较大的风险投资资金。不过，除了少数比较富有冒险精神的投资银行介入早期投资外，大部分投资银行偏向于晚期投资。晚期投资风险相对较小，周期短，而且能在较短的时间内实现公开上市或出售，从而与投资银行的证券承销及购并业务直接衔接起来。

附录：

搜狐引入风险投资案例

搜狐公司的前身是爱特信公司。

爱特信公司的创办者张朝阳博士曾在麻省理工学院（MIT）学习、工作。1996年，张朝阳利用回国做美国互联网络商务信息公司（ISI）首席代表的机会了解国内市场状况。他发现1996年中后期，美国的互联网发展得非常快，而中国却几乎是一片空白，只有国联在线、高能所、瀛海威等几家刚起步的小公司。当时，中国网络建设面临许多问题，其中最突出的问题是中文信息严重匮乏，国内真正能提供中文信息内容服务的ISP（Internet服务提供商）寥寥无几，90%以上的ISP只能提供简单的Internet接入服务。

张朝阳看好国内市场的发展前景，并决心在国内创业。他首先遇到的问题是没有资金。1996 年 4 月，张朝阳开始拿着自己的工作业绩和一个创业的创意在美国寻求投资，张朝阳给自己的创意标价 200 万美元，并得到了麻省理工学院的爱德华·罗伯特教授、美国著名风险投资者尼葛洛·庞帝和富翁之子邦德的认可，他们共同出资 22.5 万美元。得到这笔启动资金后，张朝阳注册成立爱特信公司，开始了创业之旅。

1997 年爱特信公司取得英特尔公司的技术支持，1998 年 2 月推出了"SOHOO"网上搜索工具，更名为搜狐公司。公司独家承揽"169"北京信息港 1998 年整体内容设计和发展的任务，发展速度很快。1998 年 3 月，搜狐寻求第二期投资，获得了英特尔和道·琼斯等 215 万美元的投资。

1999 年搜狐已经成长为国内知名搜索引擎，在此基础上，寻求第三次融资，进一步得到包括美国英特尔公司、道·琼斯公司、晨兴公司、IDG 公司、盈科动力、联想等世界著名公司的支持，获得 600 万美元风险投资。

搜狐的成功秘诀，一是"SOHOO"网上搜索工具拥有技术优势和市场前景；二是张朝阳具有创业的韧性和与投资者的沟通能力；三是控制成本，采取了最经济实用的经营方式，从创业之初到 2000 年 1 月，搜狐只"烧掉"了 600 万美元，堪称业内最大的商业机密。

2000 年 7 月 12 日搜狐在 NASDAQ 市场上市，当日股价为 13 美元，共发行股票 460 万股，筹集资金近 6000 万美元。搜狐原始股东的平均投资成本为每股 1.48 美元，可获利润极其丰厚。

第十章　金融工程与投资银行

本章学习重点

- 金融工程的基本原理
- 远期协议与金融期货
- 金融期权
- 金融互换

第一节　金融工程概述

一　金融工程的含义

20 世纪 50 年代，"金融工程"（Financial Engineering）一词就曾出现在有关文献中，80 年代末 90 年代初，伴随着投资银行产业的兴盛和国际资本市场的迅速扩张，人们开始越来越普遍地使用"金融工程"这一概念，1991 年"国际金融工程师学会"的成立被认为是金融工程获得了极大发展的重要标志，该学会的宗旨就是要"界定和培育金融工程这一新兴专业"。

金融工程是一门新兴的科学，对于金融工程的概念，理论界有很多种表述。

美国金融学教授约翰·芬纳蒂在《公司理财中的金融工程综观》（1988）一文中首次提出了金融工程的正式定义：金融工程包括创新型金融工具与金融手段的设计、开发与实施以及对金融问题给予创造性的解决。

美国罗彻斯特大学西蒙管理学院教授克里弗德·史密斯和大通曼哈顿银行经理查

尔斯·史密森合著的《金融工程手册》（1993）提出的概念颇具代表性，他们指出，金融工程创造的是导致非标准现金流的金融合约，它主要指用基础的资本市场工具组合成新工具的过程。

英国金融学家洛仑兹·格利茨在其著作《金融工程学——管理金融风险的工具和技巧》（1994）一书中，提出了一个"宽泛的定义"：金融工程是应用金融工具，将现有的金融结构进行重组以获得人们所希望的结果。

归结起来，金融工程的概念有狭义和广义两种。狭义的金融工程主要是指利用先进的数学及通信工具，在各种现有基本金融产品的基础上，进行不同形式的组合分解，以设计出符合客户需要并具有特定收益性和流动性的新的金融产品；广义的金融工程则是指一切利用工程化手段来解决金融问题的技术开发，它不仅包括金融产品设计，还包括金融产品定价、交易策略设计、金融风险管理等各个方面。金融工程本身涉及公司财务、证券交易、投资、资产管理及风险管理等诸多领域。

二　金融工程产生与发展的原因

（一）对金融工程的需求

市场需求是金融工程产生和发展的主要推动力。

金融工程产生和发展与20世纪70年代以来的经济环境变革有直接的联系。第一，20世纪70年代初，布雷顿森林体系崩溃，国际货币制度由固定汇率制走向浮动汇率制。浮动汇率导致国际金融市场上金融资产价格出现明显波动，任何一个拥有外币资产或承担外债的企业、金融机构和个人都面临了巨大的汇率风险。第二，受20世纪70年代两次石油危机冲击，全球通货膨胀加剧，市场利率波动加剧，在金融交易中浮动利率盛行。利率的变动导致金融资产价格出现明显波动，交易各方都面临着利率风险。第三，经济全球化的发展使得市场规模扩大，竞争加剧，企业更多地以债务杠杆来增加收益，这又增加了公司对利率和汇率变动的敏感性。为规避汇率和利率风险，需用更复杂的技术来管理公司的金融资产，因而对金融工程产生了强烈需求。从某种意义上说，金融工程技术的核心即为风险管理技术。第四，20世纪80年代之后，在金融自由化冲击下，国际金融监管的基本趋势是放松管制，各类金融机构打破了分业经营制度的限制，走向混业经营，形成直接竞争。这种竞争必然进一步加速金融工具创新的步伐，而金融工具的本质是收益性、风险性和流动性相互结合的载体，金融工具创新的本质就是收益性、风险性和流动性组合方式的创新，这从另一个侧面产生了对金融工程的需求。金融工程所要解决的问题就是对金融资产的预期现金流进行分割和组合，从而实现其收益、风险的再分配。

（二）基础金融理论的发展

金融理论的发展是金融工程得以确立的基础。

金融工程是一门交叉学科，吸收了经济学、金融学和投资学的基本原则，又引进了运筹学、物理学、遗传学、工程学等学科的精华，以及必要的会计及税务知识。但是，金融工程的实质是通过识辨和利用金融机会创造价值，因此，有关价值的来源、价格的确定以及金融市场特性的理论就构成了金融工程学的核心理论。

1896 年经济学家欧文·费雪提出资产的当期价值等于期末现金贴现值之和的观点，为资产定价理论的发展起了奠基石的作用。此后，大量的经济学家对丰富相关理论做出了贡献（见表 10 – 1）。

表 10 – 1 基础金融理论的发展

年份	提出者	主要贡献
1896	Irving Fisher	提出资产时间价值理论，奠定了金融学、财务学的基础
1934	Benjaming Graham David Dodd	提出证券估值思想，奠定了现代意义上证券价值评估的理论基础，《证券分析》著作开创了证券分析的新纪元
1938	Frederick Macaulay	提出久期和利率免疫概念，引导了目前金融工程最普遍使用的市场风险管理工具
1952	Harry Markowitz	提出证券组合理论，为衡量证券收益、风险提供了基本思路，奠定了证券投资学的基础
1953	Robert A. Jarrow	提出证券市场一般均衡模型，其中套利、最优化和均衡思想为后来的资产定价理论奠定了基础
1958	Franco Modigliani Robert Miller	提出了无风险套利均衡分析原理和 MM 理论，成为金融工程学的基本原理
1963	Leland Johnson Jerome Stein	提出现代的套期保值理论
1964	William Sharpe	提出资本资产定价模型
1973	Fisher Black Myron Scholes	建立 Black-Scholes 期权定价模型
1979	John C Cox Stephen Ross Mark Rubinstein	在 Black-Scholes 期权定价模型基础上提出二项式期权定价模型

对金融工程的发展做出最大贡献的是现代金融分析理论。其中，1952 年马克维茨（Harry Markowitz）发表的《证券组合选择》标志着现代金融分析理论的开端；1958 年莫迪利安尼（Franco Modigliani）和米勒（Robert Miller）提出了无风险套利均衡分析原理，为金融工程的产品设计、研发和实施提供了基本原理，构成现代金融分析理论的第一根支柱；20 世纪 60 年代夏普（William Sharpe）和他人建立了资本资产定价模型（CAPM），构成现代金融分析理论的第二根支柱；1973 年布莱克（Fisher Black）和舒尔斯（Myron Scholes）推导出期权定价的一般模型，为期权在交易所挂牌交易提供了定价理论依据，构架了现代金融分析理论的第三根支柱。至此，现代金融分析理论为

金融创新产品的设计、研发以及在金融工程中的应用扫清了道路。

（三）科技的进步

如果认为现实动因是金融工程形成和发展的"需求"因素，理论动因是金融工程形成和发展的"供给"因素，则信息技术的发展是金融工程形成和发展的催化剂。

计算机、卫星、光纤通信技术的普遍使用，将各国的金融市场更紧密地联系在一起，投资者可在伦敦买进某种金融产品，也可在新加坡对冲其头寸。此外，技术的发展导致信息传递、交易清算非常迅捷，交易成本不断降低。20 世纪 70 年代初，完成 1 万股市价 100 美元股票的大额交易，平均每股股票的交易成本为 1 美元，而 90 年代下降到 0.02 美元。如果某市场一种金融工具与另一市场相关金融工具的价差在 0.25 美元，在 70 年代套利收入不抵成本，而在 90 年代则有利可图。

（四）金融衍生工具的开发与应用

金融衍生工具，也称金融衍生产品，就是指以货币、债券、股票等传统金融产品为基础，以杠杆性的信用交易为特征的新型金融产品。

现实中，金融工程与金融衍生工具是两个密不可分的概念。在为客户解决金融实际问题过程中，金融工程师必然要使用新型交易技术和金融衍生工具，必要时还会专门设计或组合金融工具，从而创造新的金融衍生工具。因此，金融工程既是使用已有金融衍生工具的过程，也是创造新的金融衍生工具的过程。

从 20 世纪 70 年代到 90 年代，金融衍生工具日益丰富。1972 年 5 月，美国的芝加哥商品交易所（CME）设立国际货币市场（IMM）分部，以美元报价，以英镑、加拿大元、西德马克、日元、瑞士法郎、墨西哥比索和意大利里拉 7 种货币为标的，推出了外汇期货交易，金融期货正式诞生。此后，美国和其他国家的交易所竞相仿效，纷纷推出各自的外汇期货合约，大大丰富了外汇期货的交易品种，并将期货交易技术应用于其他金融产品，从而引发了其他金融期货品种的创新。1975 年 10 月，美国芝加哥期货交易所（CBOT）推出了第一张利率期货合约——政府国民抵押贷款协会（GN-MA）的抵押凭证期货交易。在此期间，期权交易技术也被应用于金融产品，1973 年 4 月，美国芝加哥期权交易所（CBOE）推出了股票期权交易。1981 年，美国所罗门兄弟公司成功地为 IBM 公司和世界银行进行了美元与马克及瑞士法郎之间的互换，标志着互换的诞生；1982 年 2 月，美国堪萨斯期货交易所（KCBT）开办价值线综合指数期货交易，股指期货产生并迅速被其他期货交易所效仿。至此，金融衍生工具的主要类别基本齐备。

按照交易方法的特性，金融衍生工具主要可以划分为远期交易、金融期货、金融期权和金融互换四种基本类型。

按照其依据的基础工具的种类，金融衍生工具又可以划分为：（1）股权式衍生工具，即以股票或股票价格指数为基础工具的金融衍生工具，主要包括股票期货、股票期权、股指期货、股指期权以及这些合约的混合交易合约；（2）货币衍生工具，即以各种货币作为基础工具的金融衍生工具，主要包括远期外汇、外汇期货、外汇期权、货币互换以及这些合约的混合交易合约；（3）利率衍生工具，即以利率或利率的载体（即债券，主要指国债）作为基础工具的金融衍生工具，主要包括远期利率协议、利率期货（即国债期货）、利率期权、利率互换以及这些合约的混合交易合约。

三　金融工程的基本原理

金融工程的具体运作过程包括以下四个步骤。

（1）诊断。识别客户特定的要求和所遇到的特殊困难，分析问题的本质和来源。

（2）研究和设计。根据现有的金融理论、金融技术、市场状况、本公司和客户的资源状况，依照金融监管的要求，为客户寻找解决问题的最佳方案。这种最佳方案一般是一种全新的金融工具，有时是一种新的金融操作方式，有的甚至要设立一个专门的金融中介机构来达到客户的目标。

（3）开发与定价。按照上述最佳方案开发出新的金融产品，并根据金融资产的定价理论和本公司的开发成本计算产品的价格。

（4）促销及上市。开发出金融产品后还要帮助或代理客户促销，促进其上市流通。

金融的永恒主题是流动、获利和避险，换言之，客户的需求集中于三个方面：回避风险、节约成本和创造流动性。为了解决这些问题，金融工程师在研究、设计、开发金融产品、交易技术和交易方式时，需要遵循以下原则。

第一，风险分解、转移和再分配。

任何经济活动都伴随着一定程度的风险，但各个经济主体对风险的偏好和承受能力不尽相同，大体可以分为三类：一是风险厌恶者，他们不愿意承担风险，希望能够回避、转移风险。二是风险偏好者，他们参与交易的目的是在风险中寻求暴利，只要有足够的预期利润，便愿意承担较高风险。三是风险中立者，他们的交易行为受风险影响不大。金融工程师充分利用这一特点，通过对风险的分析和优化设计技术，创造出金融衍生工具，使原有的风险和收益在不同经济主体之间重新分配：风险厌恶者通过支付一定费用将原来承担的风险转移到风险偏好者和风险中立者身上。远期交易、期货、期权等就是体现这一原理的金融衍生工具。

第二，发挥交易各方的比较优势。

各个经济主体往往在不同的市场上具有比较优势，如果金融工程师设计的产品能够充分发挥交易各方的比较优势，必然会降低金融交易成本，提高收益。

第三，注重可销售性。

有发达的市场，才会有流动性，而市场的形成依赖于两个基本要素：（1）金融产品的风险、收益组合方式能够满足不同投资者的投资偏好；（2）具有可靠的定价依据和合理的定价机制。

以互换的产生为例。1981 年，IBM 公司和世界银行均需要借取债务资金。其中，IBM 公司绝大部分资产以美元构成，为避免汇率风险，希望借取美元负债，而世界银行希望用瑞士法郎或西德马克等绝对利率最低的货币进行负债管理。同时，世界银行和 IBM 公司在不同的市场上有比较优势，世界银行通过发行欧洲美元债券筹资，其成本要低于 IBM 公司筹措美元资金的成本；IBM 公司通过发行瑞士法郎债券筹资，其成本低于世界银行筹措瑞士法郎的成本。于是，通过所罗门兄弟公司进行精心设计和撮合，世界银行将其发行的 29 亿欧洲美元债券与 IBM 公司等值的西德马克、瑞士法郎债券进行互换，即世界银行发行美元债券，用美元支付 IBM 公司已发行的德国马克和瑞士法郎债券到期时的全部本金和利息；相应地，IBM 则同意用德国马克和瑞士法郎来抵付世界银行所发行的美元债券。据《欧洲货币》杂志 1983 年 4 月号测算，通过这次互换，IBM 公司将 10% 利率的德国马克债务转换成了 8.15% 利率（两年为基础）的美元债务，世界银行将 16% 利率的美元债务转换成了 10.13% 利率的西德马克债务，各自达到了十分明显的降低筹资成本的目的。

再以美林公司的"TIGR"为例。中长期的附息债券是传统的固定收益债券，一般每个季度支付一次固定利息。理论上，投资者可以将利息收入进行再投资，取得更高收益，实际上却存在两个重要问题：一是信息不对称和交易成本太高，投资者往往不能按时取出利息立即用于再投资；二是由于利息变动的不确定性，使投资者的再投资面临利率风险。全球最大的投资银行美林公司于 1982 年推出名为"TIGR"（Treasury Investment Growth Receipts）的金融产品，用来替代附息国债，将附息债券转换为零息债券这种金融工程较好地解决了上述问题。其具体做法是：（1）美林公司将美国财政部发行的附息国债的每期票息和到期时的现金收入进行重组，转换为多种不同期限只有一次现金流的证券即零息债券；（2）美林公司与一家保管银行就重组转换成的零息债券签订不可撤销的信托协议；（3）由该保管银行发行这种零息债券，经美林公司承销出售给投资者。上述零息债券是金融工程中一种基础性的创新，对于发行人来说，在到期日之前无须支付利息，能获得最大的现金流好处；同时，还能得到转换套利的目的，因为将固定的较长期限的附息债券拆开重组为不同期限的债券，可以获得可观的收入。对投资者来说，在到期日有一笔利息可观的连本带息的现金收入，节约了再投资成本并避免了再投资风险；到期日才得到本息收入，因而能享有税收延迟和减免的好处。

四 投资银行在金融工程中的作用

投资银行是金融工程的重要参与者，一直扮演着主要角色。

（一）设计开发者

开发和设计符合市场需求的金融工具是投资银行参与金融工程的主要工作。投资银行主要从事资本市场业务，为各种不同的市场主体提供投资银行服务，所以能够最先觉察各种最新的市场需求，并且，投资银行具有强大的信息和人才优势，有能力开发出满足市场需求的新型金融工具和金融技术。另外，投资银行本身是资本市场上的造市者和市场参与主体，能够较为及时和准确地发现和确定金融产品的价格，这也是开发和设计金融工具和金融技术所必备的素质。

（二）组织者

金融工程设计开发完毕，就进入了运营阶段。这个阶段投资银行充当了组织者。它寻找金融工程的需求者，安排一系列制度、工具，把金融工程的使用者集合起来，方便他们进行交易。例如，投资银行所组织安排的各种证券、期权、期货交易就体现了这种作用。

（三）使用者

投资银行不仅为其他市场主体使用金融工程创造条件，而且，它本身也大量利用金融工程。在金融市场中，投资银行可以是套期保值者，可以是套利者，还可能是投机者。

（四）校验推进者

在金融工程开发完毕后的运营阶段里，投资银行不断通过其他市场主体以及自身的交易活动对该项金融工程的功能缺陷进行校验。作为某个特定时期的金融工程，它总是与该时期的宏观环境相适应；而宏观环境发生变化时，该项金融工程原来的运作模式就需要变革。在这种动态的校验过程中，投资银行挖掘金融工程的功效，发现金融工程的缺陷，并进一步推进金融工程的发展：一是把同类的金融工程沿着原定的方向继续深化，使该类型金融工程的使用范围更广、功能更加细化、体系更加严密；二是在原来金融工程的基础上开发出新的金融工程，达到扬长避短的目的。

第二节　金融远期合约和金融期货

一　金融远期合约

金融远期合约（Forward Contracts）是指交易双方约定在未来的某一确定时间，按照事先商定的价格（如汇率、利率或股票价格等），以预先确定的方式买卖一定数量的某种金融资产的合约。

合约中规定的未来买卖的金融资产称为标的资产（Underlying Asset），按照合约规定在未来买入标的资产的一方称为多方（Long Position），在未来卖出标的资产的一方称为空方（Short Position）。合约中规定的未来买卖标的资产的价格称为交割价格（Delivery Price）。

金融远期合约主要分为远期利率协议和远期外汇合约。

（一）远期利率协议

远期利率协议（Forward Rate Agreement，FRA），是指协议双方同意在未来某一商定的时间，按照协议利率进行一笔已确定金额、货币、期限的借贷合约。

实际上，这笔借贷行为并不发生，远期利率协议的买方相当于名义借款人，而卖方则相当于名义贷款人，双方签订远期利率协议，相当于同意从未来某一商定日期始，按协定利率借贷一笔数额、期限、币种确定的名义本金。在清算日时，远期利率协议的卖方（名义贷款人）并不真实地向买方（名义借款人）提供贷款本金，而是由双方根据名义本金额、协议利率、参照利率计算按协议利率借款与按参照利率借款之间的利息差额，如果参照利率高于协议利率，由卖方支付给买方利息差，该利息差称为结算金（Settlement Sum）；相反，如果协议利率高于参照利率，由买方支付给卖方结算金。从使用者角度来看，远期利率协议是双方希望根据未来利率走势进行保值或投机所签订的一种协议，保值者要防范未来的利率风险，而投机者承担利率风险，并希望从未来的利率变化中获利：协议的买方可能是一家真正需要借款的机构，在未来某一时间需要按市场利率借款，如果市场利率上升，其借款成本将提高，通过购买远期利率协议，它可以从卖方得到利息差补偿，从而将借款成本锁定为协议利率，如果市场利率下降，其借款成本将降低，由于购买了远期利率协议，它必须向卖方支付结算金，其实际借款成本依然锁定为协议利率；协议的卖方可能是一家真正的贷款机构，在未来某一时间需要按市场利率发放贷款，如果市场利率下降，其贷款利息收入将降低，通过出售远期利率协议，它可以从买方得到利息差补偿，从而将收入锁定为协议利率，如果市场利率上升，其贷款利息收入将提高，由于出售了远期利率协议，它必须向买方支付结算金，其实际收入依然锁定为协议利率。协议的买方和（或）卖方也可能是投机者，买方预期未来利率上升，如果到清算日市场利率确实高于协议利率，则买方赚取结算金，而卖方预期未来利率下降，如果到清算日市场利率确实低于协议利率，则卖方赚取结算金。

为了规范远期利率协议，英国银行家协会于 1985 年颁布了远期利率标准化文件（FRABBA），作为市场实务的指导原则。目前世界上大多数远期利率协议都是根据 FRABBA 签订的。该标准化文件使每一笔远期利率协议的交易仅需一个电传确认即可成交，大大提高了交易速度和质量。FRABBA 对远期利率协议的重要术语做了规定：

合同金额：借贷的名义本金额；

合同货币：合同金额的货币币种；

交易日：远期利率协议成交的日期；

确定日：确定参照利率水平的日期，以该日参照利率的水平作为结算依据；

结算日：名义借贷开始的日期，也是交易交付结算金的日期；

到期日：名义借贷到期的日期；

合同期：结算日至到期日之间的天数；

协议利率：在协议中双方商定的借贷利率；

参照利率：在确定日用以确定结算金在协议中指定的某种市场利率；

结算金：在结算日，根据协议利率和参照利率的差额计算出来的，由交易一方付给另一方的金额。

在远期利率协议下，如果参照利率超过协议利率，那么卖方就要支付买方一笔结算金，以补偿买方在实际借款中因利率上升而造成的损失。一般来说，实际借款利息是在贷款到期时支付的，而结算金则是在结算日支付的，因此结算金并不等于因利率上升而给买方造成的额外利息支出，而等于额外利息支出在结算日的贴现值，具体计算公式如下：

$$结算金 = \frac{(r_r - r_k) \times A \times \dfrac{D}{B}}{1 + \left(r_r + \dfrac{D}{B}\right)}$$

式中：r_k 表示参照利率，r_r 表示合同利率，A 表示合同金额，D 表示合同期天数，B 表示天数计算惯例（如美元为 360 天，英镑为 365 天）。

例如，某公司有一笔长期浮动利率美元借款将于 2008 年 9 月 20 日到期，该公司预计 2008 年美元利率有上升趋势，为锁定最后一期贷款利率，该公司于 2008 年 4 月 18 日与银行做了一笔远期利率协议交易，以 2.70% 的协议利率买入名义本金为 500 万美元的一张远期利率协议，合同规定以 LIBOR 为参照利率，确定日为 6 月 18 日，结算日为 6 月 20 日，合同到期日 2008 年 9 月 20 日，合约期限 120 天。到 2008 年 6 月 18 日，LIBOR 上升为 2.80%。

案例分析：案例中各参数的关系可以用图 10 - 1 表示：

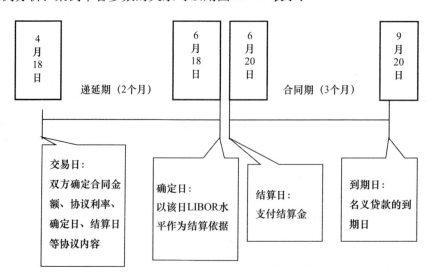

图 10 - 1　利率远期协议各参数关系

6 月 20 日银行付给该公司的结算金为：

$$结算金 = \frac{(r_r - r_k) \times A \times \frac{D}{B}}{1 + \left(r_r + \frac{D}{B}\right)}$$

＝（2.80％ －2.70％）×5000000×120/360/（1 +2.80％ ×120/360）

＝1651.59（美元）

远期利率协议最重要的功能在于回避利率变动风险，将未来实际借贷资金的利率固定在协议利率水平上。在上例中，如果公司借取 3 个月期限（6 月 20 日至 9 月 20 日）的 500 万美元贷款，将会因利率上升导致借款成本提高，买入远期利率协议后，按市场利率（LIBOR ＝2.80％）和协议利率（2.70％）计算的利息差（1651.59 美元）得到了补偿。

由于远期利率协议交易实际上不交付本金，而是结算利差，所以资金占用量较小，这就给银行提供了一种管理利率风险而无须通过大规模的同业拆放来改变其资产负债结构的有效工具，对于改善银行业务的资产收益率十分有益。

（二）远期外汇合约

远期外汇合约（Forward Exchange Contract）是指双方约定在将来某一时间按约定的远期汇率买卖一定金额的某种外汇的合约。交易双方在签订合同时确定将来进行交割的远期汇率，在结算日，不论汇价如何变化，都应按约定汇率交割。

实际上，远期外汇合约中的交易金额只是名义本金，双方并不支付本金，而只交割合同中规定的远期汇率与结算日即期汇率之间的差额。如果结算日即期汇率高于协议汇率，合约卖方向买方支付结算金；反之，如果协议汇率高于结算日即期汇率，合约买方向卖方支付结算金。例如，A 与 B 于 6 月 20 日签订远期外汇合约，根据合约规定，9 月 20 日 A 以 1 美元兑换 0.64 英镑的汇率向 B 购买 1000 万英镑，如果 9 月 20 日的即期汇率为 1 美元兑换 0.65 英镑，则 A 向 B 支付 10 万〔即 1000 万×（0.65 －0.64）〕美元的结算金。

从合约交易日到结算日之间的距离称为远期外汇合约的期限，一般有 1 个月、3 个月、6 个月和 1 年等几种，其中 3 个月最为普遍。远期交易很少超过 1 年，因为期限越长，交易的不确定性越大。

人们进行期汇交易的具体目的是多方面的，但不外乎是为了套期保值、平衡头寸、投机的动机。具体包括以下几方面。

（1）进出口商和外币资金借贷者为避免商业或金融交易遭受汇率变动的风险而进行期汇买卖。在国际贸易中，自买卖合同签订到贷款清算之间有相当一段时间，在这段时间内，进出口商可能因计价货币的汇率变动而遭受损失，为避免汇率风险，进出口商可预先向银行买入或卖出远期外汇，到支付或收进货款时，就可按原先约定的汇率来办理交割。同样地，拥有外币的债权人和债务人可能在到期收回或偿还资金时因外汇汇率变动而遭受损失，因此，他们也可在贷出或借入资金时，相应卖出或买入相同期限、相当金额的期汇，以防范外汇风险。

（2）外汇银行为平衡其远期外汇头寸而进行期汇买卖。进出口商和顾客为避免外汇风险而进行期汇交易，实质上就是把汇率变动的风险转嫁给外汇银行。外汇银行为满足客户要求而进行期汇交易时，难免会出现同一货币同一种交割期限或不同交割期限的超买或超卖，这样，银行就处于汇率变动的风险之中。为此，银行就要设法把它的外汇头寸予以平衡，即将不同期限不同货币头寸的余缺进行抛售或补进，由此求得期汇头寸的平衡。

（3）外汇投机者为谋取投机利润而进行期汇买卖。在浮动汇率制下，汇率的频繁剧烈波动，会给外汇投机者进行外汇投机创造有利的条件。所谓外汇投机是指根据对汇率变动的预期，有意保持某种外汇的多头或空头，希望从汇率变动中赚取利润的行为。

根据交割期限的不同，外汇交易合约所包括的外汇交易主要有以下几种。

（1）固定交割日的远期交易：即交易双方事先约定在未来某个确定的日期办理货币收付的远期外汇交易。这是一种较常用的远期外汇交易方式，但它缺乏灵活性、相机动性。因为在现实中外汇买卖者（如进出口商）往往事先并不知道外汇收入和支出的准确时间。因此，他们往往希望与银行约定在未来的一段期限中的某一天办理货币收付，这时，就需采用择期交易方式，即选择交割日的交易。

（2）选择交割日的远期交易：指主动请求交易的一方可在成交日的第三天起至约定的期限内的任何一个营业日，要求交易的另一方，按照双方事先约定的远期汇率办理货币收付的远期外汇交易。

（3）掉期交易：又称时间套汇，是指同时买进和卖出相同金额的某种外汇但买与卖的交割期限不同的一种外汇交易，进行掉期交易的目的也在于避免汇率变动的风险。掉期交易可分为以下三种形式。

第一，即期对远期：即在买进或卖出一笔现汇的同时，卖出或买进相同金额该种货币的期汇。期汇的交割期限大都为1周、1个月、2个月、3个月、6个月。这是掉期交易中最常见的一种形式。

第二，明日对次日：即在买进或卖出一笔现汇的同时，卖出或买进同种货币的另一笔即期交易，但两笔即期交易交割日不同，一笔是在成交后的第二个营业日（明日）交割，另一笔反向交易是在成交后第三个营业日（次日）交割。这种掉期交易主要用于银行同业的隔夜资金拆借。

第三，远期对远期：指同时买进并卖出两笔相同金额、同种货币、不同交割期限的远期外汇。这种掉期形式多为转口贸易中的中间商所使用。

二 金融期货合约

金融期货合约指由期货交易所统一制定的、规定在将来某一特定的时间和地点交割一定数量和质量金融资产的标准化合约。

金融期货交易表现为对金融期货合约的买卖行为。卖出期货合约的一方称为空头方，持有空头头寸；买入期货合约的一方称为多头方，持有多头头寸。

（一）金融期货合约的基本内容

金融期货合约主要包括以下内容。

1. 标的资产和交易单位

金融期货标的资产包括股票、股价指数、外币及利率相关证券等，交易单位是指每一份金融期货合约包括的标的资产的数量。例如，德国马克期货合约的交易单位为每份125000马克，美国芝加哥商品交易所的长期债券期货合约的交易单位为每份10万美元长期国债。

2. 最小价格波动幅度

最小波动幅度是指交易所规定的金融期货交易的最小报价单位。例如，德国马克期货的最小波动幅度为0.0001美元。

3. 交割月份

各种金融期货都有标准化的交割月份，通常为每年的3月、6月、9月和12月，交割月的第三个星期三为该月的交割日。

4. 每日涨跌停板额

每日涨跌停板额是一项期货合约在一天之内的交易价格高于或低于前一交易日的结算价格的最大波动幅度。

（二）金融期货的分类

按照标的资产的不同，金融期货可以划分为三种类型。

1. 外汇期货

外汇期货是指协约双方同意在未来某一时期买卖一定标准数量的某种外汇的标准化合约。目前，外汇期货主要包括以下币种：欧元、日元、英镑、德国马克、瑞士法郎、荷兰盾、法国法郎、加拿大元、美元等。

2. 利率期货

利率期货是指以利率相关金融产品为标的资产的期货合约，主要包括以长期国债为标的资产的长期利率期货和以短期存款利率相关金融产品为标的资产的短期利率期货。

3. 股指期货

股指期货是指交易双方约定在未来某个特定时间收付等于股价指数若干倍金额的

合约。

三 金融期货与金融远期合约的比较

（一）合约的灵活性不同

与期货合约相比，远期合约的主要优点是其灵活性。首先，远期合约的标的资产可以是多种多样的，因为在现实世界里，不同的人总是有不同的预期和偏好，所以只要能找到相对的另一方，几乎任何资产都可以进行远期交易；其次，远期合约的具体条款，如交割时间、交割地点、交割价格、标的资产质量等都可以由合约双方进行商议，在相互妥协后可以达到双方最大的满意度。然而，远期合同的灵活性导致交割期限、交割地点千差万别，这种合约很难进行二级转让，流通性差。金融期货是在金融远期合约的基础上发展起来的，金融期货合约对于金融资产的品质、数量、交易时间、交割等级都制定了统一标准，因而，便于流通转让，流动性强。

（二）交易制度不同

金融期货的交易有以下特点：（1）指定交易所。金融期货必须在指定的交易所内交易。（2）保证金与逐日结算。金融期货交易的双方在交易前都必须缴纳初始保证金，初始保证金比率为交易合约金额的5%—10%，交易过程中由清算公司进行逐日结算，如有损失，交易者必须保证账面保证金不低于初始保证金水平的75%，如果低于这一水平，必须及时补足。这是避免违约风险的一项极为重要的措施。（3）头寸的结束。结束期货头寸的方法有两种：第一，采用现金或现货交割；第二，由对冲或反向操作结束原有头寸，即买卖与原头寸数量相等、方向相反的期货合约。

远期合约没有固定、集中的交易场所，不利于信息的交流和传递，因此，市场效率低下；远期合约没有保证金制度和逐日结算制度，一旦标的资产价格或其他因素发生变动，有一方很可能没有能力或不愿意履约，所以，远期合约的违约风险较高。

（三）合约价值的含义不同

金融远期合约规定了协议价格，并且交割时不交付本金，只结算利息差或外汇差，因此，合约到期时，金融远期合约的价值表现为结算日标的资产的市场价格（如利率、汇率、股价等）与协议价格的差额；合约未到期时，金融远期合约的价值表现为预期结算日市场价格（即远期价格）与协议价格的差额；合约签订时，如果信息是对称的，而且合约双方对未来的预期相同，那么合约双方所选择的协议价格应该等于远期价格，合约的价值等于零，这意味着无须成本就可处于远期合约的多头或空头状态。

金融期货合约没有规定协议价格，到期时，可以用标的资产实物（而不是价差）进行交割，因此，合约的价值等于标的资产的远期价格。

四 期货合约和远期合约的定价

（一）期货合约和远期合约定价理论的基本假设

（1）没有交易费用；

（2）市场参与者都能够以相同的无风险利率（在远期市场中通常使用回购利率或再回购利率）借入或贷出资金；

（3）所有的交易利润使用同一税率；

（4）当套利机会存在时，市场参与者都会去参加套利活动，在套利者的不断套利下，最终无收益资产的远期价格会等于其现货价格的终值；

（5）允许卖空行为。

（二）期货合约和远期合约定价理论的基本原理

这里我们所采用的定价方法是无套利定价方法。其基本原理是构建两种投资组合，假设其终值相等，则在套利机制作用下，其现值也相等。因为，如果终值相等的两个投资组合现值不相等，则必然有一种投资组合的价值被低估，而套利者对于这种机会是高度敏感，套利者会卖出现值较高的投资组合，买入现值较低的投资组合并持有到期末，这样，就可以赚取无风险利润。大量套利者的这种行为，会使得较高现值的投资组合供过于求，从而价格下降；而较低现值的投资组合供不应求，从而价格上升。最终这两种投资组合的现值会相等。

（三）期货合约和远期合约的定价理论

本小节会经常出现以下符号。

T：期货合约和远期合约到期的时间；

t：现在的时间；

S：期货合约和远期合约标的资产在时间 t 时的价格；

S_T：期货合约和远期合约标的资产在时间 T 时的价格（在 t 时刻这个值是未知的）；

F：标的资产在 t 时刻的远期价格，也就是期货价格；

K：远期合约中的交割价格；

f：在 t 时刻，远期合约多头的价值；

r：对 T 时刻到期的一项投资而言，连续复利计算的无风险利率。

可以简单地认为 $T-t$ 是一个变量，以年为单位，表示期货合约和远期合约距离到期日的时间。

1. 期货价格

金融期货合约到期时，合同双方可以用标的资产进行实物交割，因此，期货价格与标的资产的现货价格之间存在密切关系。这种关系可以表述为：

期货价格 = 现货价格 + 合约到期日前的持货成本净额

金融资产的持货成本相对较低，主要是资金成本，即用借入资金购买并持有资产所付出的利息或占用自有资金持有资产所损失的机会成本。金融资产的另一个特点是在持有期内可能取得利息或分红，从而产生一定收益。所以：

持货成本净额 = 资金成本 – 资产产生的收益

一旦期货价格与现货价格偏离了这种关系，就会出现套利机会。如果期货价格高于现货价格加上持货成本净额，套利者就可以通过买入标的资产现货、卖出期货合约并等待交割来获取无风险利润，从而促使现货价格上升、期货价格下降，直至套利机会消失；若期货价格高于现货价格加上持货成本净额，套利者就可以通过卖空标的资产现货、买入期货合约来获取无风险利润，从而促使现货价格下降，期货价格上升，直至套利机会消失。

期货价格与现货价格的变化趋势为：（1）同一品种的商品，其期货价格与现货价格受到相同因素的影响和制约，虽然波动幅度会有不同，但其价格的变动趋势和方向有一致性；（2）随着期货合约到期日的临近，期货价格和现货价格逐渐聚合，持货成本净额趋于零，在到期日两者价格大致相等。期货价格与现货价格的关系可以用图10 – 2 表示：

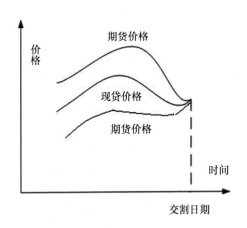

图 10 – 2　期货价格与现货价格的关系

现货价格与期货价格之差称为基差，即：

基差 = 现货价格 – 期货价格

基差的大小取决于持货成本净额，持货成本净额为正数，则期货价格高于现货价格，基差为负值；持货成本净额为负数，则期货价格低于现货价格，基差为正值。随着期货合约到期日的临近，期货价格和现货价格逐渐聚合，基差的绝对值趋于零。

2. 远期价格

我们把使得远期合约价值为零的交割价格称为远期价格（Forward Price）。

如果信息是对称的，而且合约双方对未来的预期相同，那么合约双方所选择的交割价格（协议价格）应使合约的价值在签署合约时等于零，这意味着无须成本就可处于远期合约的多头或空头状态。此时，远期价格是合约中协议价格的理论值。

根据标的资产有无支付收益状况，可以把远期价格分为以下三种情况。

（1）不支付收益证券的远期合约

不付红利的股票和零息债券属于此类证券。对无收益证券而言，该证券远期价格 F 与现价 S 之间的关系应该是：

$$F = Se^{r(T-t)}$$

为了证明该公式成立，先假设 $F > Se^{r(T-t)}$。一个投资者可以按无风险利率 r 借资金 S 元，期限为 $T-t$，用来购买该证券资产，同时卖出该证券的远期合约。在时刻 T，资产按合约中规定的交割价格 K 卖掉（按照定义，在合约价值为零的条件下，$F=K$），同时归还借款本息 $Se^{r(T-t)}$。这样，在时刻 T 就实现了 $F - Se^{r(T-t)}$ 的利润。

再假设 $F < Se^{r(T-t)}$。投资者可以卖出标的证券，将所得收入以年利率 r 进行投资，期限为 $T-t$，同时购买该资产的远期合约。在时刻 T，投资者以合约中约定的价格 F 购买资产，冲抵了原来的空头，实现的利润为 $Se^{r(T-t)} - F$。

（2）支付已知现金收益证券的远期合约

支付已知现金收益证券将为持有者提供可完全预测的现金收益。例如，支付已知红利的股票和付息票的债券。

设 I 为远期合约有效期间所得收益在 t 时刻的现值，贴现率为无风险利率。由于没有套利机会，F 和 S 之间的关系应是：

$$F = (S-I)e^{r(T-t)}$$

若假设 $F > (S-I)e^{r(T-t)}$。某套利者可以按无风险利率 r 借资金 S 元，期限为 $T-t$，用来购买证券，卖出远期合约。到时刻 T 时，依照合约中规定的条款，资产按合约中规定的交割价格 K 卖掉（按照定义，在合约价值为零的条件下，$F=K$）。此外，证券在远期合约有效期间提供收益，该收益在 t 时刻的现值为 I，到时刻 T 时，该收益通过投资可以变为 $Ie^{r(T-t)}$，因此，套利者在 T 时刻的总收入为 $F + Ie^{r(T-t)}$。假定用所得收入偿还借款，则有 $Se^{r(T-t)}$ 金额的借款要在 T 时刻归还。于是，在时刻 T，实现的利润为 $F - (S-I)e^{r(T-t)}$。相反，若假设 $F < (S-I)e^{r(T-t)}$，套利者可以出售资产，将所得收入进行投资，同时购买远期合约。在这种情况下，在时刻 T，实现的利润为 $(S-I)e^{r(T-t)} - F$。

（3）支付已知红利收益率证券远期合约

假设标的资产是一种特殊证券，不支付确定数额的收益，而是保持一个确定的收益率（q），即收益金额与证券价格的比率不变。例如，如果红利收益率为每年5%（q=0.05），这意味着当证券价格为10时，下一个时间段的红利按照每年0.50的金额支付；当证券价格为100时，下一个时间段的红利按照每年5美元的金额支付，依此类推。

考虑 A、B 两个组合。

组合 A：一个远期合约多头加上一笔数额为 $Ke^{-r(T-t)}$ 的现金；

组合 B：$e^{-q(T-t)}$ 个证券并且所有的收入都再投资于该证券。其中拥有证券的数量随着获得红利的增加而不断增长。因此，到时刻 T 时，正好拥有一个单位的该证券。

组合 A 中的现金经过投资，到时刻 T 时可以变化为 $Ke^{-r(T-t)}\times Se^{r(T-t)}$，即等于 K，组合 A 的持有者拥有一个远期合约多头，可以按价格 K 购买一个单位的证券。因此，在 T 时刻 A 组合和组合 B 价值相等。

在 T 时刻 A 组合和组合 B 价值相等，并且在 t 至 T 期间两种投资机会可以相互替代，那么，在 t 时刻两者的价值也应该相等。公式为：

$f+Ke^{-r(T-t)}=Se^{-q(T-t)}$，或 $f=Se^{-q(T-t)}-Ke^{-r(T-t)}$

远期价格 F 就是使 $f=0$ 时的 K 值

$F=Se^{(r-q)(T-t)}$

注意，如果在远期合约有效期间红利收益率是变化的，式 $F=Se^{(r-q)(T-t)}$ 仍然是正确的，此时 q 等于平均红利收益率。

3. 期货价格与远期价格的关系

在到期日，期货价格和远期价格都等于当时的现货价格。在到期日之前，期货价格与现货价格、远期价格与现货价格存在着相同的套利机制，期货合约和远期合约最主要的差别就是期货合约要求每日清算赢利和亏损，而远期合约只在到期日或对冲远期头寸时才能实现盈利或亏损，因此，持有期货合约比持有远期合约产生了更频繁支付的现金流，期货价格与远期价格会略有差异。如果距到期日只有几个月的时间，这种差异可以忽略不计。因此，通常可以认为，期货价格与远期价格是一致的。

4. 远期合约的价值

远期价格 F 是一个理论价格，从前面的分析中可以看到，它取决于标的资产的现价 S、无风险利率 r、标的资产收益率、远期合约期限（$T-t$）等因素。现实中，如果信息是对称的，而且合约双方对未来的预期相同，在签订远期合约时，双方规定的交割价格 K 应该等于远期价格 F，该远期合约的价值为零。

交割价格 K 一经确定，将不再发生变化。然而，在远期合约期限内，标的资产的现价 S、无风险利率 r、标的资产收益率等因素却可能发生变化。例如：第一，国家经济政策变化将影响无风险利率。如果实行紧缩的货币政策，将使无风险利率水平上升；反之，如果放松银根，将使无风险利率水平下降。第二，对可变收益证券来说，多种因素可导致其实际收益率与预期不符。宏观经济环境、市场竞争销售、经营管理状况的变化可能影响公司股票的收益，甚至公司分红政策的调整也会影响股票的收益。第三，市场利率、证券收益率的变化都可改变证券的市场价格。因此，在远期合约期限内，随着时间的推移，远期价格 F 有可能发生变化。在任何时点上，如果远期价格 F 与原已确定的交割价格 K 出现差异，则合约价值将不再为零。一般结论为：

$$f = (F - K)e^{-r(T-t)}$$

对于这个公式，我们可以这样理解：假设有两份远期合约多头，一份交割价格为 F，另一份的交割价格为 K。除此以外，这两份远期合约的其他条件完全一样。两者的区别就是在 T 时刻购买相同标的资产所付的金额，即在 T 时刻，投资者要为前一个合约付金额 F，而为后一个合约付金额 K。把在 T 时刻现金流出的差值为 $(F - K)$，贴现到 t 时刻，则差值 $(F - K)$ 的现值为 $(F - K)e^{-r(T-t)}$。由于我们把交割价格为 F 的合约价值定义为零，于是交割价格为 K 的合约价值就为 $(F - K)e^{-r(T-t)}$。如果交割价格 K 低于远期价格 F，则该合约对多头的价值为正数，而多头的收益来源于空头的支付，因此，该合约对空头的价值为负数；相反，如果交割价格 K 高于远期价格 F，则该合约对多头的价值为负数，对空头的价值为正数。

第三节　金融期权

金融期权合约是指赋予合同购买者在将来一段时期或某一时刻以协定价格买进或卖出一定数量特定金融资产权利的合同。金融期权的购买者在支付了一定的期权费后，即拥有一定时间内以协定价格出售或购买一定数量的某种金融资产的权利，并不承担必须买进或卖出的义务，即期权的购买者可以放弃权利，但不能收回已付的期权费；期权的卖出方获得购买者付出的期权费，在规定期限内必须无条件服从购买者的选择并履行交易的承诺。

金融期权交易就是金融期权合约的买卖行为，其实质是对一定期限内买卖金融资产选择权的交易。

一　金融期权合约

金融期权合约分为标准化合约和非标准化合约，前者在由交易所统一制定合约内容，在交易所内进行交易，后者由交易双方协商确定合约内容，在场外市场进行交易。前者具有较高的流动性与交易效率，而后者则更具灵活性与广泛性。

标准化金融期权合约主要由以下要素构成。

（一）标的资产及交易单位

金融期权标的资产一般包括股票、股价指数、外币及利率相关证券等。金融期权的交易单位是指每一份期权包含的标的资产的数量，对于各种标的资产，其质量、数量、交割方式等都必须明确定义。金融期权的交易单位是一份合约所包含的标的资产数量，如美国股票期权的交易单位是 100 股标的股票；股价指数期权交易单位是股价指数与固定货币金额的乘积。

（二）协定价格

协定价格是指期权交易双方商定或敲定的履约价格，即期权合约购买者依据合约规定行使权利，买进或卖出标的资产的价格。

（三）到期日与履约日

到期日是指某种金融期权合约在交易所交易的最后截止日。履约日也称行权日，是指期权合约所规定的期权合约购买者可以实际执行该期权的日期。由于金融期权有欧式期权和美式期权之分，则不同合约的履约日期是不同的。

（四）期权费

期权费即期权价格，是指期权购买者必须支付给期权卖出方的一笔权利金，其目的在于换取期权合约所赋予的权利。

决定期权费的因素主要包括：协定价格的高低、标的物市价的波动性、期权合约的有效期长短、期权合约履约日期的确定形式、市场利率水平以及市场供求状况等。

（五）保证金

对期权购买者而言，面临的最大风险就是损失付出的期权费，因为这种风险已经事先预知与明确、故不需要另开保证金账户。对期权卖出方而言，一旦期权购买者决定执行合约，其必须无条件服从，依协定价格卖出或买入一定数量的某种金融资产。为保证期权卖出方履约，要求其向清算公司缴纳一定的保证金。保证金的金额随金融商品的价格变动而变动，如出现保证金不足，则必须依规定追加。

二　金融期权的分类

金融期权的类型可以从不同的角度进行划分。

（一）根据行权方向不同，可分为看涨期权与看跌期权

看涨期权是指金融期权的购买者有权以事先约定的价格、在约定的日期或期间，向期权卖出方买入该选择权项下的金融资产的期权合约。当投资者预期某种金融资产价格将会上涨，而且上涨幅度足以补偿购买看涨期权的期权费，才会购买看涨期权。

看跌期权是指金融期权的购买者有权以事先约定的价格，在约定的日期或期间，向期权卖出方出售该选择权下的金融资产的期权合约。当投资者预期某种金融资产价格将会下跌，而且下跌幅度足以补偿购买看跌期权的期权费，才会购买看跌期权。

（二）根据行权时间不同，可分为欧式期权与美式期权

欧式期权是期权合约购买者只能在期权合约到期日这一天行使其权利，既不能提前也不能推迟的期权。

美式期权是期权合约的购买者在期权合约有效期内的任何一个交易日均可执行权利的期权。

（三）根据标的资产的不同，可分为股票期权、股指期权、外汇期权、利率期权与期货期权

股票期权是指期权合约购买者有权在约定的日期或期间按协定价格购买或出售一定数量某种股票的期权。

股指期权是指以股价指数一定倍数的金额为标的资产的期权。

外汇期权又称外币期权，是指期权合约购买者有权在约定的日期或期间按协定汇率购买或出售一定数量某种外币的期权。

利率期权是指期权合约购买者有权在约定的日期或期间按协定价格购买或出售一定数量某种债券的期权。

期货期权是指期权合约购买者有权在约定的日期或期间按协定价格购买或出售一定数量某种期货合约的期权。

其中，股票期权是应用最广泛的前瞻性的激励机制，只有当公司的市场价值上升的时候，享有股票期权的人方能得益，股票期权使雇员认识到自己的工作表现直接影响到股票的价值，从而与自己的利益直接挂钩。这也是一种风险与机会并存的激励机制，对于准备上市的公司来说，这种方式最具激励作用，因为公司上市的那一天就是员工得到报偿的时候。比如一家公司创建的时候，某员工得到股票期权 1000 股，如果公司运行得好，在一两年内成功上市，假定原始股每股 10 美元，那位员工就能得到 1 万美元的报偿。

三　金融期权的定价

根据行权方向不同，金融期权可分为看涨期权与看跌期权，因此，期权的头寸可以分为四种情况：

看涨期权多头：买入看涨期权合约；

看涨期权空头：卖出看涨期权合约；

看跌期权多头：买入看跌期权合约；

看跌期权空头：卖出看跌期权合约。

期权的特点是单方权利，即期权多头方拥有是否行权的权力，对于欧式看涨期权而言，在期权到期日 (T)，如果标的资产的市场价格 (S_T) 高于协定价格 (X)，多头方选择行权，其收益为 $S_T - X$，换言之，期权合约对它的价值 (c) 为 $S_T - X$；如果标

的资产的市场价格（S_T）低于协定价格（X），多头方选择放弃行权，其收益为 0，换言之，期权合约对它的价值（c）为 0。用数学公式表示，则有：

$$c = \max(S_T - X,\ 0)$$

空头方负有接受多头方行权的义务，其损益取决于多头方是否行权，并且与多头方的损益相反，换言之，期权合约对它的价值与对多头方的价值相反。

问题在于，如果在当前时刻（t），欧式看涨期权尚未到期，那么，它对多头方的价值如何确定？

我们可以提出一个非常简单的假设：所有的投资者都是风险中性的，这样所有证券的预期收益率都是无风险利率（r），且其衍生证券的目前价值可以用其期末价值的期望值以无风险利率（r）来贴现得到。

根据风险中性定价理论，欧式看涨期权到期日的期望值为：

$\hat{E}[\max(S_T - X,\ 0)]$，其中 $\hat{E}$ 表示风险中性定价下的期望值。

因此，欧式看涨期权的价格 c 是这个值以无风险利率 r 贴现的结果：

$$c = e^{-r(T-t)}\hat{E}[\max(S_T - X,\ 0)]$$

问题的关键变成了对 $\hat{E}[\max(S_T - X,\ 0)]$ 的计算。根据布莱克（Fisher Black）和舒尔斯（Myron Scholes）的研究，以风险中性为前提，假设股价的对数 $\ln S_T$ 服从正态分布，S_T 取决于四项因素：（1）标的资产的现价（S）；（2）标的资产价格波动率（σ），即年价格变化的标准差；（3）距到期日的期限（$T-t$），以年为单位；（4）无风险利率（r）。$\hat{E}[\max(S_T - X,\ 0)]$ 取决于五项因素：除 S_T 的四项决定因素外，还取决于期权的协定价格（X）。研究结果表明[①]：

$$\hat{E}[\max(S_T - X,\ 0)] = S \times e^{r(T-t)} \times N(d_1) - X \times N(d_2)$$

$$c = e^{-r(T-t)}\hat{E}[\max(S_T - X,\ 0)]$$
$$= S \times N(d_1) - Xe^{-r(T-t)} \times N(d_2)$$

其中：

$$d_1 = \frac{\ln\left(\dfrac{S}{X}\right) + \left(r + \dfrac{\sigma^2}{2}\right)(T-t)}{\sigma\sqrt{T-t}}$$

$$d_2 = \frac{\ln\left(\dfrac{S}{X}\right) + \left(r - \dfrac{\sigma^2}{2}\right)(T-t)}{\sigma\sqrt{T-t}} = d_1 - \sigma\sqrt{T-t}$$

例：某投资者购买了一份有六个月有效期的看涨期权，股票的现价为 42 美元，期

---

① 推导过程省略。

权的执行价格为 40 美元，无风险利率为每年 10%，波动率为 20%，即：

$S = 42$，$X = 40$，$r = 0.1$，$\sigma = 0.2$，$T = 0.5$

所以：

$$d_1 = \frac{\ln\left(\frac{42}{40}\right) + (0.1 + 0.5 \times 0.2^2) \times 0.5}{0.2 \cdot \sqrt{0.5}} = 0.7693$$

$$d_2 = \frac{\ln\left(\frac{42}{40}\right) + (0.1 - 0.5 \times 0.2^2) \times 0.5}{0.2 \cdot \sqrt{0.5}} = 0.6278$$

$Xe^{-r(T-t)} = 40e^{-0.05} = 38.049$

又查表，得：$N(0.7693) = 0.7791$，$N(0.6278) = 0.7349$

将上述数据代入公式计算，得：

$c = SN(d_1) - Xe^{-r(T-t)}N(d_2) = 4.76$

看跌期权 p 与欧式看涨期权 c 之间的平价关系，即：

$c + Xe^{-r(T-t)} = p + S$

为了证明这一平价关系，可以考虑投资者持有两种资产组合 A 和 B，A 包括一份协定价格为 X 的看涨期权和金额为 $Xe^{-r(T-t)}$ 元的现金，并将现金按无风险利率 r 进行投资，在期权到期日 T，现金将会增值为 X 元，如果标的资产的市场价格低于 X，投资者可以放弃行权，资产组合 A 变成 X 元现金，如果标的资产的市场价格高于 X，投资者可以行权，资产组合 A 变成 1 分标的资产；B 包括一份协定价格为 X 的看跌期权和 1 份现价为 S 元的标的资产，在期权到期日 T，如果标的资产的市场价格低于 X，投资者可以行权，资产组合 B 变成 X 元现金，如果标的资产的市场价格高于 X，投资者可以放弃行权，资产组合 B 变成 1 分标的资产。可见，资产组合 A 和 B 在期权到期日 T 的价值相同，按同样的贴现率计算，它们的现值也应该相同。这一平价关系可以改写为：

$p = c + Xe^{-r(T-t)} - S$。

第四节　金融互换

一　金融互换合约

按照国际清算银行（BIS）的定义，金融互换是买卖双方在一定时间内，交换一系列现金流的合约。具体说，金融互换是指两个（或两个以上）当事人按照商定的条件，在约定的时间内，交换不同金融工具的一系列支付款项或收入款项的合约。

金融互换是一种按需定制的交易方式。互换的双方既可以选择交易额的大小，也可以选择期限的长短。只要互换双方愿意，从互换内容到互换形式都可以完全按需要来设计，由此而形成的互换交易可以完全满足客户的特定需求。

典型的金融互换交易合约通常包括以下几个方面的内容。

（一）交易双方

交易双方是指相互交换货币或利率的交易者如果交易双方都是国内的交易者，称为国内互换，如果交易双方是不同国家的交易者，则称为跨国互换。

（二）合约金额

由于交易者参与互换市场的目的是从事融资、投资或财务管理，因而每一笔互换交易的金额都比较大，一般在 1 亿美元（或等值的其他货币）以上，许多互换的金额超过 10 亿美元。

（三）互换的货币

理论上互换的货币可以是任何国家的货币，但进入互换市场并经常使用的货币则是世界最主要的可自由兑换的货币，如美元、欧元、瑞士法郎、英镑、日元、加元、澳元、新加坡元、港币等。

（四）互换的利率

目前，进入互换市场的利率包括固定利率、伦敦银行同业拆放利率、存单利率、银行承兑票据利率、优惠利率、商业票据利率、国库券利率等。

（五）合约到期日

互换交易通常是外汇市场、期货市场上不能提供中长期合同时才使用，因而其到期日的期限长，一般均为中长期的。

（六）互换价格

利率互换价格是由与固定利率、浮动利率和信用级别相关的市场条件决定的；而货币互换价格由交易双方协商确定，但通常能反映两国货币的利率水平，主要由政府债券利率作为参考的依据。此外，货币互换价格还受到政府改革目标、交易者对流动件的要求、通货膨胀预期，以及互换双方的信用级别等的影响。

（七）权利义务

互换双方根据合约规定，在合约到期日承担对方利息或货币的义务，同时也获得收到对方支付利息或货币的权利。

（八）价差

价差表现为中介买卖价的差异。美元利率互换的价差通常为 0.0005—0.0010（即 5—10 个基点）；货币互换的价差则不固定，价差的多少一般视信用风险而定。

（九）其他费用

其他费用主要指互换市场的中介者因安排客户的互换交易，对互换形式、价格提供咨询等获取的收入，如法律费、交换费、咨询费、监督执行合约费等。

二　金融互换的基本类型

按照标的物的不同，金融互换可以划分为利率互换和货币互换两个基本类型。在此基础上，又衍生出远期互换、期权互换、常数期限互换等。这里只介绍利率互换和货币互换。

（一）利率互换

利率互换是指交易双方按照事先商定的规则，以同一货币及相同金额的木金作为计算基础，在相同的期限内，交换不同利息支付的交易。

1. 利率互换的过程

利率互换的基础在于交易双方在不同借贷市场上所具有的比较优势。假设 A 公司的信用等级为 AAA，B 公司的信用等级为 BBB，由于信用等级不同，市场筹资成本也不同，信用等级高的公司能以较低的利率筹措到资金。对债权人而言，固定利率市场的风险大于浮动利率市场的风险。因此，信用等级不同的债务人在固定利率市场上和浮动利率市场上筹资利率差也不一样，而且固定利率市场的利率差大于浮动利率市场上的利率差。A、B 公司在不同市场上不同筹资利率如表 10 - 2 所示：

表 10 - 2　　　　　　　　　A、B 公司筹资利率情况

	固定利率	浮动利率
A 公司	12.00%	LIBOR + 0.2%
B 公司	13.00%	LIBOR + 0.5%
利率差	1.00%	0.3%

表 10 - 2 资料显示，A 公司信用等级较高，在两个市场均能以比 B 公司更低的利率进行筹资。然而，两家公司在不同市场上的利率差是不同的，在固定利率市场 B 公司比 A 公司要多付一个百分点的利率，而在浮动利率市场两者差距缩小到 0.3 个百分点。这就意味着 A 公司在固定利率市场上具有相对比较优势，而 B 公司在浮动利率市场上具有相对比较优势。

在上述情况下，如果 A 公司需要的是浮动利率贷款，而 B 公司需要的是固定利率贷款，在中介机构的安排下，可以促使一笔交易双方都有利可图的互换交易。利率互换的具体过程如图 10 - 3 所示。

根据图 10 - 3 可知，A 公司的年现金流有三项：（1）向固定利率贷款人支付 12.00%；（2）从中介收取 12.00%；（3）向中介支付 LIBOR。三项合并，A 公司的年利息净成本为 LIBOR，也即 A 公司通过互换得到了浮动利率贷款，且年利率成本比它直接从浮动利率贷款市场上借入要低 0.2 个百分点。

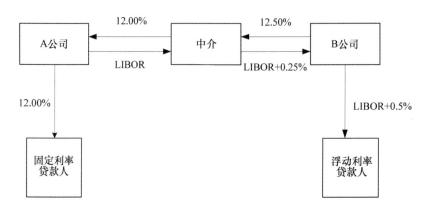

图 10-3 利率互换

同样，B 公司的年现金流量也有三项：（1）向浮动利率贷款人支付 LIBOR + 0.5%；（2）从中介收取 LIBOR + 0.25%；（3）向中介支付 12.50%。三项合并，B 公司的年利息净成本为 12.75%，即 B 公司通过互换得到固定利率贷款，且年利率成本比它直接从固定利率贷款市场上借入要低 0.25 个百分点。

本例，A、B 公司分别单独与中介机构签订了利率互换协议，A、B 公司互换交易的信用风险也由中介机构承担，则中介机构收取 0.25 个百分点利息作为其收益。

通过利率互换，A、B 公司分别在利率上获得 0.2 个和 0.25 个百分点的好处，而中介机构获取 0.25 个百分点的收益，三者之和为 0.7 个百分点，正好等于固定利率市场上利率差与浮动利率市场上利率差之间的差距。

2. 利率互换的类型

利率互换有两种基本形式，即固定利率与浮动利率互换、浮动利率与浮动利率互换。

固定利率与浮动利率互换，即互换的一方支付固定利率利息，收取浮动利率利息，另外一方则支付浮动利率利息，收取固定利率利息。上述例子就是固定利率与浮动利率互换。

浮动利率与浮动利率互换是指双方交换以不同利率作为计算基础的浮动利率。例如，A 公司的贷款利率以 LIBOR 为基础浮动，而 B 公司的贷款利率以美国联邦基金市场利率为基础浮动，A 公司与 B 公司相互交换利息支付，则属于浮动利率与浮动利率互换。

（二）货币互换

货币互换是指交易双方按照合同规定，相互交换不同货币、相当余额的本金及其利息支付，到期后再换回本金的交易。

1. 货币互换的过程

货币互换与利率互换一样，其基础在于交易双方在不同货币的借贷市场上所具有的比较优势。影响交易双方在不同货币市场上利率成本的因素除了信用等级外，还有公司的国籍、所在地的税收、外汇管制等因素。假设甲为一家美国公司，乙为一家日本公司，甲乙公司在美元、日元市场上相同期限的贷款面临的固定利率如表 10 – 3 所示：

表 10 – 3　　　　　　　　　甲、乙公司在不同货币市场的贷款利率

	美元市场	日元市场
甲公司	8.00%	10.00%
乙公司	10.00%	11.00%
利率差	2.00%	1.00%

表 10 – 3 显示，甲公司在美元市场具有相对比较优势，乙公司在日本市场具相对比较优势。

当甲公司希望借入日元，而乙公司希望借入美元时，甲、乙公司分别在其只有比较优势的美元、日元市场贷款，然后甲、乙公司与中介机构之间签订货币互换协议，相互交换本金和利息的支付。

货币互换的具体过程如图 10 –4 所示：

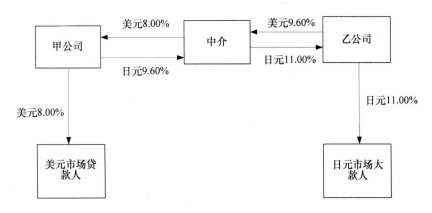

图 10 –4　货币互换

由图 10 –4 可知，通过货币互换，甲公司获得日元贷款且利率为 9.60%，比其直接在日元市场上贷款节省 0.4 个百分点；乙公司获得美元贷款且利率为 9.60%，比其直接在美元市场上贷款节省 0.4 个百分点；中介机构美元净收取 1.60%，日元净支出 1.40%，忽略两种货币的差别，每年可获得 0.2 个百分点的收益。三者之和为 1.0%，即为甲、乙公司在美元市场的利率差减去其在日元市场上的利率差的结果。

与利率互换的差别是，货币互换的本金在交易开始时也要进行互换，到期后再换回。

在货币互换协议中，还应规定两种不同货币的本金数量及汇率。一般是以互换开始时的汇率计算。假设互换成立时 1 美元 = 120 日元，本金数量分别为 1000 万美元和 12 亿日元，则在互换生效日，甲公司要支付 1000 万美元，收取 12 亿日元；在互换协议行效期内，甲公司每年向中介机构收取 80 万美元（1000 万 × 8.00%）利息，同时支付 11520 万日元（12 亿 × 9.60%）；在互换协议到期日，甲公司支付 12 亿日元，收取 1000 万美元。

需要指出的是，货币互换交易各方还可能存在汇率风险。如有必要可通过其他金融衍生产品如期货、期权等进行风险转移或套期保值。

2. 货币互换的类型

货币互换有三种基本形式，即固定利率与固定利率货币互换、固定利率与浮动利率货币互换、浮动利率与浮动利率货币互换。

固定利率与固定利率货币互换是指货币互换的双方在整个交易期内，均按固定利率相互交换支付利息。其又称"双方总货币互换"，是货币互换的主要形式之一。上述例子就是固定利率与固定利率货币互换。

固定利率与浮动利率货币互换是指在货币互换过程中，互换的一方承担按固定利率支付利息的义务，与此同时，互换的另一方履行按浮动利率支付利息的义务。

浮动利率与浮动利率货币互换其实质与前述两种货币互换相似，只是互换双方彼此履行对方按浮动利率付息的义务。

附录：金融衍生工具创新案例

美林公司流动收益期权票据①

一 流动收益期权票据的基本特征

流动收益期权票据（LYON，Liquid Yield Option Note）是由美林公司于 1985 年成功创造的金融产品，其实质是一种极为复杂的债券，但这种债券具有零息债券、可转换债券、可赎回债券、可回售债券的共同属性，因而 LYON 的创新事实上只是上述四类债券的合成。

以下以第一例威斯特公司发行的 LYON 为例具体分析其基本特征。

（1）零息债券性

按照发行协议，一张威斯特公司 LYON 面值 1000 美元，到期日 2001 年 1 月 21 日，不付息，发行价为 250 美元。如果该债券未被发行公司赎回，也未能换成股票或回售给发行公司，则持有人到期将获得 1000 美元，其实际到期收益率为 9%。

（2）可转换性

LYON 出售的同时也售给了投资者一张转换期权，保证投资者在到期日前的任何时

---

① 案例来源：杨爱斌：《金融创新案例分析：流动收益期权票据的创新》，《国际金融研究》1998 年第 4 期。

候能将每张债券按 4.36 的比率转换成威斯特公司的股票。发行时该公司股价为 52 美元，而转换价格为 57.34 美元（即 250 美元除以 4.36），较之发行市价有 10% 的转换溢价。由于 LYON 是一张无息债券，这意味着 LYON 的转换价格是随着债券的生命周期而不断上升，从而转换溢价也不断上升。

（3）可赎回性

LYON 出售同时也给予了发行人回赎期权。这一期权使发行人有权以事先规定的随时间推移而上涨的价格赎回该债券。尽管发行人在发行后可随时收回该债券，但投资者受到某种保护，因为发行人在 1987 年 6 月 30 日之前不能赎回该债券，除非该公司普通股价格上升到 86.01 美元以上。对于发行人的回赎，投资者有两种选择，要么按赎回价被赎回，要么按 4.36 的比率转换成普通股。

（4）可回售性

LYON 的出售也给了投资者回售期权，这一期权保证投资者从 1988 年 6 月 30 日起以事先规定的价格回售给发行人。该回售价随时间推移而递增，如果以发行价 250 美元为计价基础，回售期权保证投资者第一个可回售年超 6% 的最低收益率，并且这一最低收益率在接下来的三年中每年递增 6% 直至 9% 为止。

二　LYON 的创新过程

金融工具的创新都要经过一个发现需要、研究设计、定价、促销直到上市的过程。LYON 的创新过程也不例外，其运作过程可以分为以下几个阶段。

（一）发现潜在的投资需求

20 世纪 80 年代美林公司是最大的股票期权零售商，同时也是最大的散户货币市场账户经理人，其管理的现金管理账户（CMAS，Cash Management Accounts）金额高达 2000 亿美元。1983 年当时担任美林公司期权市场经理的李·科尔敏锐察觉到个人投资者期权市场上的主要行为是购买看涨期权（期限通常为 90 天，并且到期往往未被执行）。此外，由于这些期权每隔 90 天到期，则投资者一年至少购买 4 次，其交易成本也很大。李·科尔还发现许多期权购买者在 CMAS 账户上保持相当大余额而极少直接投资于股票市场，却主要投资于利率风险小且没有违约风险的短期国库券。据此他认为这些个人投资者只要保证他们在 CMAS 上的大部分资金安全，则会愿意以小部分资金投资于高风险的期权市场，购买期权的资金主要来源于 CMAS 的利息收入。在此基础上李·科尔大胆推测一种可转换且可回售的债券在该零售市场具有吸引力。因为一张可转换的债券出售相当于投资者购买了一张长期的成本低的看涨期权，而一张可回售的债券出售保证了投资者最低的收益率，这极大降低了投资者的利率风险及违约风险。显然 LYON 的设计与构思基本满足了该零售市场的投资需求，从而为 LYON 成功进入零售市场打下基础。

（二）寻找合适的发行人

市场创造必须兼顾供给与需求，并不是每个发行人都能满足李·科尔所揭示的这种投资需求。从该投资需求来看，合适的发行人必须满足以下标准：

其一，该公司有筹集资金的需求；

其二，该债券的可回售性，这要求发行人具有较高的信用等级；

其三，该债券发行对象主要是零售市场上的个人投资者，这要求发行人必须具有较高的市场知名度；

其四，该债券的可转换性要求发行公司股价具有较大的可变性，满足这一点的公司规模往往不大。

美林公司经过长期认真挑选，威斯特公司被认为是符合上述标准的理想发行人。该公司的信用级别为 Aa 级，普通股价可变性为 30%，该公司并非一知名消费品制造商，但由于在 1972 年至 1985 年间美林公司为其发行过 4 次新股 9 次债券，因而在美林公司庞大经销网络中具有相当大的知名度。

（三）包装与定价

LYON 的包装设计最成功之处在于零息债券性。这一包装极大地刺激了投资需求。零息票债券最大的特点是现金流量的一次性。这一特点使投资者在到期日有一笔确定的现金流入从而极大规避了再投资风险，而零息票债券的发行者由于到期日之前无须支付任何利息而获得最大的现金流量好处。

LYON 的包装设计另一成功之处在于针对可回售性对投资者的保护又引入可回赎性对发行人利益进行保护。由于可回售价与可回赎价的事先确定性，LYON 本质上是一种混合债券，其定价的基本框架是：

LYON 的最终定价 = 没有违约风险的偿还期相同的无息票债券价格

  - 信用风险价格

  - 销售给投资者的转换期权的价格

  + 销售给发行人提前赎回期权的价格

  + 销售给投资者的回售期权的价格

根据上述定价框架，LYON 价格的影响因素有：（1）利率水平越高，LYON 定价越低；（2）发行公司股价可变性越大，LYON 定价越高；（3）LYON 赎回价越低且赎回保护期越短，LYON 价格越低；（4）发行公司股利支付水平越高，LYON 的价格越低；（5）LYON 回售价越高且回售保护期越长，LYON 定价越高。

我们以威斯特公司发行的 LYON 为例，定量分析了上述市场条件改变对 LYON 价格的影响程度。

威斯特公司 LYON 的特点为：可参照利率为 11.21%，股价 52.25 美元，股价可变性 30%，红利支付水平 1.6%，期限 16 年，转换比率 4.36，赎回价及回售价基本数据略。在此基础上理论定价为 262.70 美元。

现假设市场条件发生改变，则 LYON 价格如表 10-4 所示：

表 10-4　　　　　　市场条件变化对该公司 LYON 价格的影响

	LYON 价格（＄）	变化程度
基本特征	262.70	
股价上升至 56 美元	271.68	+8.98
股价可变性上升为 40%	271.89	+9.19
红利支付水平上升为 3%	260.78	-1.92
利率上升为 13.21%	252.38	-10.32
没有赎回期权	283.29	20.59
没有回售期权	215.04	-47.66

表 10-4 数据显示，该公司的 LYON 价格对利率的敏感度极低：200 基点（假设利率从 11.21% 上升为 13.21%）的利率上升 LYON 价格只下降不到 4%（从 262.70 美元降至 252.38 美元）。

这种利率不具有敏感性是由于：第一，保护性的回售期权占 LYON 价格 20%，因为如果没有回售期权 LYON 价格将由 262.70 美元降为 215 美元；第二，保护性的赎回期权占 LYON 价格约 8%，如果没有赎回期权，LYON 的价格将为 283.29 美元，赎回期权降低了 LYON 价格约 20.59 美元，也降低了 LYON 对利率的敏感性。

显然 LYON 的这种利率非敏感性降低了发行人和投资者的利率风险。

（四）促销及上市

一项成功的金融创新产品其最后成功是在合理的时机进入合适的市场。选择合理的时机主要考虑的因素是利率水平的预期走势及近期债券发行的供求状况及公司股价的近期表现，而选择合适的市场主要考虑的因素是潜在的未被挖掘的市场需求。显然，LYON 从创新之初就把进入广阔的零售市场作为其上市目标。

事实上市场对第一例 LYON 的反应之热烈证实了李·科尔对零售市场投资需求的预测。传统的可转换债券大约 90% 是被机构投资者购买的，而第一例 LYON 却有 40% 是被个人投资者认购的。LYON 对零售市场上的个人投资者的吸引力持续上升，在整个 20 世纪 80 年代，50% 的 LYON 是在零售市场上销售的。

美林公司作为 LYON 的创新者从中获得了巨大利润。

在整个 20 世纪 90 年代，LYON 可以说是华尔街最受欢迎的产品，并且该产品具有巨大的营利性，一个典型的可转换债券承销费率为 1.7%，而 LYON 即使在目前竞争加剧的情况下承销率也平均高达 2.5%。

美林公司在长达 5 年之内几乎垄断了 LYON 市场，从 1985 年至 1991 年该公司共承销了 43 笔 LYON，发行金额达 117 亿美元，获利高达 24.8 亿美元。